U0803718

新媒体·新融合·新职业系列丛书

工业和信息产业科技与教育专著出版资金资助出版

微课版

电商直播

主　　编：芮红磊　戴　月　杨泳波

联合开发：数字产业学院（杭州）

杭州云说信息科技有限公司

電子工業出版社

Publishing House of Electronics Industry

北京·BEIJING

内 容 简 介

本书由三个模块组成，共设置了7章内容。第一模块包含第1章、第2章，主要介绍直播电商的发展历程与趋势、直播行业的从业素养，以及各电商直播主流平台的运营模式；第二模块包含第3章、第4章，主要立足于实践操作流程，依托淘宝直播工作台介绍电商直播的主要环节、主播人设的打造，以及电商直播过程中的技巧与注意事项；第三模块包含第5～7章，主要基于主播的实践经验，从设备选择、场景搭建、主播话术、化解直播危机、提升直播带货转化率，以及粉丝运维的角度介绍电商直播效果提升技巧。

本书适合作为电商直播类课程的教材，也适合从事电商直播行业的社会人员自主学习。

图书在版编目（CIP）数据

电商直播 / 芮红磊，戴月，杨泳波主编. —北京：电子工业出版社，2021.9
ISBN 978-7-121-42102-0

Ⅰ. ①电… Ⅱ. ①芮… ②戴… ③杨… Ⅲ. ①网络营销－高等学校－教材 Ⅳ. ① F713.365.2

中国版本图书馆 CIP 数据核字（2021）第 195216 号

责任编辑：张云怡　　特约编辑：张燕虹
印　　刷：北京盛通数码印刷有限公司
装　　订：北京盛通数码印刷有限公司
出版发行：电子工业出版社
　　　　　北京市海淀区万寿路 173 信箱　邮编　100036
开　　本：787×1 092　1/16　印张：13　字数：333 千字
版　　次：2021 年 9 月第 1 版
印　　次：2025 年 7 月第 5 次印刷
定　　价：49.80 元

凡所购买电子工业出版社图书有缺损问题，请向购买书店调换。若书店售缺，请与本社发行部联系，联系及邮购电话：（010）88254888，88258888。

质量投诉请发邮件至 zlts@phei.com.cn，盗版侵权举报请发邮件至 dbqq@phei.com.cn。

本书咨询联系方式：（010）88254573，zyy@phei.com.cn。

前　言

随着互联网技术的发展、5G时代的到来，网络直播已成为网络营销推广的主要渠道，并且已渗透到各行各业。本书介绍了直播行业的发展历程、发展趋势与目前各主流直播平台的运营模式；基于淘宝直播的运营流程介绍了主播人设的打造思路与方法；还原了淘宝直播的全过程；在熟悉直播操作的基础上从直播设备、直播场景、提升直播带货转化率与粉丝运维等方面阐述了直播效果提升的黄金法则。

本书的主要特色如下。

（1）立足于电商直播行业校企联合开发。

本书由学校老师团队联合长期探索与实践产教融合人才培养模式的数字产业学院（杭州）和电商直播行业的资深企业杭州云说信息科技有限公司共同开发。

（2）基于电商直播工作流程打造教材的知识技能体系。

结合电商直播工作流程提炼电商直播的知识技能点与实践案例，构建基于电商直播工作流程的框架体系，既符合行业特征又符合读者的认知规律。

（3）突出实践操作技能，实现“做中学”的人才培养理念。

将实践技能与实践案例贯穿本书，突出实践操作技能的介绍与训练，紧密对接电商直播行业，体现“做中学”的编写理念。

（4）具有配套的学习课件与学习视频，方便读者学习。

本书的配套资源丰富，不但有配套的训练题，还有整套的学习课件与学习视频，读者可以根据自身的学习特点选择不同的方式学习。

本书由广西财经学院芮红磊、苏州百年职业学院戴月、浙江经济职业技术学院杨泳波任主编并负责统稿，由苏州大学应用技术学院陈小月任副主编，苏州百年职业学院马晓思、宁波城市职业技术学院谢幸忆、义乌市城镇职业技术学校蓝梦佳参与编写。

本书在编写过程中得到多位专家、老师、电商直播行业资深企业的支持与帮助，在此表示衷心感谢。由于时间仓促，书中难免有不足之处，望各位读者批评指正。

编　者

目 录

第1章

玩转电商直播从行业认知起步

【学习目标】

- 了解直播行业的前世今生。
- 了解直播行业的竞争格局。
- 掌握直播行业的主流经营模式。
- 了解直播行业目前存在的问题。
- 掌握电商直播的发展趋势。
- 了解直播行业的从业素养。
- 掌握组建直播团队的方法。

电商直播是一种营销模式，是以直播为工具，以电商平台为载体，通过直播的形式吸引流量，从而为电商平台带来收益。

1.1 直播行业的前生今世

直播行业经历了春晚直播（电视直播）、电脑直播、手机直播、直播+等阶段，底层技术的进步推动了直播行业的发展。

1.1.1 近十年直播行业发展的前生今世

直播行业的发展分为三个阶段：第一阶段从2008年到2013年，为初创期；第二阶段从2014年到2016年，为爆发期；第三阶段从2017年至今，为成熟期。

1. 初创期：2008—2013 年

2008 年，以 9158 为首的“视频聊天室”开启了国内的直播时代。中国最早的互联网直播多为“秀场直播”，直播内容为唱歌、聊天、跳舞。随着流媒体技术的广泛应用，自 2008 年起，视频聊天平台应运而生。在这过程中，以 9158、YY、六间房为主要代表，第一阶段的所有直播形态均为电脑直播，以电脑连接到麦克风、声卡、摄像头来开展直播。

2. 爆发期：2014—2016 年

从 2015 年至 2016 年，数据网络全面覆盖，网民上网资费下调，手机直播开始流行，全国数千万名用户开通了手机直播，形成全民开播的大趋势，直播行业也因此进入了爆发期。全民开播形成万物皆可播的态势，直播开始链接到更多的领域，如游戏、电商、综艺等，因此直播 + 产业的模式成为直播爆发期的主要特点。2015 年年初，百亿元资本进入直播行业，近千个直播平台在资本的推动下同年上架，形成了千播大战的竞争格局。代表性平台为映客、花椒、YY。在此阶段，直播的形态由初创期的电脑直播变成了电脑直播 + 移动端直播，典型的移动端直播就是智能手机，可以随时随地开播，十分便捷。在爆发期，游戏直播行业异军突起，以英雄联盟及 DOTA 等游戏为代表，多人在线竞技的直播产品也更加成熟，催生了大量游戏直播平台，其中的代表是斗鱼直播和虎牙直播。在此阶段，直播形态仍然以电脑直播为主。

3. 成熟期：从 2017 年至今

在千播大战的后期，直播行业的泡沫迅速地冷却，直播平台的市场竞争格局已定，形成稳定的用户运营模式。2018 年，直播 + 电商模式蓬勃发展，淘宝直播全年成交额超过千亿元；2019 年“双 11”期间，淘宝直播成交额近 200 亿元，直播 + 短视频模式也逐渐进入大众的视野。在成熟期，电商直播成为直播行业新的增长点。因此，可以看到电商直播得到快速的增长，以淘宝直播、快手直播、抖音直播平台为主的短视频 + 直播及网红带货模式也逐渐走向成熟。

1.1.2 促使直播行业快速发展的原因

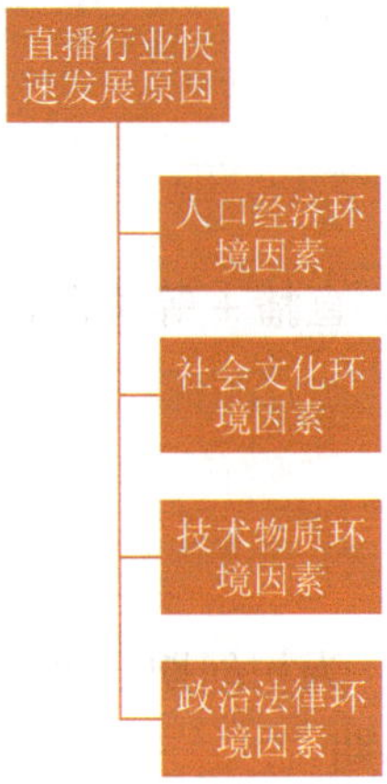

图 1-1 促使直播行业快速发展的原因

促使直播行业快速发展的四个原因：一是人口经济环境因素，二是社会文化环境因素，三是技术物质环境因素，四是政治法律环境因素，如图 1-1 所示。

1. 人口经济环境因素

人口环境：据统计，中国总人口持续上升，新生代消费者 90 后、00 后异军突起，消费需求也相应地发生了变化。

经济环境：农村 CPI 不断追赶并最终超过了城市 CPI 涨幅，消费市场下沉趋势明显，人均可支配收入上升，收入差距也有所降低，购买力上升，教育文化娱乐支出占全国居民人均消费支出的比重提高。

资本环境：直播行业的融资从 2008 年开始，在 2015 年、2016 年达到投资热度的沸点，2017 年投资开始回落，随后资本市场对直播行业逐渐保持谨慎的态度。

2. 社会文化环境因素

社会阶层：社会阶层指一个社会中具有相对的同质性和持久性的一群人，他们是按等级排列的，相同阶级的人具有相似的价值观、兴趣爱好和行为方式。20 世纪 90 年代和 21 世纪初，我国不同收入阶层流动性指数趋于稳定，社会阶层愈加固化，90 后和 00 后已逐渐成为消费主力。

亚文化与次文化：亚文化指每种文化所包含的更具有认同感和社会化的较小群体，次文化指文化的价值观念随时间变化呈现出的特征差异。随着中国的开放发展与政治经济的全球化整体大趋势，人们的价值观已发生巨大的转变，由“崇洋媚外”到“热爱国风”，由“拿来”到“创新”，由“标准化”到“个性化”，由“买贵的”到“买对的”。

3. 技术物质环境因素

4G 网络普及：4G 网络普及，流量资费下调，为用户观看直播提供了便利，用户能随时随地地观看直播。

5G 时代来临：2020 年，我国 5G 正式走向商用。相对于 4G 而言，5G 最大的特征是高速率、高容量和低时延。高速率对移动互联网影响最为直接，5G 时代对于直播行业来说，不仅可以消除卡顿，而且还可以让直播画质更好、画面传送能力更强，催生基于高清直播、多路直播、VR 直播、AI 直播等技术的直播应用创新。

4. 政治法律环境因素

政府对直播的监管在逐渐深入和完善：2014 年 11 月，国家网信办、国家广电总局联合开展清理整治网络视频有害信息专项行动；2016 年 6 月，国家网信办发布《移动互联网应用程序信息服务管理规定》；2016 年 11 月，国家网信办发布《互联网直播服务管理规定》；2017 年 12 月，国家网信办发布《互联网新闻信息服务单位内容管理从业人员管理方法》；2018 年 8 月，工信部等六部门联合下发《关于加强网络直播服务管理工作的通知》；2021 年 2 月，国家网信办、全国“扫黄打非”工作小组办公室等七部门联合发布《关于加强网络直播规范管理工作的指导意见》。另外，加上前前后后对各内容平台的约谈，可以看出，国家对直播等内容行业的监管越来越深入，越来越完善，力度也在逐渐加大。

1.1.3　直播行业的竞争格局

1. 直播行业企业图谱

直播行业企业图谱大致可以分为两个板块，如图 1-2 所示。第一板块是泛娱乐直播（娱乐属性更强），主要分为两个部分：第一部分是娱乐直播，主要代表平台有 YY 直播、一直播、映客直播；第二部分是游戏直播，主要代表平台有斗鱼直播、虎牙直播和企鹅电竞。第二板块是直播 +（实用属性更强），主要有四个部分：第一部分是直播 + 电商，代表平台有淘宝直播和京东直播；第二部分是直播 + 体育，代表平台有直播吧和 PP 直播；第三部分是直播 + 社交，代表平台有陌陌直播和 NOW 直播；第四部分是直播 + 财经，代表平台有视吧直播和知牛直播。

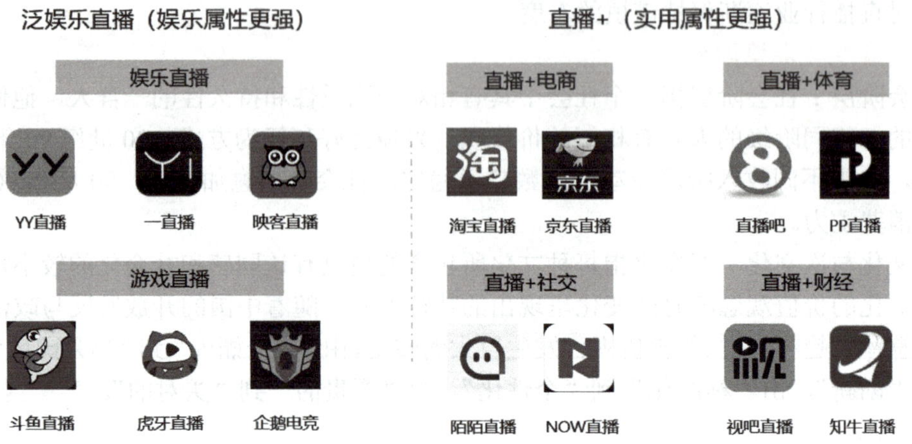

图 1-2　直播行业企业图谱

直播本质上是一种工具，能与多种业态相融合。泛娱乐直播以才艺为主，娱乐属性更强；直播 + 以卖货、教学为主，实用属性更强。当下，泛娱乐直播和直播电商市场大热。泛娱乐直播与直播电商营收结构如表 1-1 所示。

表 1–1　泛娱乐直播与直播电商营收结构

直播类型	营收结构	政策环境
泛娱乐直播	直播打赏占比超过 90%	直播平台内容不规范，政府出台一系列政策对内容、主播、平台各环节进行严厉监管
直播电商	佣金分成，与用户形成双向互惠的关系	对于直播电商板块大力扶持

2. 泛娱乐直播百舸争流

1）泛娱乐直播市场现状

行业红利殆尽，进入精细化运营阶段，平台的市场格局既定，行业优胜劣汰，具体表现为以下特征。

（1）泛娱乐直播头部企业竞相上市，表现不佳的企业退出市场角逐，部分平台为求生存，抱团取暖寻求战略合作伙伴。

（2）腾讯同时入股斗鱼和虎牙，把控游戏直播时长；快手等视频平台上线直播业务。

2）泛娱乐直播的内容现状

内容呈现多元化、精细化、定制化趋势，具体表现为以下特征。

（1）娱乐、游戏直播内容界限不再清晰，娱乐直播变现实力强劲，游戏直播用户黏性强，各平台纷纷拓展内容边界，探索多元业务。

（2）平台与内容制作公司合作推出制作精良的 PGC、OGC 定制化内容。

（3）泛娱乐直播内容趋势：由 UGC、PUGC 走向 PGC、OGC。在市场发展初期，泛娱乐直播平台需用大量低门槛的 UGC 内容抢占用户，但随着市场不断成熟，用户对于低质内容审美疲劳，头部平台竞相开发高质、定制化内容来构建品牌壁垒。

3）泛娱乐直播的用户特征

（1）短视频分散注意力：经过 2016 年的市场高峰期后，泛娱乐直播现已进入存量用户竞争阶段，用户规模趋稳。泛娱乐直播同质化的内容已经难以吸引用户眼球，同时面临着短视频平台的挑战。

（2）泛娱乐直播用户规模：2019 年 4 月至 2020 年 3 月，泛娱乐直播行业移动用户规模波动较小，基本维持在 1.6 亿人量级。市场进入存量竞争阶段，未来各大平台将会探索更多元的商业模式。

（3）泛娱乐直播用户结构：娱乐直播和游戏直播用户结构存在差别，其中娱乐直播年龄集中在 25 ～ 34 岁，以企业白领为主，付费能力强；游戏直播年龄集中在 25 岁以下，同时较之全网用户，在读学生比例更高。

4）娱乐直播竞争格局

YY 直播一家独大，从娱乐直播来看，在现存的 300 多家平台中，YY 直播以市场占有率 40% 的绝对优势高居行业第一梯队，一直播、映客直播等平台望尘莫及。

（1）头部平台：YY 直播；市场占有率 40%，月活规模千万 +；仅有 YY 直播一家平台。

（2）腰部平台：一直播、映客直播等；市场占有率 30%，月活规模百万 +；数十家平台。

（3）尾部平台：市场占有率 30%，月活规模百万以下；300 多家平台。

5）游戏直播竞争格局

虎牙与斗鱼相争，游戏直播进入双雄时代。从游戏直播来看，在爆发式增长后，游戏直播市场趋于冷静，市场玩家仅剩数十家。同时，市场格局既定，现已形成虎牙和斗鱼“双雄”争霸的局面，两者的市场份额接近 80%。

在游戏直播竞争格局中，腾讯为游戏直播最大的幕后赢家，腾讯除自有平台企鹅电竞外，还是斗鱼和虎牙的最大股东，其在游戏直播行业的战略优势地位日益明显。腾讯向直播产业发起攻势，实则看重直播平台游戏推广和赛事传播的能力。

3. 直播电商群雄逐鹿

1）直播电商市场现状

用户规模爆发式增长，行业红利仍将持续；淘宝直播作为淘宝独立的直播电商 App，用户规模呈现爆发式增长态势，同比增长率高达 470%，直播电商行业红利仍将持续。

2）直播电商市场特征

升级“人货场”关系，营销效率更高。直播电商升级了“人货场”，直播电商场景聚集效应更强、效率更高；新增网红主播角色，改变消费者消费习惯；商品以性价比、限量为卖点，激发粉丝购物欲，商品种类繁多。

3）直播电商带货主播

马太效应凸显，小主播生存空间有限。第一主播梯队远超于其他主播。同时，直播平台的流量会向头部主播倾斜，未来带货主播存在马太效应，小主播生存空间有限。各界名流强势入局，跨界直播，明星、主持人及企业家竞相下场直播，或为公益或为品牌宣传。名人跨界直播吸金效果显著，带货实力强劲，观看量和成交额不断创新高，已成为头部主播的强劲对手。

4）直播电商带货商品

美妆、服饰、快消品成为主播的宠儿。利润高和专业化程度低的产品更会受到主播的青睐，就目前商品来看，美妆和服装凭借其高利润成为主播们的宠儿，快消品由于专业化程度低、复购率高也成为热门带货产品。

直播电商竞争格局：淘宝、快手、抖音上演三国杀。三种直播平台对比如表 1-2 所示。

表 1-2 三种直播平台对比

对比项目	直播平台		
	淘宝	快手	抖音
平台类型	电商类平台	短视频类平台	短视频类平台
平台特色	• 基于淘宝生态圈，用户购物属性强 • 具有完善的供应链和运营体系	• 老铁文化，粉丝忠诚度高，购物转化率和复购率高 • 主播自有供应链，产品更具价格优势	• 大众娱乐属性强 • 借助算法筛选爆款商品，精准推荐
流量来源	以公域流量为主	以私域流量为主	以公域流量为主
代表主播	头部主播高度集中	头部主播相对分散，代表主播有散打哥、辛巴、小佛爷	头部主播相对集中
商品类别	淘宝体系全品类商品	• 品类以食品、土特产、生活用品、服装、鞋帽为主，性价比高，非品牌产品居多 • 购买渠道为快手小店、魔筷精选、有赞、淘宝、京东	• 美妆、服装百货占比较高，品牌货居多，商品有调性 • 购买渠道为抖音小店、淘宝、天猫、京东

1.1.4 千播大战：直播行业的主流经营模式

1. 四大商业模式基础

任何一个商业模式都以用户为基础。商业价值的核心是产品或服务，本质是通过产品或服务为用户创造价值，在这个过程中寻找需求最强烈的用户群，用适当且有效的方法把产品推荐给核心目标用户，最终获得企业所想要的商业价值。四大商业模式基础如表 1-3 所示。

直播行业的主流经营模式

表 1-3 四大商业模式基础

用户模式	通过数据分析找到对产品需求强烈的用户，也就是俗称的目标用户。研究目标用户的第一步是将用户的属性、行业和期待联合起来进行分析，找到他们的需求点
产品模式	通过研究用户需求，分析企业可以为用户提供什么产品，这个产品能帮助用户拥有什么价值，解决用户的哪一类问题或痛点，从而使用户对产品有良好的体验
推广模式	主要考虑以什么方式接近目标用户并把产品卖给他，也就是如何提供产品或服务的问题。简单粗暴的方法就是广告，互联网通用的推广手段包括 CPA、CPC、CPS、CPT、App 刷榜等。好的推广模式应该结合用户的特征量身打造，在这个过程中可以发现更多的用户需求
盈利模式	在产品获得用户后考虑如何盈利的问题。常见的互联网盈利模式有三种：广告、向用户直接收服务费、向用户卖东西

2. 直播商业模式分析

通过上述四个模式，可以提炼出直播平台的商业模式。如今，仅仅通过文字、图片、视频等单向输出的扁平化素材去感受产品特性，已经难以满足用户需求。直播与生俱来的互动性不仅能够给用户带来更加真实、立体的实时信息，还实现了信息的双向传送。这催生了新的商业模式，颠覆了传统的企业经营模式。直播的盈利模式可以分为以下几个方面。

（1）与视频广告不同，主播们在直播时，粉丝现场进行打赏，主播通过自身的高人气获得打赏分成，促进粉丝消费，平台也可以扩大经济效益。

（2）主播通过实时直播可以将产品使用效果和感受直观呈现，与传统的图文宣传相比，更加清晰真实，这种模式打破线上、线下营销界限，网友即使在线上购买产品，也会有线下一样的切身体验。

（3）平台通过直播优质内容，促使用户缴费成为会员而达到盈利的目的，教育、游戏等平台常用这种方式。

（4）最早期的增值服务出现在 QQ 秀中，通过向用户售卖 QQ 秀形象中的皮肤、服饰等进行流量变现；在游戏直播平台上，通过游戏直播售卖虚拟道具也是常见的商业模式。

3. 直播商业模式细分

直播商业模式细分主要分为四个模式：秀场直播平台模式、游戏直播平台模式、泛娱乐直播平台模式、专业直播平台模式，如图 1-3 所示。

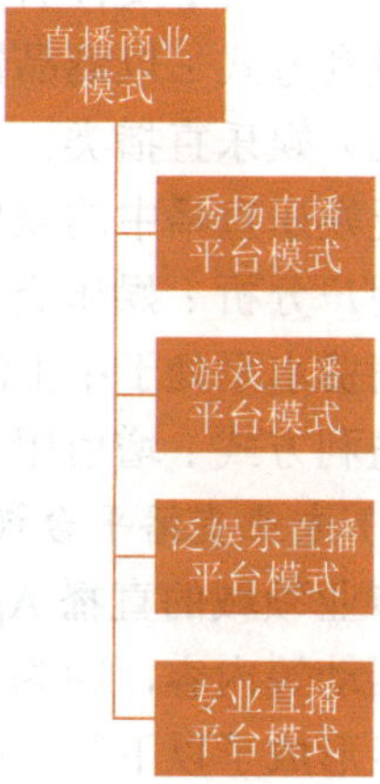

图 1-3　直播商业模式细分

1）秀场直播平台模式

（1）从收入类别来看，秀场直播收入分为内容及服务收入、广告收入和其他隐性收入。对于内容与服务，又分为增值付费和预付费，前者的代表是 YY。例如，YY 的女主播号召粉丝购买虚拟礼物、虚拟鲜花等，之后，主播和秀场进行一定的分成；而情感小说、情感漫画和一些真人写真秀也采取付费查阅形式，按阅读章数收费。

（2）从收入分成来看，秀场直播平台模式包括公会环节，主播、公会、平台大致分成比例为 30%、10% 和 60%，但根据具体情况会有所调整。

2）游戏直播平台模式

（1）游戏直播的用户以 80 后、90 后男性为主，且消费处于中下游水平。

（2）从盈利模式上来分析，游戏直播一直都是所有直播类平台中成本最高的。要求全程清晰、流畅、低时延，强调视频观看的实时性与互动性，需投入较高的成本。对于游戏直播平台而言，由于成本过高，所以其目前均处于亏损状态，随着行业逐渐趋于成熟，渠道将逐渐强势，从而走向盈利。

（3）低壁垒娱乐型主播的占比将会大幅增长。游戏直播平台的内容制作壁垒并不高，在现在的游戏主播中，职业选手出身、以专业性见长的主播只是其中的一部分，娱乐型主播也掌控了巨大的流量。而随着游戏直播用户从核心用户向大众用户扩散，娱乐型主播的流量将进一步增加，从而促使渠道方转向强势。

（4）主播的非工资收入在急剧增长，使得平台成本降低。主播之前的收入单一，主要依赖于平台工资，但随着淘宝电商、游戏联运等多元化收入的扩充，主播在选择平台时，会越来越看重平台的流量，从而为自己创造更多的非工资性收入。

3）泛娱乐直播平台模式

泛娱乐直播常见的几类商业模式如下。

（1）明星真人秀类。

明星真人秀直播一般指明星们在预定的时间通过个人直播间与粉丝聊天互动。与拼颜值、拼才能的网红，以及拼技术、拼口才的电竞主播相比，自带庞大粉丝群的明星上直播，聚集上百万级别的观众显然轻而易举。目前明星入驻较多的三个平台是美拍、映客、花椒。用户分析：00 后、90 后较多，消费处于中下游水平。

（2）电商类。

电商类直播最早的原型是电视购物，过去的电视购物模式是“模特展示＋主持人叫卖”。现在，网络购物的普及让电视购物逐步失去了生存的空间，转而变成网红主播兼具展示和销售的功能，购物类直播模式是网红在直播电商平台上和粉丝互动交流，达到出售商品的目的，主要的平台有淘宝直播。

用户分析：女性居多，多以大学生、白领为主，消费水平处于中上游。

盈利方式：以商品销售为主、增值服务（虚拟礼物购买）为辅。

（3）娱乐直播类。

泛娱乐直播中的娱乐直播类用户量最大。

用户分析：娱乐类用户主要是书法、电影、音乐、舞蹈、美妆等各垂直兴趣领域的粉丝，消费水平处于中上游。

盈利方式：增值服务（虚拟礼物购买）、广告、周边商品销售。

4）专业直播平台模式

专业领域的直播 App 针对的是有信息知识获取需求的人群，如体育赛事、股市分析、商业活动等内容，因为其专业门槛较高，所以对主播的解说和内容的关注度要求较高。目前初步形成了以下几种商业模式。

（1）在线教育板块：商业模式是以会员的形式收取费用，内容主要是请名师通过直播的方式进行教学。平台签约了专家、老师，以直播的方式将其创作过程进行在线分享，同时与用户进行互动交流，通过虚拟道具打赏使流量变现，平台再与之进行分成。

（2）非标艺术品买卖：艺术品收藏者通过直播平台观看艺术品的创作过程，在此期间，可以亲自与艺术家进行交流和互动，不仅可以确认艺术品的真伪，还极大地刺激了艺术品收藏者对直播中所创作的艺术品的购买欲望，形成竞价，从而大大提升艺术品交易价格，平台从交易中收取相应服务费。目前，非标艺术品买卖市场活跃，由于成交单价较大且交易规模巨大，因此前景乐观。

1.1.5　入行必懂：直播行业产业链的主要玩家

直播行业产业链的主要玩家

直播行业产业链主要由以下五个部分组成：内容提供方、平台运营方、传播渠道方、服务支持方、直播服务方。

1. 内容提供方

在内容提供方中，可分为人、管理、培训、内容四个模块，分别对应网红/主播模块、经纪/公会模块、培训/整合模块、内容/版权模块，如表 1-4 所示。

表 1-4　内容提供方

网红/主播模块	这是直播产业生态链的最上游，也是最核心模块，用于为直播平台生产内容，也是面向粉丝用户的最直接群体；可以分为明星红人、KOL/ 网红、领域达人、职业主播、素人主播。一般将前四种人划分为一类，因为他们有一定粉丝基础;将素人主播划分为另一类，主要指普通用户，没有粉丝基础，或尝个新鲜，或刚开始踏入主播行业
经纪/公会模块	对于直播产业的商业化价值来说，具有经纪公司/公会是掌控直播产业链上游的核心资源，是将网红进行产业化运作的赚钱机器。另外，与经纪公司或公会合作，是决定平台网红产出、管理和培养的必要条件
培训/整合模块	这个模块可以看成围绕网红产业发展的服务行业，分为网红学院和网红平台。前者是为了对网红产业进行培训、打造、包装并为各大公会和平台输送人才的基地，一般针对小网红和素人主播；后者是为网红提供自我展示、资源对接、合作代言的交易场所，一般针对有一定基础的网红和主播
内容/版权模块	直播平台除了网红是核心元素，还有一个核心是内容。网红是生产内容的上游，但它只是 UGC 内容的上游，真正的高质量 PGC 内容掌握在内容制作商手里，最高质量的 PGC 内容当属于电视台节目和电影节目等几百万元起步的制作

2. 平台运营方

连接用户和网红、用户和内容的中心力量。其实，平台运营方主要是直播平台，目前可以把直播平台简单划分为两大类，如表 1-5 所示。

表 1-5　平台运营方

泛娱乐直播	以网红生产内容为核心，以网红和粉丝用户互动为支柱，以社交关系搭建为目标。重点在于不断增加主播人气，不断让主播和用户产生社交关系，进而实现商业变现
直播 +	指直播作为工具属性服务于各个行业，直播＋其实是直播发展的必然趋势，任何互联网产品最终都要与生活中的各行业结合，帮助社会和人类解决问题，这也是互联网＋的战略目标。直播＋是互联网＋的一个例子。直播＋行业的结合有很多种，如电商、游戏、教育、体育、企业服务、旅游等行业，目前发展最好的是电商、游戏、企业服务三类

以上两大类模式在商业价值上有区别。泛娱乐直播的商业价值在于内部的运作机制，用户黏性、社交关系层级、贡献、活跃度等指标；直播＋的商业价值在于对行业创造的价值，如直播＋电商，考察直播的商品曝光率、成交率、交易额等。在直播与不同行业的结合中，在产品设计逻辑、运营逻辑、盈利逻辑上也有很大的差异，商业价值也要根据具体解决的问题去评估。

3. 传播渠道方

传播渠道方其实就是我们常说的互联网渠道，但因为直播本身属于视频类产品、社交类产品、内容类产品，所以从传播渠道来说可以分为社交类渠道、门户/网站/新闻/流量类渠道、视频类渠道和电商类渠道。此外，由于“直播+电商”的发展，电商类渠道也成了重要传播领域，具体如表1-6所示。

表 1–6 传播渠道方

社交类渠道	帮助网红进行直播，积累粉丝和互动，帮助对直播内容进行分享传播
门户/网站/新闻/流量类渠道	帮助对网红、软文、直播内容进行分发，尤其是小视频的内容分发。更多曝光、下载、引流等
视频类渠道	直播内容的分发，包括小视频等内容
电商类渠道	对商品渠道、变现渠道进行扩充

4. 服务支持方

服务支持方在整个直播产业的底层，也是最根本的保障层，包括内容监管方、广告电商主、支付方、视频云服务、智能硬件，具体如表1-7所示。

表 1–7 服务支持方

内容监管方	保证了直播产业的秩序，制定相关法律法规维护秩序，让直播产业能健康的超前发展，为社会做出实在的贡献价值，而不仅仅是资本推动的虚假繁荣
广告电商主	因为广告电商主的存在，以及商家的诉求，才为直播产业注入发展原动力，保证其商业价值的存在
支付方	许多直播创新功能也是基于支付环境和基础搭建起来的
视频云服务	视频云供应商保证了直播平台的低门槛接入和稳定运营
智能硬件	正是智能手机和各种直播硬件设施的普及，摄像机、无人机、GoPro等运动相机具备了接入直播功能，才使得直播很快在社会普及

5. 直播服务方

直播服务方包含资源整合服务、直播方案策划服务、直播场地服务、直播设备和专业团队、直播平台搭建服务、直播技术支持服务。这些都是围绕直播行业和资源的变现能力。在商业价值上，直播服务方可以看成直播平台自我触角的延伸和产业链的布局，具体如表1-8所示。

表 1–8 直播服务方

资源整合服务	将网红资源、广告商家资源、传播渠道资源整合在一起，面对商家和企业进行销售，面对直播平台销售，甚至面对直播平台进行销售，既可单个销售，也可组合销售
直播方案策划服务	面向商家/企业进行单场直播策划服务，对方案策划、脚本策划、直播内容传播等全包
直播场地服务	很多平台、企业、网红和公会都没有专门的直播间，因此需要专门提供直播场地租赁服务

续表

直播设备和专业团队	有些商家直播频次少，不需要自己购买设备和搭建直播间，这时只需寻找专门出租设备、提供拍摄团队的企业即可
直播平台搭建服务	帮助很多企业在自己的产品上接入直播功能或开发新的直播产品
直播技术支持服务	很多直播平台在发展起来后，都会采取开放战略让自己做得更大。通过支持小的直播平台生存，为他们开放直播内容接口，并打包现有技术的 API 接口开放给小直播平台接入。这种既有助于自己内容分发传播，又有助于扩大品牌影响力

1.1.6　如何赚钱：直播行业的盈利模式

直播行业的盈利模式

1. 平台盈利模式

直播平台本身的盈利模式无非是广告加礼物，这两个盈利点都需要流量的支撑。而对于传统秀场直播来说，靠这两个盈利点完全可以盈利了。

但对于泛娱乐直播平台及电商直播平台，礼物转化率没有专门做秀场的平台强。因此，泛娱乐直播平台及电商直播平台更看重的是大流量，依靠引流推广，培养头部主播，吸引更大的固定流量，也是泛娱乐直播平台和电商直播平台的主要盈利模式。

2. 主播盈利模式

1）打赏模式

观众付费充值买礼物送给主播，平台将礼物转化成虚拟币，主播对虚拟币提现，由平台抽成。如果主播隶属于某个工会，则由工会和直播平台统一结算，主播则获取的是工资和部分抽成。这是最常见的直播类产品盈利模式，花椒、映客等都属于这类模式。

2）广告模式

直播平台负责在 App（包括 banner、直播广告图等）、直播间中或直播礼物中植入广告主广告，按展示/点击或购买情况与广告主结算费用。

3）导购模式

一般电商类直播产品/竞拍类产品采用该盈利模式。主播红人有自己的店铺（淘宝店、微店等），或者有店铺需要主播进行营销推广，主播在直播时，推荐店铺商品，用户直接一键购买或者加入购物车，直播同时有优惠或参与竞拍，最终主播与直播平台按照既定比例分成。

4）付费直播

付费直播可以有两种模式：一种是主播开通直播需要付费，由直播平台提供更高级的直播服务；另一种是观众看直播需要付费，由主播设置入场费用，平台和主播分成。付费模式还可分为按场次收费、按分钟计费等，方便主播选择适合自己的直播方式，合理增加自己的直播营收。

5）会员增值服务

会员可分主播和观众两类，可分别在付费成为会员后，收获专属特权。

（1）对于会员主播，可以提供以下特权。

① 直播室开放更多功能权限，如添加场控、提高聊天室人员上限、收入翻倍、开通

私密直播室等。

② 身份特权，如尊贵勋章、升级提速、首页推荐等。

（2）对于会员观众，可以提供以下特权。

① 功能特权，如个性点赞、特权礼物、视频连线、隐身入场等。

② 身份特权，如头像美化、会员标识等、入场特效。

③ 内容特权，如观看指定（付费）内容。

6）游戏联运

该模式常见于游戏直播平台。游戏厂商希望直播时嵌入游戏入口，观众在观看直播时如果通过入口点击、下载了游戏，则平台和厂商进行分成；同时，游戏直播平台还可以进行游戏周边商品及游戏道具商品推荐，在直播的同时销售游戏周边产品，增加游戏平台营收，由主播、平台及厂商进行分成。

7）版权发行

该模式属于包容的二次利用。直播平台可将直播内容沉淀保护起来，以版权售卖的方式提供给发行方，由发行方对内容进行二次加工。

8）付费教育

在线教育类产品的商业模式，利用直播平台售卖课程，学生付费学习，直播平台最终和学校/老师分成。

在教育平台还可售卖其他相关商品，如方维的某直播客户，作为教授音乐课程的直播平台，还可销售各种相关乐器，增加教育平台的其他营收。

9）付费问答

这是语音直播产品的商业模式之一，回答者开通直播，回答问题，提问者观看直播，或查看答案需要付费，由平台和回答者分成。

1.1.7 问题分析：直播行业目前存在的发展问题

1. 内容打擦边球

直播平台播出的内容良莠不齐，经常出现打擦边球的现状，例如出现部分不适宜给大众观看的内容，如软色情擦边球甚至成人电影，虽然直播平台在大多时候会及时做出处理，但依然造成了不良影响。还有一些游戏存在直播的版权问题。同时，平台对主播素质无法把控，有些经常爆粗口或发出不当言论，对观众造成不当诱导。

2. 恶意挖角竞争

各大平台之间的竞争机制不成熟，平台之间的恶意挖角行为导致主播身价虚高、直播平台自身运营成本增大、口碑受损。恶意挖角使行业环境甚喧尘上，恶意竞争阻碍了游戏规则的建立。从主播的角度来看，当行业泡沫破碎时，这些被捧得太高的主播该如何自处。

3. 观众人数造假

为了烘托直播氛围及吸引人气，直播产业链全链条参与观众人数造假。平台方为了数据好看，吸引玩家，平台方大多都“放大”直播数据。机构方为了吸引观众，通过技术与非技术手段，为主播“加人气”；主播方为了让直播间看起来很热闹，主动“买人气”“买互动”。

4. 内容过度娱乐化、低俗化

由于直播门槛低，直播人员水平参差不齐，为吸引粉丝眼球，拉近关系，部分主播突破行业底线，播一些“大尺度”、低俗化的内容。

某些观众的窥私欲驱动直播内容向低俗化方向发展，尤其是在 2016—2018 年，网络直播乱象丛生，内容过度娱乐化和低俗化，是此阶段网络直播平台最大的隐患之一，特别是随着互联网普及率越来越高、渗透率越来越强，网民年龄逐渐呈现低龄化趋势，这种隐患对社会发展产生的危害更大。

5. 盈利模式不成熟

传统的网络直播业面临着相同的困境，盈利模式不成熟导致“烧钱”经营。

6. 平台与主播关系不稳定

1）直播平台和主播的关系存在巨大问题

与早期 YY 培养主播不同，现在大部分直播平台与主播只是“一纸合同”的利益关系，平台只是为主播提供一个公开的渠道，一旦产生矛盾点就容易升级为对立。相似平台增多，出现更高的利益点，导致平台与主播分崩离析。

2）直播行业无序竞争的状态急需规范

进入直播行业的门槛低，对主播文化程度的要求也不高。很多直播平台为了赚取网络流量和更多的广告收入，往往以巨额酬劳为饵，诱惑其他平台的网红主播毁约跳槽，有的甚至承诺支付主播与前平台的巨额违约金，导致挖角大战频发。有时，一个主播跳槽，还会出现 10 多个主播跟随跳槽的连锁反应。

3）直播内容中正能量的弘扬急需加强

网络主播的相当一部分收入来源于粉丝购买虚拟礼物“打赏”，再从“打赏”里与直播平台分成兑换现金。在利益驱使下，一些直播为吸引粉丝眼球，不惜突破行业甚至道德底线，以满足观看者的窥私猎奇心理。

4）行业发展后劲十足但仍需深度调整

伴随着争议，直播平台迅速席卷了互联网。在草莽的跑马圈地时代结束后，直播平台逐渐趋冷，强监管时代的降临也让这个行业趋于理性和规范，行业格局洗牌，头部平台竞相 IPO、中尾部平台举步维艰。资本趋于冷静，头部平台依旧“集万千宠爱”，2018 年，虎牙与映客这两家直播平台上市，直播行业的上市潮已然开启，但是反观直播平台资本市场的表现，也是“几家欢喜几家愁”。2019 年斗鱼直播平台上市，2021 年快手平台上市。

5）对直播行业的管理制度建设急需推进

对于网络直播这一新兴产业，我国专门的互联网法律出现比较晚，内容还处于完善中，导致管理制度规范的形成比较缓慢。在这期间，对于无序竞争、内容低俗化等问题，以及对于违约跳槽的主播如何制裁等，缺乏相应的规定。实践中还出现跳槽主播依仗粉丝“撑腰”，在与原平台合同有限期内违约在新平台直播等现状。上述乱象的存在，严重阻碍了行业的健康有序发展。

6）产业链条恶意竞争，运作方式同质化

近年来，网络直播逐步进入人们的视野，其门槛低、获利快。2016 年，出现了百花齐放、百家争鸣的现象，在竞争越来越激烈的市场内也存在一些问题。越来越多的投资者

加入网络直播行列，网络直播平台如雨后春笋般涌现，各个平台之间的竞争越加激烈，出现了恶意竞争。比如，部分平台利用技术手段恶意攻击其他平台；网络直播平台的观看人数涉嫌造假；行业潜规则，挖走其他平台的人气主播；利用不正当经营手段恶意炒作，哄抬主播身价；网络直播商业运作方式雷同，缺乏创新性等。2019 年，小红书内测直播功能，网易考拉海购上线直播功能，拼多多初次试水直播带货，腾讯入局电商直播并推出“引力波”计划，淘宝直播 App 独立上线。2020 年，微信小程序直播开启公测，百度宣布入局电商直播，美团入局直播赛道。

监管不力、打擦边球现象频现，互联网时代技术更换非常迅速，国家对于网络直播的监管存在技术上的难度，网络直播不易实现通过技术拦截，多数依靠人工监管，特别是移动视频直播，没有上传步骤，按下摄影功能，云端就自动抓取，同步存储，同步传递，即时性非常强。

1.1.8 差异化：娱乐直播与电商直播的主要区别

娱乐直播与电商直播的主要区别

如图 1-4 所示，娱乐直播与电商直播的主要区别是：(1) 直播内容；(2) 变现模式；(3) 粉丝群体；(4) 发展趋势。

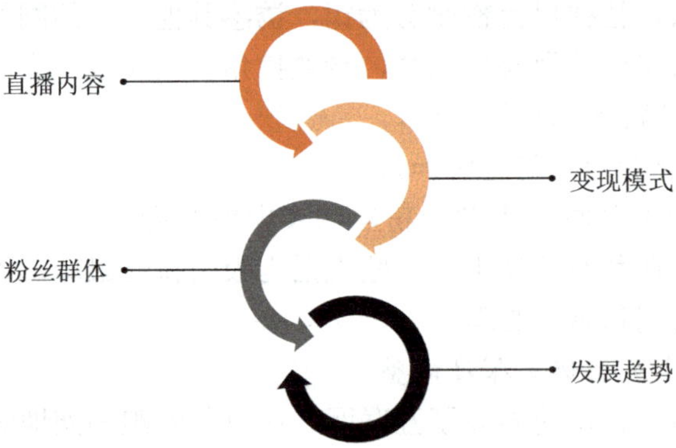

图 1-4 娱乐直播与电商直播的主要区别

1. 直播内容

娱乐直播的主要内容在于观众和主播的交流互动，带有较强的情感色彩和社交属性。电商直播的目的性更强，以商品销售为核心，以订单转化率和成交量为最主要的衡量指标。

2. 变现模式

1）娱乐直播行业的主要变现模式

（1）虚拟礼物打赏。

观众在线上商城中购置虚拟礼品，网站与主播对消费金额按比例分成。

（2）广告流量变现。

主要通过 CPM（千人成本）等主流的售卖方式进行，广告包括网页图片广告模式和主播植入广告两种形式。

（3）会员增值服务。

付费成为会员后获取专属特权：如功能特权、身份特权、内容特权。

（4）网络游戏联运。

在直播时嵌入游戏入口，通过入口点击或下载游戏获取利润。

2）电商直播行业的主要变现模式

（1）商品销售变现。

商家或者主播，直接通过直播销售商品实现变现。

（2）带货分佣变现。

机构或者达人帮助商家带货，收取销售分成变现。

（3）带货收坑位费。

机构或者达人帮助商家带货，收坑位费或出场费。

（4）TP服务变现。

机构帮助电商商家代运营店铺直播业务，收取服务费及佣金。

3. 粉丝群体

娱乐直播平台的粉丝群体画像为中高收入的男性群体。以花椒直播平台为例，70%的消费者是男性，只有不到30%的用户群体是女性，其中，月薪为1万～2万元的消费群体占16%。

电商直播平台以女性居多，且未来会有更多的人有意愿参与到电商直播购物中。在电商直播的用户中，65%是女性群体，并且出现了70%以上的人可能会通过淘宝、京东这种电商直播的模式来购买商品。

4. 发展趋势

娱乐直播市场趋于饱和，已形成头部平台格局；过于同质化的内容、现有用户的流失难以把控；整体商业模式创新不够。

2019年被称为电商直播元年，迎来电商直播火爆时代，内容垂直化，内容与电商的融合度越发紧密，电商直播迎来新的发展红利阶段。

2021年2月，CNNIC（中国互联网络信息中心）发布了第47次《中国互联网络发展状况统计报告》。根据该报告数据，截至2020年3月，我国电商直播用户规模达2.65亿人，增长迅速。截至2021年12月，我国直播电商用户规模达3.88亿人，占网民整体的39.2%。自2020年以来，行业的风口早已来到电商直播领域。

1.1.9　业态分析：为什么电商直播这么热

1. 电商直播是什么

现在，电商行业的发展越来越快。低成本、低门槛也吸引了很多人投入电商行业，电商行业的竞争也越来越激烈。面对激烈的竞争，很多商家别出心裁，开始在各种平台进行不同类型的直播，以此来吸引大众的眼球。于是，电商直播应运而生，电商直播不同于传统的电商，是一种新型的市场趋势。

传统的电商对于消费者来说是远远不够的，有许多方面无法吸引消费者，销售量不会大大地增长。因此，商家选择了直播这个流量大户行业，通过直播的形式来更好地展示自己的商品，并且吸引更多的消费者购买。

2. 电商直播的优点

现在的电商直播模式，在很大程度上打破了消费者对货物看不见、摸不着、感受不到的壁垒；而相比图片和文字，视频的信息维度更丰富，使得消费者能够更直观、全面地了解产品及服务信息，降低试错成本，让消费者融入购物场景中。

电商直播实现了主播和消费者可以实时问答这一互动方式，除融入一定社交属性外，还可以极大地提升购物体验，并且还能引起消费者们对商品的购买兴趣，更好地吸引消费者下单。

目前，直播行业的火爆可以带来相当可观的人气流量，尤其是明星、网红自带粉丝流量加入主播阵营，更为商家带来大量的人气流量，可以立竿见影地实现精准营销。

3. 电商直播兴起的驱动因素

电商直播兴起的驱动因素可分为消费习惯、内容升级、技术迭代三个因素。

（1）消费习惯。新一代的消费群体成长于短视频、直播快速兴起的时期，更青睐直观、互动性强的消费方式，且更青睐移动端的线上消费。

（2）内容升级。相较于传统线上店铺商品的图文讲解，直播电商内容形式更加优化，主要表现为专业性、趣味性强及玩法多样。

（3）技术迭代。5G 时代带来更好的观看体验，智能手机、直播设备等的不断发展提供硬件基础。

1.1.10 千亿规模：未来电商直播市场有多大

1. 电商直播未来用户规模

2020 年中国在线直播用户规模达到 5.87 亿人，涵盖了游戏直播、秀场直播、生活类直播、电商直播等，说明观看直播逐渐成为人们的上网习惯之一，庞大的用户群为电商直播的火速崛起提供了丰沃土壤。

2020 年中国移动电商用户规模达到 7.88 亿人。随着电商体系在中国已发展成熟，用户规模逐渐触达网民规模天花板，流量获取成本也越来越高。由于直播、短视频平台自身的流量优势，接入电商模块之后，平台自身的流量池能够转化、变现的可能性巨大。相比于电商平台以促销引流，“直播 + 电商”模式在成本上明显具有较大的优势。

2. 电商直播未来市场规模

2020 年中国直播电商行业的总体规模突破万亿元，预计未来两年仍会保持较高的增长态势。随着互联网技术的发展，以直播为代表的 KOL（Key Opinion Leader，关键意见领袖）带货模式给消费者带来更直观生动的购物体验，转化率高，营销效果好，逐渐成为电商平台、内容平台的新增长动力。

1.1.11 行业未来：电商直播还能火多久

1. 电商直播行业发展历程

（1）第一阶段。2016 年，直播平台试图打通“直播 + 内容 + 电商”，以提高用户黏性，将流量变现。

（2）第二阶段。2017 年，行业开始分化，各种不同角色出现，如 MCN 机构、供应链等，行业开始走向精细化。

（3）第三阶段。2018—2019 年，电商直播开始往主播、供应链等产业链上下游资源整合的大方向发展，解决产业周期长的问题。

（4）第四阶段。2020 年至今，电商直播出现电商行业群雄混战的局面，不同模式之间也会实现细分。

2. 电商直播未来发展趋势

电商直播未来发展趋势主要有淘宝直播等巨头持续领跑；新玩家如腾讯等加入直播大军；未来规模继续高增长；拓展品类逐步打破主播和供应链的壁垒，形成较完整闭环，向平台化、产业化发展。

3. 未来电商直播行业高增长仍持续

未来电商直播行业还会持续高增长，平台持续投入和流量倾斜、直播带货有效促进电商转化率和成交额，提升流量变现效率，使商家/品牌持续投入资源，线下营销乏力，线上直播相对于低廉的流量成本和高 ROI（Return On Investment，投资回报率）吸引更多商家注意力。

用户增量使消费需求被激发，有趣的内容 + 实时互动 + 全网最低价 + 信任保障、技术迭代和优化、大数据智能推荐算法精准推送、直播设备等不断发展的硬件基础都是电商直播高增长的基石。再加上物流及支付体系持续完善，以及偏远地区用户的电商价值持续被发掘，未来电商直播行业高增长仍持续。

4. 5G 时代的技术革命带给电商直播无限可能性

5G 时代，电商直播可以实现进店沟通，未来商品详情页跳转客服视频直播，进一步提高沟通效率；可以进行选品比较，通过线上 AR 试妆，自由选号（色号）看效果，高效激发消费需求；可以实现产品追溯，随时进店铺直播间观看产品在工厂的各个环节的生产情况；可以双线融合，通过 AR/VR 技术，二三线城市的用户在家便可逛完各一线城市顶级商圈。

1.2　直播行业的从业素养

1.2.1　优秀主播：哪些人更具有成为主播的优势

现在，直播越来越火，已经成为当红的职业之一。很多年轻人都怀着一颗想要高收入和成为网红的心，投入了主播大军中。但是，加入直播的人越来越多，竞争也越来越激烈，主播的质量参差不齐，要想从这么多的主播中脱颖而出，必须具有一些过人的素质。哪些人更具有成为主播的优势？

优秀主播的主要优势如下。

1. 才艺

现在，主播的门槛很低，拥有一部手机，几乎每个人都可以当主播。但是，如果想要与粉丝们更好地互动，或者要想使直播话题更好，则必须至少拥有一项才艺。会唱歌、唠嗑、跳舞、打游戏、搞笑，都可以成为你的才艺。如果你没有，就多看看别人是怎么做的，多学习。若主播拥有一项才艺，则很容易在前期积累一定量的粉丝。

2. 活泼

一个性格活泼开朗的人，很容易与直播间的粉丝成为朋友。谁都不愿意看一个高冷的主播做直播。如果你也想成为一个好的主播，那么就要在粉丝心情不好的时候逗他们开心，在他们无聊的时候唱歌给他们听，用话题带动他们。一个性格活泼开朗的主播，很容易成为粉丝心目中的生活调味剂，能够快速吸粉。

3. 颜值

颜值虽说不是一个必要的标准，但不可否认的是，好看的颜值可以吸引更多的粉丝关注。直播是一个每天都需要在镜头前露脸的职业，那么在化妆和灯光等环节上，就不能有丝毫马虎，良好的形象能够让人觉得很舒服，为主播增加一丝魅力。

4. 时长

很多主播都容易忽视时长。如果你平均一天在线 1 ～ 2 个小时，而且不是每天定时都开播，那只能说明你是个玩玩的主播，注定了你的人气不会很高。那些高收入的头部主播，平均一天在线的时间基本上都是 5 ～ 6 个小时，而且直播时间稳定。直播时长如果较长且稳定，对于提升主播人气也是很重要的因素之一。

5. 设备

主播在直播的时候，若没有才艺可以展示，那么通过一款优秀的声卡来进行声音的调节，或者通过声卡模式的调节来让自己唱出更美妙的声音。拥有一套优秀的直播设备可以很好地在直播前期帮助主播。

1.2.2 从事电商直播必备的四个条件

从事电商直播必备的四个条件

从事电商直播必备的四个条件是产品选择、注意语言、话术准备、塑造人设。

1. 产品选择

首先要选择用直播进行销售的产品。在现在同质化严重的情况下，性价比是使直播带货模式成功的关键因素之一。对于知名度不高的主播而言，需要通过高性价比的产品来打动自己的用户；对于知名主播，价格同样也是一个需要关心的问题。

2. 注意语言

为了保证直播带货模式的持续发展，主播需要对自己的每句话负责。若直播主播只在乎快速赚钱，不注重产品的质量和信誉问题，则很容易造成不良影响。知名度越高的直播主播，越应高度重视自己的信誉，从而保证持续发展。有的主播在直播间内会承诺给自己的粉丝一些福利，但当粉丝下单之后却没有享受到相应的福利，那么主播就会降低自己与粉丝之间的信任感，持续不断地损失自己的粉丝，因此主播要对自己所说的每句话负责。

3. 话术准备

电商直播的本质是为了实现产品的推销。若想把产品更好地推销出去，则需要准备直播时的演讲话术。主播需要对销售的产品有足够的了解，并且要对产品进行试用，总结出自己的心得；要准备好产品销售的文案，通过精准的话术使用户产生消费的欲望，这就需要在撰写话术之前，深度挖掘用户的需求。

4. 塑造人设

塑造人设是实现用户留存必备的方式。建立人设才能让电商直播模式在销售产品时更加简单，自带人设的主播更容易获得用户的信任。这里要注意的是，主播的人设与产品的匹配度要高。比如，一个母婴专家类主播更适合推销母婴类产品，如果让她去推销美妆或者服饰类产品，那么她就不能带给粉丝一定的信任感，与粉丝之间的连接也会比较少。

1.2.3　哪些人不适合做电商主播

1. 不适合当主播的特征

（1）好高骛远。

大部分刚入行的主播，几乎要求一致——高底薪、高提成。之所以这样开条件，是因为都只看到主播光鲜亮丽的一面，忽略了主播背后努力的过程。

（2）傲慢不逊。

平台上的主播达人多到不胜枚举，而才华横溢的主播也数不胜数。没有人喜欢一个傲慢不逊的人，作为主播，应时刻保持谦卑的心态。

（3）怠惰因循。

随着直播行业的发展，主播之间的竞争也进入白热化。努力的主播，总会茁壮成长。若主播还在使用空洞的直播内容，而不勤奋钻研提高直播质量，则很快被淘汰。

（4）不思进取。

有的靠底薪维持收入的主播，每天不专注提升自己的直播质量，而是每天在直播间混日子，这种人不适合当主播。

（5）性格内向的人。

主播最重要的职能是与粉丝互动，如果连互动都无法做到，只是陶醉在自我欣赏中，甚至不知道如何聊天，则不适合当主播。

（6）性格暴躁的人。

一个性格暴躁的人无法把控直播间的节奏，会因为黑粉说的话，或者因为和粉丝的意见不合而开骂，所以性格暴躁之人不适合当主播。

（7）无时间观念的人。

这种主播三天打鱼，两天晒网，若今天心情不好，就以有事为借口停播。这样的态度，即使条件再好，也很难留住粉丝。

2. 成就一般的主播特征

（1）纯粹只想试试；三天打鱼，两天晒网；三分钟热度。

（2）即使缺乏行业知识，对行业不了解也懒得学习，甚至拒绝学习。

（3）遇事不先从自身找原因，总是把问题归咎于平台和粉丝。

（4）频繁换平台。

（5）情商低。

（6）喜欢抱怨，不尊重观众和粉丝。

（7）贪图安逸，只想赚轻松钱。

（8）幻想无条件保底工资，不想付出。

（9）一味索要礼物，眼睛只看见大号（账号的大号），而忽略直播内容的质量 。

成功的主播会经常反思自己的不足并努力改进，懂得自我激励，懂得感恩，情商高，始终以热情的心态迎接粉丝，从不抱怨、不传播负能量，勤奋、敬业、脚踏实地，有独立的人格魅力，有一定的号召力和影响力，忠于直播平台，有很强的荣誉感，愿意与平台共成长。

1.2.4 从业人群：哪些人可以从事电商直播

1. 专业直播团队

专业直播团队的分工明确，主播的形象、口才俱佳。运营负责直播主题策划、产品卖点提炼、直播产品选品、直播数据分析、直播互动话题把控；推广负责提升直播间人气、直播间预热推广；客服负责处理直播间粉丝咨询工作、了解直播间福利、活动等；招商、选品、检测、推广、运营各个环节都由专业人员进行操作，在电商直播中则具有很大的优势。

2. 商家

拥有实体店或者网店的商家，可将电商直播作为一种新的销售渠道，增加店铺的销售途径，不用担心产品的问题，拥有自己的产品供应链，电商直播也只是作为其中一种销售方式，具有先天性的优势。

3. 个体户

个体户主要包括种植户、养殖户、农场主等，其主要产品包括农副产品（水果、蔬菜、五谷杂粮等），在电商直播产品中占了很大的比重。个体户做电商直播主要在价格方面具有优势，因为没有中间环节，可以直接将直播产品送到购买者手中。在电商直播前，个体户可以以短视频形式记录自有产品种植、养殖、生产的过程，在前期积累一定量的粉丝，那么在电商直播带货时，可提高成交转化率及增强粉丝购买力。

4. 生产厂家

生产厂家做电商直播可以缩短购买链路，更快地达成消费路径，产品可直接从厂家到达粉丝手中，省去了中间商；价格具有先天性的优势，对于产品的生产有较强的把控力，可以按需按量的生产，完全不用担心作为电商直播经常要考虑的囤货的问题。

1.2.5　电商主播：全新职业的职业素养与操守

1. 电商主播的职业素养

电商主播的职业素养主要表现在专业性、技术性和内容表达三个方面。

1）专业性

一个好的电商主播不仅要能说会道，而且应具备对现场氛围的把控能力、处理突发事件的应急能力。作为一个电商主播，除了应了解产品，还要掌握一定的直播技巧。例如，知道怎样调节直播氛围，不会让满屏幕都充斥着尴尬；在直播过程中不怯场，若主播不自信，则没人会购买他推荐的产品。

2）技术性

技术性，就好比“中国好舌头”华少一口气快速播报多条广告。电商直播往往都是限时直播，在有限的时间内向观众展示更多的商品特点、卖点，需要一定的技术和磨炼。熟能生巧，凡事都有一个从陌生到精通的过程。电商主播需要勤加练习。

3）内容表达

内容表达才是一个主播真正不可替代的核心，就像白岩松对新闻事件深刻的切割和剖析。虽然对电商主播的要求不需要像专业主持人那般高，但需要掌握必要的语言表达能力。有的人三言两语能把一件事描述到位；有的人说了 10 句话，可能只有一句是观众们想听的。对于电商主播来说，无意义的话说得太多，会不断地流失目标用户。

2. 电商主播的操守

坚持原则，忠于职守。

求实务新，勤劳踏实。

谦虚谨慎，秉公办事。

廉洁奉公，正直诚信。

恪守信用，严守机密。

实事求是，端正思想。

提升自我，勤奋学习。

1.2.6　提升电商主播职业素养的主要方法

提升电商主播职业素养的主要方法

找一个优质的电商主播，我们看重的应该是他在镜头前的直播状态、产品表述、直播间氛围调动等能力，而不是他的简历。

1. 如何提升电商主播专业性

1）熟悉规则

作为一个电商主播，无论是在哪个平台直播，这个平台都有相应的规则。就拿淘宝直播来说，主播一定要了解淘宝直播规则，若主播不清楚其中的规则就会被扣分降权，比如标签的选择、标题的填写（有些字是不允许在标题里出现的）、离镜挂机时间等，熟悉平台直播规则，可以帮助主播最大限度地避免在直播间违规。

2）了解产品

对产品的熟悉程度，也是衡量一个主播是否专业的重要标准。对于产品的特点、优势价格及具体的促销活动，主播都应该非常熟悉。当直播间的粉丝询问产品的各种问题时，主播要及时回答，这取决于主播在直播前熟悉产品。

2. 如何提升电商主播技术性

直播最怕的就是放不开，若主播都放不开，则粉丝的观看体验也会很差。如果主播感觉很紧张，那么在开播的前几分钟可以先和粉丝聊聊天、开开玩笑，目的是先让自己放松下来，等进入状态后再切入正题，切忌一开始就直奔主题，要注意与粉丝之间的互动，和粉丝"打成一片"。

在做产品推荐型直播时不要单纯地介绍产品，一定要注意粉丝的留言，多和粉丝互动聊天，同时尽可能满足粉丝对商品展示的要求。其实，线上直播与线下销售最大的区别就是从一对一到一对多的转变。人一多，问题自然也会增加，及时回答粉丝的问题，才能加强粉丝与主播的联系。

3. 如何提升电商主播内容表达

在这个快节奏时代，每个人都是急匆匆的，如果主播没有自己的风格，没有吸引人的特点，那么粉丝就不会记住主播，也不容易成为其粉丝。因此，形成属于自己的风格对于每个电商主播都是很重要的。

锻炼好口才是每个电商主播的必修课。什么样的话能够吸引粉丝，促成店铺的成交？当直播间气氛低沉时，怎样通过话术活跃直播间气氛？主播需要学习、提升话术。

1.2.7 如何保持平常心来开展直播工作

1. 应怎么应对直播效果不理想

直播效果不理想的主要原因包括不熟悉直播平台规则、直播时间错、产品不匹配、粉丝数量少、主播形象差，如表 1-9 所示。如何应对直播效果不理想呢？可以采取熟悉直播平台规则、选对直播产品、扩大粉丝数量、管理主播形象、错峰直播等方法解决直播效果不理想的问题，如表 1-10 所示。

表 1–9　直播效果不理想的主要原因

不熟悉直播平台规则	每个直播平台对直播间浮现权的要求不一样；若主播未达到平台要求，平台则不会分发流量给主播直播间，就会导致直播效果不理想
直播时间错	主播直播时间与同平台头部主播、同类目产品大主播直播时间相同，平台会优先分发推荐流量至头部主播直播间，直播间流量过少，直播效果则会不理想
产品不匹配	主播直播的产品与主播个人定位不匹配，降低了粉丝与主播之间的信任感
粉丝数量少	主播粉丝数量少，直播间气氛不够火热，直播效果则会不理想
主播形象差	主播个人形象邋遢、精神不佳，会导致粉丝停留时间过短，影响直播效果

表 1-10　直播效果不理想的应对方法

熟悉直播平台规则	主播熟悉直播平台规则，开通直播浮现权，尽可能获取直播平台流量初步分发
选对直播产品	做好主播人设定位，直播间产品需与主播人设定位相匹配，例如“母婴专家”主播的直播间产品应该是母婴产品，这样才能更好地连接粉丝，增强与粉丝之间的信任感
扩大粉丝数量	详见 7.3.2 节介绍的扩大粉丝量的五个小妙招
管理主播形象	主播在上播前，应当注意妆容，保证良好的精神状态，给粉丝最好的直播观感
错峰直播	主播错开平台头部主播、同类目产品大主播直播时间，在其他时间段直播，获取平台更大的流量。 当直播间效果不太理想的时候，主播绝不能太过沮丧、以消极情绪面对直播，这样只会让直播效果越来越不理想；主播应该及时找出问题、分析问题并加以解决

2. 应怎么应对直播效果理想

直播效果理想的表现主要是直播间产品爆单、直播间氛围火热及直播间粉丝暴涨。当主播直播效果理想时，应及时分析这次直播效果理想的根本原因，并在以后的直播中保持下去，戒骄戒躁，以平常心去看待每次直播，努力提高自身的专业性，保持良好的学习能力。

1.2.8　在电商直播中如何保护自己的隐私

1. 电商直播易泄露的隐私

网络越发达，个人隐私泄露越频繁，这两者看起来并不成正比，但事实上确实是经常上网的人的个人隐私泄露概率会更大。电商直播易泄露的隐私如下。

（1）注册过的手机号/邮箱号/微信号。

（2）身份信息：身份证认证、指纹及人脸。

（3）银行卡信息。

（4）上网行为：搜索的词、购买的产品。

（5）手机设备信息：手机系统、手机型号、手机 IME 码。

（6）其他授权信息：照相机、通信录短信、运营商认证、位置信息。

2. 隐私泄露易存在的隐患问题

隐私泄露易存在的隐患问题如下。

（1）垃圾短信源源不断。

（2）有人冒充他人，报出你的个人信息，对你进行不法诈骗。

（3）不法分子利用公民个人信息调查婚姻、滋扰民众。

（4）不法分子利用非法获取的信息实施电信诈骗、网络诈骗等新型的非接触式犯罪。

（5）不法分子利用非法获取的信息、电话、信件进行敲诈勒索、恐吓威胁。

3. 电商直播应当怎样保护隐私

电商直播要注意保护隐私。

（1）不要被引导下载不知名的小 App。尽管你可能只用手机注册了一下，没有暴露更多私密信息，但这些平台一方面完全没有隐私保护的概念，有可能倒卖你的手机号；另一方面可能因为技术能力不足或者管理跟不上，导致实际上的数据泄露概率增加。

（2）尽量取消相机授权，否则如果被不法利用，影响会比较大（会在你不知道的时候偷偷开启进行拍照或者录像，并且发给云端的服务器）。因此，尽量不要在不知名的App上给予相机授权。

（3）尽量取消通信录、通话记录、短信授权，不要随便打开直播间里传播的各种网站地址和链接。

（4）尽量减少个人信息之间的关联程度，不主动提及自己的真实姓名、身份证号、手机号码、家庭住址、单位住址、银行卡号、支付宝账号等信息。

4. 应如何处理隐私泄露问题

遭遇信息泄露的个人有权立即要求网络服务提供者删除有关信息，或者采取其他必要措施予以制止。同时，个人可向公安部门、互联网管理部门、工商部门、消协、行业管理部门和相关机构进行投诉和举报。此外，还可以通过法律手段进一步维护自己的合法权益，如要求侵权人赔礼道歉、消除影响、恢复名誉、赔偿损失等。

1.2.9 健康的工作方式是主播保养的重要手段

1. 应注意保养什么

健康的工作方式是高效率工作的保障。如何拥有健康的工作方式呢？主播保养包括脸部保养、嗓子保养、身材保养、皮肤保养等。

2. 不注意保养的隐患

（1）脸部保养。若主播不注意脸部保养，则脸部暗沉无光，面露疲态，在直播镜头前没有最佳的直播状态，影响粉丝观感。

（2）嗓子保养。电商主播是一个需要长期在镜头前保持说话状态的职业，主播每天需要大量发声。主播如果不注意嗓子保养，在直播时很容易喉咙干哑，粉丝的听感会大打折扣，极大地影响直播效果。

（3）身材保养。对于服饰类电商主播，其身材保养极其重要。如果主播不注意身材保养，在直播时会影响服饰的上身效果，降低粉丝的购买欲望，直播间的成交转化率也会比较低。

（4）皮肤保养。对于美妆类电商主播，其皮肤保养极其重要。美妆类主播需要近距离在直播镜头前展示美妆上妆效果。如果主播不注意皮肤保养，那么许多皮肤问题就会在直播镜头中暴露出来，会降低粉丝的购买欲望，直播间的成交转化率也会比较低。

3. 正确的保养方法

掌握正确的保养方法是非常重要的，不仅要保持良好的心态，还要有合理的营养搭配、良好的生活习惯和适当的户外运动。

1.2.10 解读《电商法》对3000万名主播的影响

1.《电商法》的影响

《电商法》（全称为《中华人民共和国电子商务法》，于2019年1月1日实施）是对新的商业模式的认同，也是应急的补充法律规范，电子商务在中国发展迅猛，法律规范及监管应跟上。《电商法》出台的最大意义在于从监管层面上认同了商业模式的合法地位，并为行业竞争提供了可参考的准绳。

法无边界，网络不是法外之地。尽管电商是网络上的商业行为，但归根到底还是与现实社会接轨的。网络纠纷会影响到现实，因此必须加以规范。互联网生活将成为常态，《电商法》要求电商必须遵守现实和网络的双重规范。法律也将实现线上和线下的融合。

电商野蛮生长的时代已过去，合规将是第一前提：凭借技术、服务和地位优势，用户是处于绝对弱势的一方。要么不用电商提供的服务，要么就忍受电商的苛刻条件、霸王条款，甚至是技术绑架。相信大家都历历在目。《电商法》对流氓弹窗、默认捆绑销售、反向订购等行为进行了规范。

2.《电商法》的具体条款

（1）查漏补缺，完善功能。

比如证书展现、尽到告知义务。电商应提供用户注销通道，并主动提供发票；不能随意删除和修改评价、订单、数据保存期限等。

（2）尊重用户，理性增长。

格式合同，强制同意，黑客拉新和注册；劫持页面、诱导点击等行为都是不恰当的。电商要从尊重用户的角度出发，充分做到告知、勤勉义务。强制平台入驻者进行竞争对手间的选边站、不当竞争将彻底被禁止；广告植入被禁止。

（3）建立机制，证据保全。

除了对订单、用户信息的保全，电商还应确保用户信息的安全。出现网络信息安全问题，电商将会受到重罚。泄露用户信息、出卖内部员工等信息安全问题成为重点关注行为。电商应依法纳税，不能搞冲量刷单假 GMV（Gross Merchandise Volume，网站成交金额），应如实通报平台经营状况，不夸大、不虚构。

（4）加强教育，合规上岗

《电商法》列明了众多平台连带责任，其中包括对从业人员的要求和规范。电商应强化信息安全规范，设置和培养合规、风控人员，例行自查，合规经营。

3.《电商法》的“潜规则”

《电商法》的“潜规则”为不可差评报复、不可产品描述不符、不可卖假货、保证产品安全及做好用户引导与服务。

1.2.11　主播必知：直播中违法与违规的边界

直播中违法与违规的边界

1. 常见的电商直播违法行为

（1）推广含有色情淫秽内容的产品或信息。

（2）推广对人体造成重大伤害的或用于危害他人人身安全的管制器具等产品或信息。

（3）推广易燃易爆、剧毒化学品、毒品、制毒原料及毒品吸食工具等产品或信息。

（4）推广窃取隐私软件和设备、身份证明等涉及人身安全、隐私的产品或信息。

（5）推广封建迷信色彩的产品或信息。
（6）推广违反国家行政法律或不适宜交易的产品或信息。
（7）推广电子烟及其配件等相关产品。
（8）推广涉嫌侵权或误导消费者的产品或信息。
（9）以遮盖、涂抹等方式对图片类推广信息（包括但不限于推广主图、商品详情信息中的图片等）中包含的产品、产品标签及商品包装进行修改，以及未经授权擅自使用他人商标、名称。

2. 常见的电商直播违规行为

（1）推广成人用品类产品，包括但不限于情趣内衣、器具类、避孕套等。
（2）推广二手、闲置类产品。
（3）推广具有安全隐患的产品。
（4）推广含有国家级、最高级、最佳等绝对化描述的信息。
（5）推广含有虚假、夸大、承诺性表述或无法判断真伪的夸张性表述，欺骗和误导消费者。
（6）推广存在描述不符或无法证实的信息；有任何虚构原价、虚假折扣等价格欺诈，以及虚假营销的行为。
（7）推广涉嫌不正当竞争或使用与他人进行比较的信息，损害竞争对手或第三方的商业信誉、商品声誉的信息。
（8）推广用户自有店铺或网站以外的链接或产品。
（9）推广直播平台规则外的产品。

3. 常见的违法违规直播案例

（1）直播间内售卖毒品、枪支等违反国家安全规定的产品。
（2）直播间内出现大量的色情淫秽内容的产品或直播场景。
（3）挂空镜头：镜头对准提示牌、无人画面、对着仓库等各种各样的空镜头。
（4）试穿内衣内裤。
（5）绕过平台交易：引导粉丝绕过平台交易，在纸板上写加微信或者电话联系方式。
（6）不给退换货：在直播间内公开告诉粉丝不退换货。

1.2.12　法规之外：至关重要的直播潜规则

1. 平台“潜规则”

1）标签竞争

直播打标签，其实是在给官方和粉丝精准定位主播的直播属性，根据主播的属性来匹配对应的流量。但是，用标签的人多了，可选择的范围也就多了。在标签之下，和竞争对手进行流量争夺。

2）层级攀登

主播等级越高或者粉丝越多，其直播权益就越多，被官方、粉丝看见的机会就越大，流量也会往高层级的主播、店铺身上倾斜。因为头部主播是有流量保底机制的，所以很多人投入资源去往头部竞争，请明星、网红，希望自己的直播间都能成为头部。

3）活动排名

把官方活动、官方任务完成得越优秀，排名越靠前，证明主播有实力，在流量竞争过程中，合理运用直播标签、攀升直播等级及把握活动机会，上榜排名成为几个核心的动作。

2. 直播“潜规则”

无论你是刚入行的新主播，还是直播多年的老主播，都应注意直播设备、错峰直播及场景布置。

1）直播设备

“磨刀不误砍柴工”，既然想做直播这个行业，那么就要事先准备好需要的直播设备。手机端平台需要的设备是手机、手机声卡、麦克风；电脑端平台需要的设备是电脑、摄像头、电脑声卡、麦克风，以及可能用到的灯光等。

2）错峰直播

避开平台头部主播及大主播的直播黄金时间段；错峰直播，在平常时间段开播获得平台的流量分发支持，积累前期粉丝量。

3）场景布置

一场好的直播离不开直播场景的布置、灯光布置、场地布置的配合，将主播及产品最好的一面展现在粉丝面前。

3. 主播“潜规则”

随着直播平台的膨胀、巨大的潜力，越来越多的人投入直播行业中。主播需要做好人设定位，学会直播互动，具有过硬的专业能力及保持学习的能力。

1）做好人设定位

主播要先有一个清晰的人设定位，才会有较为清晰的目标粉丝人群。

2）学会直播互动

主播应该学会与直播间的粉丝互动，活跃直播间气氛，使粉丝停留时间变长，提高直播间粉丝成交转化率。

3）具有过硬的专业能力

主播要懂产品，能够对产品讲解到位，吸引粉丝购买。

4）保持学习的能力

主播应当时刻保持学习的能力，学习其他直播间的长处，分析每场直播出现的问题，不断地学习提高。

1.3　快速组建你的直播团队

电商直播有哪些岗位与职责

1.3.1　角色分工：电商直播有哪些岗位与职责

电商直播有哪些岗位与职责？电商直播的类型分为店铺直播及机构的达人直播。店铺

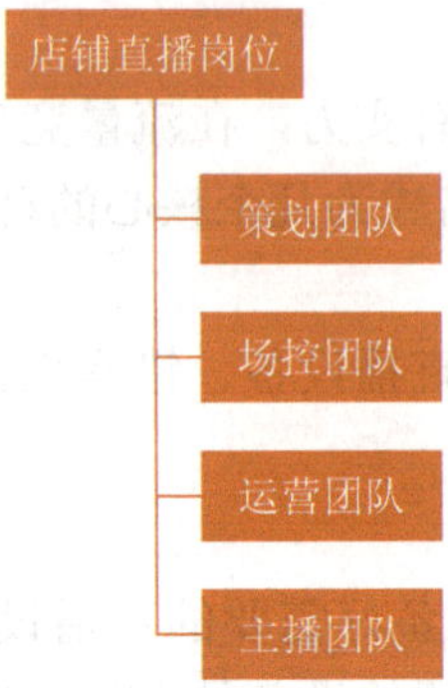

图 1-5　店铺直播岗位的分类

直播岗位的分类包含策划团队、场控团队、运营团队与主播团队，如图 1-5 所示。

策划团队里的核心岗位名称是编导策划，有以下四个工作内容：熟悉直播产品、研究产品卖点、编写直播脚本及设计直播流程。

场控团队就是直播场控，有以下工作内容：直播设备调试，直播画面调试，发布直播预告，商品上架（商品排序、上架商品、标记利益点），维护直播间秩序，带动直播间节奏，日常直播配合（发红包、优惠券、调整轮播条、弹出商品链接、发直播公告、发直播印记、标记看点），统计直播点击量、停留时长、涨粉量、销售量等数据。

运营团队主要有平台对接、商品运营、主播运营、活动运营等工作职责如表 1-11 所示。

表 1–11　运营团队的工作职责

运营团队	工作职责
平台对接	（1）对接官方客服 （2）参加官方主办的培训活动
商品运营	（1）直播产品选品 （2）挖掘直播产品卖点 （3）直播产品知识培训 （4）直播产品的优化
主播运营	（1）招募主播 （2）培训主播 （3）孵化主播 （4）管理主播
活动运营	（1）负责直播内容架构 （2）有计划地制定直播内容 （3）整理包装有价值的直播内容 （4）组织策划直播活动 （5）收集直播间用户反馈 （6）分析直播间用户行为及需求 （7）引导主播产生优质性内容增加互动性

主播团队里有两个角色：第一个核心角色是主播，第二个辅助角色是助理。

（1）主播的工作内容如下。

① 进行正常直播。

② 熟悉直播产品信息。

③ 介绍展示直播产品。

④ 粉丝互动。

⑤ 活动介绍。

⑥ 复盘直播内容。

（2）助理的工作内容如下。

① 直播间规则说明。

② 直播暖场。

③ 配合主播，协助主播直播。

④ 直播间商品摆放。

⑤ 配合直播现场其他工作。

在机构直播岗位分类中只有一个岗位是店铺直播里没有的，即招商团队，其他岗位都一样，机构直播岗位里的策划团队和运营团队一般都是合并的。

招商团队的工作内容有直播商品确定与选择、通过各渠道找商家、与商家进行合作谈判、索要商品相关资料。

1.3.2 角色分工：如何配置新创的电商直播团队

如何配置新创的电商直播团队

1. 如何配置新创的电商直播团队

寻找与自身匹配的主播，考察其形象、气质、口才等。从外部找主播还是挺难的。因为一个新人要熟悉产品很容易，但熟悉企业文化和气质则需要一个漫长的过程，所以建议从内部着手，发掘自己的员工来做主播，一是比较稳定，二是他们更懂公司的产品和文化。

直播运营：除设计岗位外，要求每个人掌握多种技能，比如能写策划方案、总结商品要点、实现直播间互动、分析数据等。

客服：一定要训练好客服人员，外包客服一般是做不好用户承接和转化的，最好自己搭建客服团队。同时，要让客服熟悉直播间的内容和福利，千万不能一问三不知。

2. 如何挑选电商主播

首先，挑选的主播是否适合自己的产品定位人群，需要商家通过主播的数据（如用户画像）来做判断。其次，根据匹配度来择优而用，主要考察转化率。最后，考虑承接能力，每个平台上的用户画像都不同，每个主播的用户画像也不同，大部分主播只卖得动低客单价的产品，主播是否卖得动利润高的高客单价产品，取决于主播的承接能力。

3. 如何与商家合作

（1）专场：可以理解为在某个时间段推出某系列产品，通常以 1 小时计算，价格为几千元到几十万元，有的主播专场价格达到几千万元。

（2）链接费、加佣金：主要集中在腰部以上的主播，按照一个链接几百元的形式，保证主播的最大效益。

（3）纯佣：主要集中于新主播、小主播，因为产品的缺失，所以往往只能与商家对接纯佣的产品合作，以单纯的阿里巴巴佣金结算。

1.3.3 电商主播：做电商主播，为什么优先考虑淘宝主播

做电商主播，为什么优先考虑淘宝主播？主要有以下四个原因。

1. 淘宝平台市场庞大

2019 年，淘宝直播已积累了 4 亿名用户。其中，177 位主播年度 GMV（已付款订单和未付款订单两者之和，是衡量平台竞争力的核心指标）破亿，4000 万件商品进入直播间，商家同比增长 268%。2019 年，淘宝直播 GMV 突破 2000 亿元，“双 11”当天直播 GMV 突破 200 亿元；淘宝是中国电商界的鼻祖，其市场规模和潜力都极大。

2020 年，淘宝直播凭借线上优势快速崛起，不仅推动了更多行业完成线上的深入转型，更吸引了大批用户加入。2020 年淘宝直播日均活跃用户大幅提高，同比增长 100%。特别是在 330 直播盛典、天猫“618”、天猫“双 11”等大促阶段，用户增幅最为明显。

在众多平台中，淘宝直播是最为用户所熟知的。2020 年 3 月 31 日，中国消费者协会发布《直播电商购物消费者满意度在线调查报告》，该报告显示，使用淘宝直播的消费者占比最高，达 68.5%；其次为抖音直播和快手直播，占比分别为 57.8% 和 41.0%。

2. 淘宝平台电商优势

淘宝直播的背后是淘宝电商这个巨无霸平台，它有先天的电商后端优势，不需要主播挖掘货源，只需要做好选品，对于没有供应链资源和经济基础的小主播来讲，淘宝直播是一个非常好的直播带货入口。

3. 淘宝平台知名度高

淘宝平台的知名度高、黏性强。作为电商界的鼻祖，淘宝平台本身就有极高的知名度和信任度，消费者本能地对淘宝直播带货平台的主播有偏向性和较强的黏性。再加上主播大力送福利、送优惠，进一步促进了消费者的购买欲望，提升了转化率和购买频次。

4. 淘宝平台机制完善

为了刺激消费，提升淘宝直播带货平台的转化率，淘宝直播推出了各种机制，其中包括 CPS 佣金及 V 任务，主播（商家）可以 0 成本入场、0 经验起步等。除此之外，淘宝大学还提供了各种培训课程帮助淘宝主播提升带货能力。

1.3.4　电商主播：如何快速成为一名淘宝主播

1. 如何成为淘宝达人主播

首先，进入阿里创作平台，单击“开通”按钮，并且选择开通的账号类型，选择第一项“微淘号达人”，如图 1-6 所示。

然后，通过绑定支付宝、实名认证、身份认证等相关认证，账号所有者要与认证信息一致。

最后，填写账号信息及联系人信息，勾选“我已阅读并同意《阿里创作平台合作协议》”复选框，便成功注册为淘宝达人。

淘宝达人如何开通直播？打开手机淘宝，在搜索框中输入“直播入驻”，选择个人主播，并且选择“一键开启直播权限”，进行人脸识别及 1 分钟自我介绍视频上传后，等待审核即可。视频要求准备 1 分钟内本人出镜的高质量视频，能够体现较好的控场能力、表达能力（口齿流利、思路清晰）、现场表现能力（粉丝互动性强），不要仅限于自我介绍。

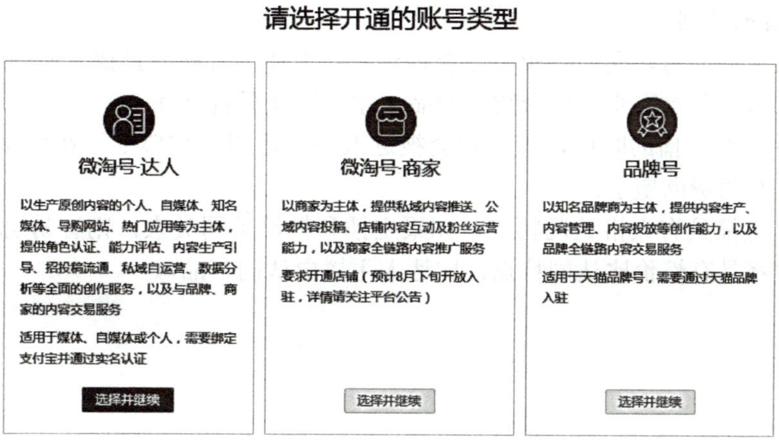

图 1-6 开通淘宝达人主播账号

之后，下载“淘宝主播”App，随时查看审核进展，审核通过即可在“淘宝主播”开启直播了。

2. 如何成为淘宝店铺主播

打开淘宝，登录账号，选择千牛卖家中心进入。在千牛卖家工作台上选择“用户运营”→“淘宝直播”，单击进入后会看到页面右侧二维码，手机扫码下载淘宝直播主播版 App，打开淘宝直播主播版 App，进行登录，单击“创建直播”按钮，选择商家入驻通道，弹出资质审核界面（符合淘宝营销规则），单击进入考试，弹出考试界面，考试通过即可入驻成功，可开通淘宝直播。部分淘宝店铺也会选择与 MCN 机构、淘宝达人进行合作。

3. 两种淘宝主播类型的区别

1）形式的区别

（1）淘宝达人主播卖货没有限制，比较适合那种没有货源的直播，可以在淘宝 V 任务平台进行接单或招商，可以在直播间挂其他商家商品的链接，通过卖他人的产品从中赚取佣金。

（2）达人主播的优势在于产品上新快，因为不是自己的货源，所以只需要和其他店铺进行对接。有优势必然有劣势，做达人直播的一个劣势是，只能由开通达人账号的那个人进行直播，不能更换主播。达人主播属于被动型，会受控于时间、市场和产品。

（3）达人主播的特点在于人格化，做达人直播需要有自己的粉丝群，如果没有粉丝，则很难做。自身的粉丝群体都比较喜欢主播的人设，例如李佳琦在其粉丝心中就是美妆达人。

（4）商家店铺主播主要偏品牌化和 IP 化，现在的商家店铺主播很少会有比较好的人设，大部分都是偏品牌化的。

（5）商家店铺直播货品比较难找，上新不稳定，但店铺直播的账号可以供多个人一起直播，有时甚至可以 24 小时连轴转。

（6）商家店铺主播属于主动型，可以根据店铺活动，自由调配。

2）消费者的区别

（1）达人主播的粉丝受情感驱使，若粉丝喜欢主播则会观看直播；而店铺主播的粉丝更多是因为需求，粉丝需要主播介绍的商品，才会选择观看直播。

（2）在看达人直播的时候，消费者会被达人激发出消费欲望；而在商家店铺直播时，消费者先前已有消费欲望了。

（3）达人主播具有人格认同特点，如果主播和粉丝是同类人，则容易引起情感共鸣；而商家店铺主播具有性价比认同特点，比达人主播更认同产品。

1.3.5 电商主播：淘宝主播的成长体系与机制

1. 主播成长体系

淘宝直播主播成长是一个量化机制的体系。通过这一体系，主播可以知道自己处于全平台主播中的哪个层级，当前层级意味着什么，可以做些什么，怎样才能晋升到下一层级，可以让主播更清晰地了解自己的情况，从而改正自己的不足，逐步成长为头部主播。

2. 主播等级体系

主播等级是反映主播在淘宝直播的影响力的数字体系，分为5个等级和16个专业领域，主播可通过积累经验值和专业分去提升等级。2级以上的主播必须设置专业才能升级，在多个专业的情况下，专业分被平均处理。

影响主播等级的因素主要有经验值、专业分和升级任务。其中，经验值受直播时长、直播间互动类数据影响；专业分受直播场景下添加本专业宝贝、引导用户进店或完成购买等行为影响。

3. 直播间品质体系

直播间品质体系是描述直播间货品质量和服务质量的数据体系，细分为5个指标：优品率、准时揽收率、完成退货时长、退货退款时长、纠纷退款量。数据统计口径为直播间近30日的平均数据，每天上午11点以后更新。其中，优品率关联主播等级，若优品率数据未满足当前等级门槛，则主播无法正常晋级。

4. 主播处罚机制

淘宝平台对主播出现的负面行为会进行经验值专业分等扣分处罚，扣分类型分为日常任务未完成、优品率过低、平台违规行为（如售卖假货等）。

1.3.6 电商主播：电商主播的核心能力和工作方式

电商主播的核心能力和工作方式

1. 电商主播的核心能力

1）了解产品

作为一名电商主播，首先要了解其直播间的产品，若对直播间产品不了解则无法直播，若强行直播则可能“翻车”。比如，产品根本没有这种性能，主播却说有这种性能，当主播被粉丝问及产品材质时，则完全不知道怎么回答。这种场景在直播间内都是大型翻车事故，不仅影响转化率，而且还会影响粉丝对主播的信任感。

2）过硬的心理素质

新手主播刚开播时不敢说话，或者言语表达不清楚、心里紧张等，在直播间很容易形成尴尬的局面！当直播间流量不稳定的时候，特别是流量断崖式下跌时和转化率不好时，作为主播要有一定的心理承受能力，冷静地去分析问题，找出问题，然后去解决它，这也是主播必须经历的一个提升过程。

3）直播话术

在直播间内，很多时候都需要主播用话术去完成转粉和转化，话术好的主播可以很好地控制直播间的节奏。好的话术可以增加直播间的渲染力，迅速完成转化！在直播间采用的最多话术是引导互动和“种草”[①]，尤其是“种草”，不仅仅是简简单单地介绍货品和试穿试用，而是在此基础上通过主播口播，简单地勾画出一个虚拟的小场景，完成产品“种草”。

4）控场能力

因为直播间是公开性质的，只要是平台的注册用户都可以进来发表评论，所以会有一些同行过来恶意评价，会有一些售后问题反馈到直播间，也会有一些特别烦人的广告党来打广告等。这些问题都需要主播或者运营团队来处理，若处理不好则会对直播间造成各种不同程度的影响。

5）学习能力

市场和平台时时刻刻都在变化，一不小心就会落伍，主播只有不断地学习、总结，才能紧跟新技能、新规则、新机遇！在这个过程中肯定会遇到很多问题，主播一旦解决它，就会不断成长。

6）人设定位

主播会打造自己的人设且一直强化它。如果产品粉丝画像大部分都是学生，主播却用一个宝妈级别的人设去直播，则会影响直播间的转化和转粉，“打成一片”才能更好地转粉和转化！有些直播间的类型不同，可以弱化这个技能，比如秒杀型的直播间等。

2. 电商主播的工作方式

在直播前，电商主播需要充分了解本场直播的产品，熟悉本场直播的脚本，对直播活动方案了如指掌；在直播中，与直播间内的粉丝进行互动，引导粉丝关注，回答粉丝想要了解的产品信息，保证直播间热度氛围，通过直播话术引导直播间内有需求的粉丝下单；在直播结束后，与直播运营人员对本场直播数据进行复盘，分析直播中存在的问题，并找出解决问题的对策。

1.3.7 运营专员：什么是直播场控，他解决什么问题

1. 什么是直播场控

直播场控最早见于秀场直播，指管理直播间粉丝互动的人员。选择秀场场控一般采用

① 流行的网络用语，意思：（1）分享和推荐商品的优良品质以刺激他人购买欲望的行为，或根据外部信息产生体验欲望或拥有某物的过程；（2）向他人推荐一件事，使他人喜欢的行为。

挑选忠实粉丝、刷榜排行、主播指定等方式。

电商直播场控大部分由运营或者直播助理担任，目前电商直播场控已经逐渐演变成一种专业化的职业，直播场控的重要性在不断提升，甚至在部分早期的主播直播间销量中，有一半以上是场控创造的。场控从过去的边缘配角，逐渐演变成直播间不可或缺的一个角色，由打下手演变成导演，一台直播戏中锦上添花的一个重要组成部分。

2. 直播场控的价值

直播场控的价值有调动气氛、短板补充、促成成交。

1）调动气氛

有时一场直播的时间为 6 个小时，一个主播如果能够调动的气氛只能达到 60 分，则场控的工作就是怎么和主播配合，把气氛调到 80 分以上。

2）短板补充

直播行业发展到今天已经很成熟了，随着竞争越来越激烈，每个主播的能力都各有所长，也各有短处。一个好的场控能弥补主播的短处，处理一些主播处理不了的事，帮助主播处理一些直播间内的突发情况。

3）促成成交

场控直接影响单场直播的成交额。其实大部分主播在上播前对产品都不了解，导致在直播推荐过程中不自信、表达不清晰等，还有一些主播因为直播时间过长，直接忘了直播的脚本，不按套路出牌反而卖不出货了。腰部以上的大部分主播都需要一个场控，来协助主播提升直播效果，引导直播间内粉丝成交。

1.3.8　运营专员：什么是直播运营，他解决什么问题

1. 什么是直播运营

直播运营是一个 IP 背后的核心操盘手，在这个直播运营团队里除了需要选品、负责供应链、把控产品质量，还需要策划内容和脚本，对接商务沟通，推广引流，确定什么时候卖什么货品，用什么话术引导，目的是什么，最终结果怎么样等。这些就是直播运营的主要工作。

2. 直播运营的细分

直播运营可细分为产品运营和内容运营。

（1）产品运营主要负责直播间产品的选择，挖掘直播间产品卖点，帮助主播进行直播间产品知识培训及直播间产品的优化等。

（2）内容运营主要负责直播前后的内容宣传、造势、运营，配合直播的店铺相关运营工作，直播数据检测、分析优化方案，直播内容拓展、拓展直播品类、增加受众，优质用户挖掘及老用户维护等。

3. 直播运营的价值

直播运营能够提高转粉率，增加粉丝观看时长，增加直播间点击率，增加直播间转化率，提高产品销量，增加店铺营业额，促进粉丝分享直播间，维护粉丝，增加进店访客数、收藏数、加购数等。

1.3.9　运营专员：如何成为一名不可或缺的运营人才

一名不可或缺的运营人才在“人”“货”“场”三个方面发挥着极为重要的作用，下面从这三个方面进行分析。

1. 人

主播是直播中最重要的人，也是一场直播中的核心。直播运营在选拔主播的时候，首先需要重点考虑主播的业务能力。主播的业务能力有很多方面，比如主播的细分行业业内知名度、直播态度和直播技巧等，直播态度和直播技巧都直接关系着直播质量。其次，需要考虑主播的匹配度，主播和直播内容的匹配度是非常重要的。除主播外，还有另外一个“人”，即用户。无论是传统的泛娱乐直播，依靠用户打赏；还是电商直播，依靠用户购买分成，用户都是直播间的重要组成部分。直播运营需要把用户分层，有针对性地去对接，做到维护老粉丝、挖掘新粉丝。

2. 货

品质是一切的根本。若品质不好，即使主播卖力将货全部售出，最后的结果也只是无穷无尽的退货。直播运营在直播间选择产品时，应当注重产品品质。对于同样的主播、同样的内容、同样的脚本，价格低会有绝对的优势。另外，把握卖货的时间点和新媒体追热点也很重要，尤其是销售性季节、阶段性产品的电商直播若能把握好这个时间点，就可以在直播时掌握先机。直播运营需要注意产品与主播之间的匹配度，如果产品与主播不匹配，则会降低粉丝对主播的信任度，下单率也会很低。

3. 场

对于头部主播而言，自身的带货能力已经足够强大，对场地并不需要太过在意。但是，对于非头部主播而言，场地选择就非常重要，场地要贴合直播内容，不同类型的主播、不同的产品，需要的场地是不一样的。当然，也要经常变换场地，如果一成不变，则会让用户缺乏新鲜感，所以需要不断地改变直播间场景布置。

【课后习题】

1. 概述电商直播的发展历史。
2. 简述作为一名电商主播的基本素养。

第 2 章

多样的直播营销模式

【学习目标】

- 了解淘宝直播的发展历程与运作模式。
- 了解淘宝直播的平台优势。
- 掌握淘宝直播的内容和产品分类。
- 了解淘系直播的分类。
- 了解头条系直播的分类。
- 掌握西瓜视频、抖音短视频和抖音火山版的区别和联系。
- 了解什么是微信直播。
- 了解游戏直播的类别。
- 了解其他直播营销模式。

直播营销是指在现场随着事件的发生、发展进程同时制作和播出节目的营销方式。该营销活动以直播平台为载体，达到品牌的提升或销量的增长的目的。

2.1 淘系直播营销模式

淘宝直播的发展前景非常可观，可以渗透到服装搭配师、美妆师、宝妈等多个领域。当然，除了淘宝直播，淘系直播中也包括天猫直播、1688 直播和咸鱼直播，其中咸鱼直播属于二手交易平台。

2.1.1 淘宝直播的发展历程与运作模式

想要了解淘宝直播，首先需要知道什么是淘宝直播；其次，需要知道淘宝直播的发展历程和运作模式。

什么是淘宝直播？淘宝直播是阿里巴巴推出的一个直播平台，定位于消费类直播，用户可边看边买，涵盖的范围包括母婴、美妆、服装等，当然不仅仅局限于此，其类目一直在不断扩展。

淘宝直播的发展历程与运作模式

淘宝直播的发展历程：2016 年 3 月，开始进入试运营阶段，“双 11”移动端成为淘宝直播的支付主力；2016 年 4 月 21 日，papi 酱在淘宝直播中的一次拍卖获得了 50 万人次的围观，如图 2-1 所示。这种粉丝经济模式（如图 2-2 所示）会产生一定的明星效应。

图 2-1　papi 酱广告资源招标/拍卖会

图 2-2　粉丝经济模式

下面介绍淘宝直播的运作模式。网红经济是在新经济中诞生的一个全新经济角色，展现了互联网在供需两端形成的一个裂变效应。这个角色在制造商、设计者、销售者、消费者与服务者之间产生了一个全新连接，展现了互联网经济全面融合新经济时代带来的无穷活力。淘宝直播则是在商家、网红与消费者之间的一个全新连接，促进了现代经济的发展。

下面以达人直播为例，简单梳理淘宝直播的注意事项，如图 2-3 所示。

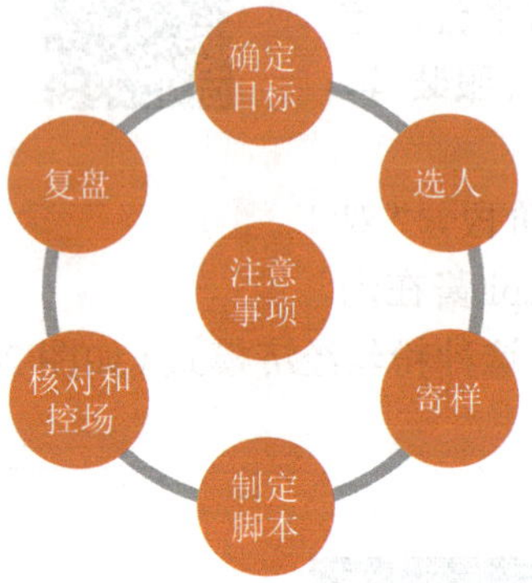

图 2-3　达人直播的注意事项

（1）确定目标。是品牌宣传？是活动造势？还是产品销售？不同的目标会指向不同的直播模式。淘宝的直播模式主要有混播与专场。混播模式的门槛比较低，比较灵活，费用也比较低，适合做爆款；专场模式多用于品宣或者活动预热。

（2）选人。根据实际情况和直播目标，选择合适的主播。

（3）寄样。寄样其实就是主播需要提前了解和体验产品，以帮助主播在直播过程中更好地介绍此产品，进而促进销售。

（4）制定脚本。每场直播前都要先制定脚本，脚本要符合主播个性。例如，两个个性完全不一样的主播，脚本的制定要因人而异，同时需要融入品牌理念、产品特色、使用方法及产品的背景故事。此外，也要突出利益点，要给直播间粉丝专属的利益点，这样可以更好地吸引直播间的粉丝进行购买。

（5）核对和控场。核对就是安排专人跟踪直播，由专人控场。对于每场直播，控场能力能够控制整个直播的进度。仓库中的一些产品最好提前打包好，在运营方面，也要随时候场，以及应对直播间的突发状况。此外，要时时关注直播进程，安排专员进入直播间去尽可能满足粉丝的需求。

（6）复盘。直播结束后要进行复盘，复盘当场直播的数据，这样才能为下一场直播做更好的准备。

淘宝直播从 2016 年开始发展到今天，还需要不断地完善，很多项目在直播领域中都处在一个待开发的状态。淘宝直播好比知识型营销，卖家相当于教你如何用专业的知识挑选你需要的商品。知识互动型营销对于电商来说是大势所趋，它有着更大的提升空间和成长空间。拥有专业技能的主播越来越受欢迎，主播应不断提高直播领域的专业技能。要想做好直播，首先应该了解什么才是真正的直播，真正需要主播做什么，而不是盲目地去做，只有这样，直播环境才会越来越好。

2.1.2　一张图看懂淘宝直播平台的优势

解析淘宝直播平台的优势

1. 淘宝直播

淘宝直播平台是淘宝全新推出的一个功能，由阿里巴巴支持新上线的“边看边买”功能，让用户在不退出直播的情况下就能够直接下单主播推荐的商品。在直播过程中，女性观众占绝对主导位置，占比约为 80%。此外，每天晚上的 8 点～ 10 点是收看直播最活跃、粉丝最愿意下单的黄金时间段。据淘宝直播年度报告称，截至 2020 年年末，淘宝直播提供直播内容超过 10 万场，用户每天可观看时长超过 50 万小时，近 1 亿件商品在淘宝直播间上架，直播带货主播数量增长明显，同比 2019 年增长了 661%。

2. 直播平台有哪些

目前比较常见的直播平台有淘宝直播、拼多多直播、抖音直播和快手直播，如图 2-4 所示。

图 2-4　常见的直播平台

3. 淘宝直播平台的优势

淘宝直播平台的优势主要体现在平台市场大，淘宝平台直播电商优势，平台知名度较高、黏性较强，平台机制完善四个方面，如表 2-1 所示。

表 2-1　淘宝直播平台的优势

平台优势	具体内容
平台市场大	淘宝是中国电商界的鼻祖，是目前全国最大的电商平台，其市场规模和潜力都比较大
淘宝平台直播电商优势	淘宝直播隶属于淘宝电商平台，具有先天的电商后端优势，不需要主播去挖掘资源，只需要做好产品；对于没有供应链资源和经济基础的小主播而言，是一个非常好的直播带货入口
平台知名度较高、黏性较强	相对于其他平台，基于淘宝平台本身的知名度和信任度，消费者可能更加偏向选择淘宝直播。此外，主播和商家在淘宝直播平台会有一些优惠、福利，从而促进消费者的购买欲望，进而提升转化率和购买频次。比如，大主播李佳琦属于淘宝直播平台，可能有些粉丝是专门为了看李佳琦而选择去看直播，而不是为了去买哪款产品，这对于粉丝来说，可以看他们的偶像就是一种福利
平台机制完善	淘宝推出了各种机制来刺激消费，以提升淘宝直播平台的转化率，如 CPS 佣金及 V 任务。主播和商家可以零成本、零经验起步，这相对于大部分主播来说，不需要承担太大的风险，只要想做主播，满足一些要求即可直播

2.1.3　淘宝直播的内容和产品分类

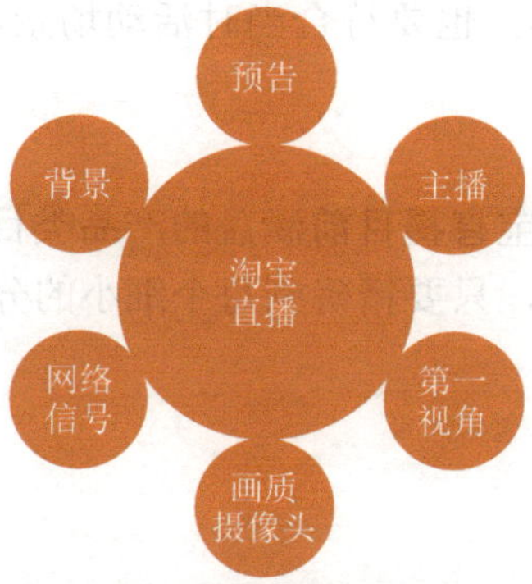

图 2-5　淘宝直播的内容

1. 直播的内容

淘宝直播的内容分为以下六项：一是预告，二是主播，三是第一视角，四是画质摄像头，五是网络信号，六是背景，如图 2-5 所示。这六项是做好淘宝直播的保障。

1）预告

淘宝直播预告的内容包含封面图、直播标题、直播时间、直播简介、直播地址和产品链接，如图 2-6 所示。

封面图	封面图的主图尺寸为 750 像素 ×750 像素，长图尺寸为 1120 像素 ×630 像素，封面图中不出现任何文字，要凸显出直播的主题，呼应淘宝直播的内容。封面图使用一张图片，不使用拼图，颜色要突出，不可用大面积的白色背景。
直播标题	对直播标题的字数有要求，一般为 12 个字以内，空格与标点符号算半个字。此外，标题也有一些禁忌，比如对于利益点，不能写上秒杀，文字要简洁，实事求是。
直播时间	根据每场的直播时间，在前一天 16 点前发布预告。开场直播预告可延迟半个小时，但直播可以提前，不可以推后。比如，发了 9:30 开播的预告，在 9:30 之前的任何一个时间点都可以开播，超过 9:30，直播就会失效。
直播简介、直播地址和产品链接	直播简介要简明扼要、不啰嗦，是有吸引力且有行动点的文案。发完预告之后，在中控台可以上架产品链接，只有在将产品链接全部上完后，一个完整的预告才是发完了。

图 2-6　淘宝直播预告的内容

2）主播

主播包括三个因素：一是服饰，二是妆容，三是声音。其中，在服饰方面，要求不会走光，要和直播间的色彩搭配。妆容要适合直播间的类目，比如美妆直播，妆容要立体；日常直播妆容要干净。声音要传达清楚且清晰不嘈杂。

3）第一视角

淘宝直播是直面于观众的直播，对多人现场需要由固定的一个人作为场控，即控制场面的人。场控的主要职责是：控制整个直播间的整体氛围，配合主播顺利地进行一场直播，在直播间中可以帮助主播回答观众粉丝的问题。

4）画质摄像头

画质摄像头要保证人脸及商品能被清晰观看；光线应比较明亮；摄像头不能抖动，需要稳定，特别是在室外。

5）网络信号

室内的网络信号要稳定、不卡顿。如果在户外，则不去信号弱的地方，如电梯间、地下车库。大型现场需要自架专线，在国外需要找淘宝小二（指阿里巴巴集团淘宝服务的客服团体）开通海外专线和使用当地手机卡。

6）背景

背景应简单大方、不花哨，以便让观众集中注意力。当然，也要符合当时活动场景，如“双 11”和“双 12”，及时更换背景即可。

2. 产品分类

产品其实有很多种分类，如服装、美食和美妆等类别。淘宝直播目前涵盖的产品类目比较广，而且在不断地扩展。每个分类里又有一些细小的分类，只要精确到每个细小的分类，直播定位就会比较清晰。

2.1.4　主播在淘宝直播中获得的收益

淘宝直播主播的工资结算与平台有一定比例：1 ∶ 2 ∶ 7，之前是 10% 归阿里，20%

归机构，70% 归主播；后来调整为 10% 归阿里，20% 归淘宝直播，70% 支付给淘宝直播机构，由机构分配给主播。

主播分为达人主播与店铺主播，如图 2-7 所示，他们的情况不同，工资也不同。

图 2-7　达人主播和店铺主播

1. 达人主播

达人主播有两部分收入：一是纯佣金收入，二是 V 任务收入。

纯佣金收入是指卖一件货得一份钱，你所卖的钱减去机构费用和平台技术服务费（平台技术服务费包括淘宝联盟和淘宝平台服务费）后的部分就是纯佣金，归达人主播所有。佣金的多少主要看主播个人的卖货能力，卖货越多，获得的佣金也越多。

V 任务收入是按场次收钱，看单品和达人的报价，不需要服务费，但需要交税，因为这个资金会比较大。比如，你如果想在某达人的直播间挂一个产品，则要先看他对某个产品类目的报价，然后在阿里创作平台拍他的报价，最后将自己的产品挂到其直播间。

2. 店铺主播

店铺主播和达人主播有较大的区别：达人主播是只有自己当主播，店铺主播则不同，一个店铺有多个主播。店铺主播入职某个店铺的公司，需要和公司签订劳动合同，在签订劳动合同的时候会涉及底薪加提成，提成主要看你们商量的结果，每个公司可能都不一样，提成是按照所卖产品销售额的百分之几去算的。这也取决于主播个人的卖货能力，卖货越多，赚的钱也就越多。

2.1.5 淘系直播的直播平台种类

1. 分类

淘系直播包括淘宝直播、天猫直播、1688 直播和咸鱼直播，如图 2-8 所示。其中，咸鱼直播是一个二手交易平台。下面主要介绍淘宝直播、天猫直播和 1688 直播。

淘宝直播的主要分类和形式

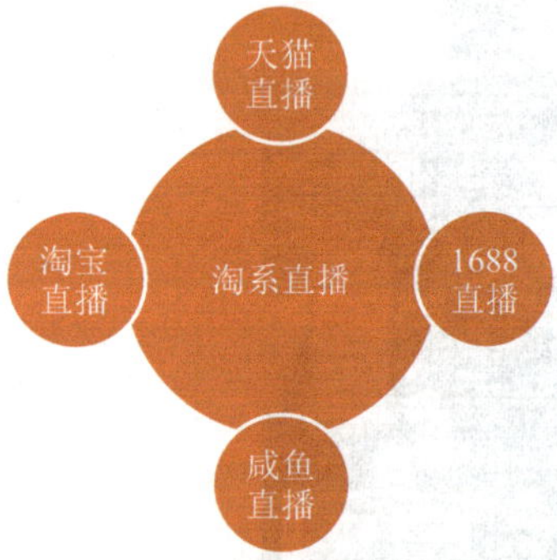

图 2-8 淘宝直播的分类

淘宝直播和天猫直播：是阿里巴巴推出的直播平台，定位于消费类型，用户可以边看边买，其涵盖范围比较广泛，包括母婴、美妆、潮搭、运动等。

1688 直播：直播方式有很多，包括户外原产地直播、进口展会直播、工厂流水线直播、商品深度检测直播、店面直播，这些都是 B 类电商的直播特色。1688 直播平台不同于其他电商直播平台，只是单纯卖货，会有不同类型的专场直播。1688 直播的内容比较多元化，可以看出直播工厂的实例、生产流水线、产品的深度检测、产品讲解、卖货及代理的培育等。

2. 区别

每种直播平台，其开通直播权限的要求、是否进行实名认证、浮现权开通、直播互动权益等方面都会有所不同。淘宝直播和天猫直播的区别如表 2-2 所示。

表 2–2 淘宝直播和天猫直播的区别

区别	淘宝直播	天猫直播
开通直播权限的要求	（1）店铺信用等级须达到一钻及以上级别。 （2）微淘账号层级须达到一级以上级别。 （3）具有一定维系老客户的运营能力。 （4）具有一定主营类目所对应数量，且具有一定的销量	门槛相对低一些，是需要非天猫限制直播的一类项目，店铺符合《天猫营销活动规则》
是否进行实名认证	淘宝卖家开通直播后需要进行实名认证，否则无法进行直播	天猫入驻淘宝，直播后不需要进行实名认证，只需要选择商家身份入驻即可
浮现权开通	（1）每月开播场次大于或等于 8 场。 （2）每月开播的天数大于或等于 8 天。 （3）经验分大于或等于 3000 分。 （注：对每月的 18 日到次月的 18 日之间的数据，淘宝店客服会在每月的 25 日进行公示）	只需要开通直播浮现权，无论直播中控台是否显示已经开通，都已经默认了开通浮现权。当然，并不是所有的天猫店铺直播间都会在直播频道展示，会根据店铺的直播数据进行展示
直播互动权益	淘宝卖家直播互动只有直播中控台互动面板的抽奖红包、淘金币、优惠券、投票及粉丝分层、直播专享价等互动功能	天猫商家的互动权益除淘宝互动功能外，如微淘粉丝数大于 3 万人后，可以申请天猫直播间权益。天猫权益包括红包雨、基础红包直播抽奖、砸金蛋、密令红包、点赞有礼

此外，淘宝直播、天猫直播和 1688 直播的直播内容有一定的区别：淘宝直播和天猫直播以介绍产品为主；1688 直播以展现工厂实力为主，包括介绍产品。

2.2　头条系直播营销模式

头条系直播包括西瓜视频、抖音短视频和抖音火山版这三种直播产品，这三者有相同之处，但在功能、界面设计方面各有不同，下面进行具体分析。

2.2.1　头条系直播产品

头条系直播有哪些直播产品

1. 头条系直播产品类别

头条系直播产品共有三类：一是西瓜视频，二是抖音短视频，三是抖音火山版，如图 2-9 所示。

头条系直播产品

- 西瓜视频：2016 年 6 月 8 日，今日头条旗下独立视频 App——头条视频全新升级为西瓜视频。标题给人新鲜感，它的特征是长视频，内容演绎完整，故事性强。
- 抖音短视频：2016 年 9 月，抖音孵化上线。标题是记录美好生活，它的特征是 15 秒音乐短视频社交平台。
- 抖音火山版：2017 年 6 月，火山小视频孵化上线。2020 年 1 月，火山小视频更名为抖音火山版。标题是记录生活，发现世界，它的特征是 15 秒原创生活小视频社区。

图 2-9　头条系直播产品类别

2. 西瓜视频、抖音短视频和抖音火山版的功能分析

1）西瓜视频、抖音短视频和抖音火山版的功能结构及通用功能

西瓜视频、抖音短视频和抖音火山版直播在功能结构方面各有自己的独特之处。例如，西瓜视频直播可以在不同频道之间进行切换，抖音短视频开直播需要一定的门槛，抖音火山版可以设置金主榜和主播榜。西瓜视频直播的功能结构如图 2-10 所示。

直播列表	可切换不同频道进行查看，同时设置搜索栏，支持用户根据需要进行关键字 / 词搜索。
特色玩法	抽奖，主播设定口令词和中奖人数、奖品、抽奖倒计时，观众在评论区发送口令，由后台进行自动抽奖。
礼物模式	直播间设置了免费礼物——“西瓜”，通过西瓜币可以购买产品，用户在直播间停留规定的时间可以领取相应的西瓜币，无须充值。
直播榜单、分享功能	除显示本场榜单、本周榜单、历史总榜外，展示西瓜榜单，即展示用户在不付费礼物情况下对主播的打赏排名。不能分享至私信。

图 2-10　西瓜视频直播的功能结构

抖音短视频直播的功能结构如图 2-11 所示。

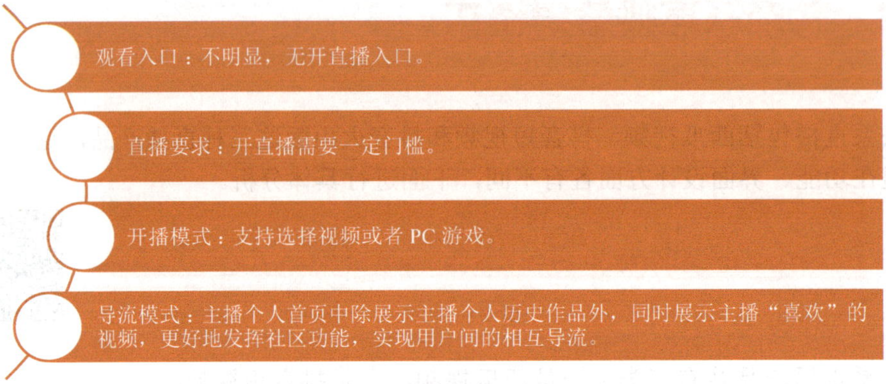

图 2-11　抖音短视频直播的功能结构

抖音火山版直播的功能结构如图 2-12 所示。

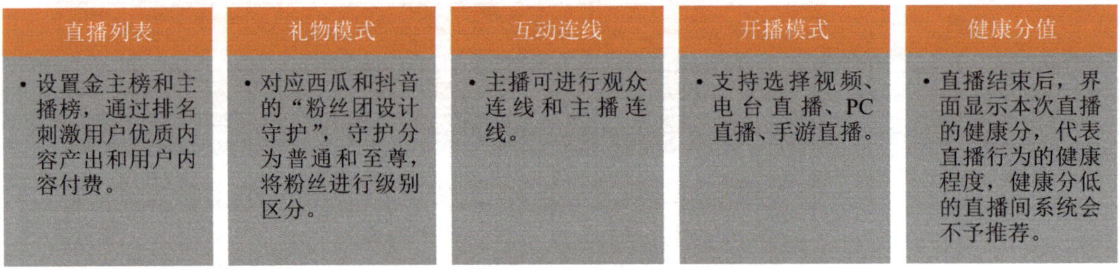

图 2-12　抖音火山版直播的功能结构

西瓜视频、抖音短视频与抖音火山版之间的通用功能如表 2-3 所示。

表 2–3　西瓜视频、抖音短视频与抖音火山版之间的通用功能

直播列表	关注、热门、分类直播用户列表等
聊天	私聊、聊天公屏、弹幕、点亮、黑名单等
礼物	基本通用型、任务型、娱乐型、主播亲近型、个性化型
录制直播	美颜、滤镜、录制、主播对管理员操作、管理员对用户操作等
观看直播	聊天信息、滚屏弹幕、礼物显示、主播观众信息显示等
房间	创建、进入、退出、关闭房间、房间管理员的设置、房间用户列表
用户行为	普通登录注册、第三方登录、查看修改个人信息、关注粉丝列表、忘记密码、收入榜、关注搜索等

2）西瓜视频、抖音短视频和抖音火山版的功能差异点对比

西瓜视频、抖音短视频、抖音火山版，在开播认证、开播模式、直播间玩法和私信功能方面存在一定的差异，如表 2-4 所示。

表 2-4　西瓜视频、抖音短视频和抖音火山版的功能差异点对比

区别	西瓜视频	抖音短视频	抖音火山版
开播认证	首播需要实名认证和芝麻人脸识别双重匹配认证。认证时，西瓜视频需要姓名和身份证号	首播需要实名认证和芝麻人脸识别双重匹配认证。认证时，抖音短视频需要姓名和身份证号	首播需要实名认证和芝麻人脸识别双重匹配认证。认证时，抖音火山版需要姓名、身份证号和手机号
开播模式	西瓜需要在首播时选择开播模式，支持手机、电脑两种方式	抖音短视频每次开播前可选择开播模式，支持视频、游戏两种直播模式	抖音火山版每次开播前可选择开播模式，抖音火山版支持视频、电台、PC 和手游四种方式
直播间玩法	西瓜视频支持免费送礼，西瓜视频的游戏玩法中 pk 不需要门槛，西瓜短视频独有的玩法是口令红包	抖音短视频对音浪和火力有一定的要求	抖音火山版对音浪和火力有一定的要求，抖音火山版独有玩法是守护
私信功能	西瓜视频没有私信功能	抖音短视频有私信功能	抖音火山版有私信功能

3）西瓜视频、抖音短视频和抖音火山版的界面设计对比

西瓜视频、抖音短视频、抖音火山版在入口设计、直播列表展示页面和直播个人首页方面存在一定的差异，它们的界面设计对比如图 2-13 所示。

西瓜视频　　抖音短视频　　抖音火山版

图 2-13　西瓜视频、抖音短视频、抖音火山版的界面设计对比

（1）入口设计对比。

西瓜视频、抖音火山版直播的入口更为明显，西瓜视频直播内容分发模式是智能推荐加用户主动搜索，抖音短视频和抖音火山版在直播列表页不支持主动搜索，这三者的入口设计对比如表 2-5 所示。

表 2-5 西瓜视频、抖音短视频、抖音火山版入口设计对比

平台	搜索	展示方式	banner（广告位）	频道	是否展示直播动态缩略图
西瓜视频	有	1 个 ×2 行或 2 个 ×4 行平铺展示	有	有	部分展示（与频道相关）
抖音短视频	无	2 个 ×3 行平铺展示	有	无	不展示
抖音火山版	无	1 个 ×2 行平铺展示	无	无	展示

（2）直播列表展示页面对比。

西瓜视频、抖音短视频、抖音火山版均以智能推荐的方式进行内容分发，西瓜视频除只能推荐外也支持用户搜索，并且设有频道。西瓜视频、抖音短视频、抖音火山版的直播列表展示页面如图 2-14 所示。

西瓜视频　　抖音短视频　　抖音火山版

图 2-14 西瓜视频、抖音短视频、抖音火山版的直播列表展示页面

通过直播列表展示页面对比，可以发现如表 2-6 所示的不同。

表 2-6 西瓜视频、抖音短视频、抖音火山版的直播列表展示页面对比

平台	个人信息（头像、名称、关注情况等）	地区	个人店铺	视频展示
西瓜视频	有	无	有则展示	动态、视频、小视频
抖音短视频	有	有	有则展示	作品、动态、喜欢
抖音火山版	有	有	有则展示	历史视频

（3）主播个人首页对比。

西瓜视频在发布直播及主播个人首页中均不展示地区，主要强调认证领域，弱化位置

信息；抖音短视频主播个人首页中除展示主播个人历史作品外，同时还展示主播“喜欢”的视频，更好地发挥社区功能，可以导流至其他主播。

2.2.2　抖音短视频直播和淘宝直播的区别

抖音短视频直播和淘宝直播的区别主要体现在以下几个方面。

1. 平台属性

淘宝直播的平台属性是电商，抖音短视频的平台属性是偏向内容。淘宝直播是一个专注于生活消费、为消费者提供专业购物指导的电商直播平台，主播可以通过直播间与用户进行深度互动，沉淀粉丝，提高粉丝的成交率。抖音直播带货需要以娱乐内容种草为主，抖音平台的娱乐性较强，比较注重运营，主播可依靠个人 IP 打造，带动粉丝经济实现流量的变现。

2. 开通门槛

1）淘宝直播开通门槛

淘宝直播开通门槛分为店铺直播门槛和达人直播门槛。

（1）店铺直播门槛：淘宝直播店铺需要满足一钻或一钻及以上，主营类目在线商品大于或等于 5 件，近 30 天店铺销量大于或等于 3 件，近 90 天店铺成交额大于或等于 1000 元，卖家需符合淘宝网营销活动规则，本自然年度不存在出售假冒商品违规行为，本自然年度内未因发布违禁信息或假冒材质成分的严重违规行为扣 6 分及以上，卖家具有一定的客户运营能力。

（2）达人直播门槛：需要签约淘宝 MCN 机构，登录淘宝账号，已通过支付宝实名认证，并且注册成为淘宝达人。当然，达人等级需要达到 12 级以上，准备 1 分钟内本人出镜的高质量视频，体现较好的场控、现场表达能力，将此视频发给淘宝官方审核。

2）抖音短视频开通门槛

抖音短视频直播开通门槛：个人直播开通如不需要带货，则只需要个人信息的认证。如果要开通直播带货功能，则需要满足如图 2-15 所示的三个条件。

（1）粉丝数量大于或等于 1000 人

（2）实名认证

（3）发布 10 个以上通过审核的视频

图 2-15　开通直播带货功能的三个条件

3. 变现模式

（1）淘宝直播的变现模式有三种：商品销售、带货变现、服务变现。其中，带货变现一般指机构或达人通过带货获得佣金，以及坑位费和出镜费。服务变现（例如为商家进行直播间的装修，包含灯光调试等）指收取对应的服务费用。

（2）抖音短视频直播的变现模式有三种：礼物打赏、电商变现、广告变现。

4. 未来趋势

（1）淘宝直播：淘宝直播成功出圈，转型为内容电商，附带种草及生活化属性，布局更多的直播＋的领域。

（2）抖音短视频直播：凭借庞大的私域流量，抖音短视频直播布局电商直播模式，推动私域流量和后端资源整合，迎来新的突破。

2.2.3 西瓜视频直播

西瓜视频直播是西瓜视频的“直播平台”，通过人工智能和关注关系帮助每个人发现自己喜欢的直播，并帮助创作者们轻松地向全世界分享自己的直播。

2018 年 1 月，西瓜视频直播上线，直播内容将通过西瓜视频和今日头条分发给开播作者的粉丝、潜在粉丝，以及可能对直播内容感兴趣的用户，让越来越多的创作者通过直播沉淀粉丝和内容，并带来收益。下面介绍西瓜视频直播的主营类目、卖货门槛、卖货技巧和开通步骤。

1. 主营类目

（1）美妆护肤：美妆用品、护肤用品和日用品。

（2）服装家纺：男性服装、女性服装和家纺用品。

（3）农产品：各地特色农产品、农业生产者加工工艺品和牧渔业产品。

（4）家居建材：卫浴洁具、家居用品和五金管件。

（5）家用电器：厨房电器和家电用品。

2. 卖货门槛

西瓜视频直播的卖货门槛是开通直播卖货功能的具体条件，包含以下内容。

（1）4 周以内，周开播次数大于 2 次，周开播有效天数大于 1 天。

（2）4 周以内，平均每次开播时间不小于 2 个小时。

（3）4 周以内，没有严重的违规行为。

（4）直播间互动情况良好，有带货能力。

（5）是头条号优质领域内容创作者。

（6）在头条开通值点店铺，并且有待售的商品。

（7）值点店铺的用户口碑、服务态度、发货速度这三项指标高于均值。

3. 卖货技巧

西瓜视频直播的卖货技巧如图 2-16 所示。

4. 开通步骤

开通西瓜视频直播的步骤如图 2-17 所示。

1）注册账号

在开通直播之前，需要注册一个账号，可以使用手机号注册。

2）完善信息

注册完账号之后，需要立即完善个人信息，包含昵称及图像。

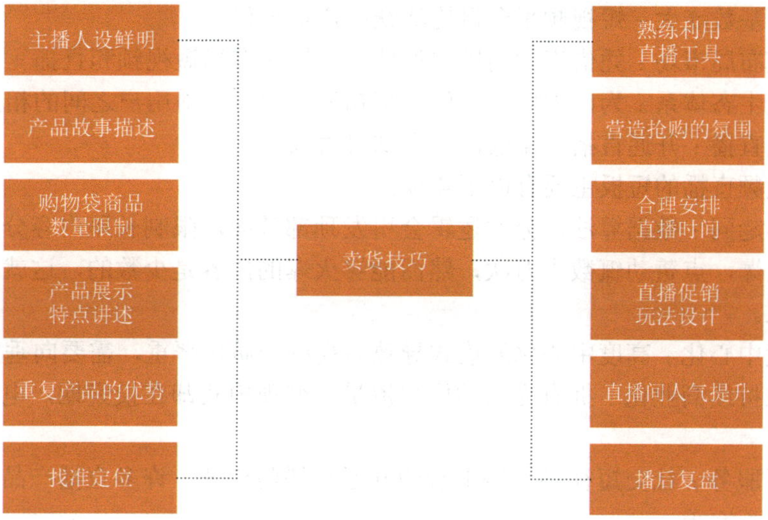

图 2-16　西瓜视频直播的卖货技巧

3）实名认证

注册并完善信息之后，单击“我的”按钮进入个人中心，单击“开直播”按钮，弹出一个弹窗，这个弹窗是身份认证的一个页面，上传个人身份证正面及背面，上传完之后，系统会进行人脸检测的环节。

4）选择开播方式

认证成功后可以选择直播的开播方式，可以选择手机直播和电脑直播。

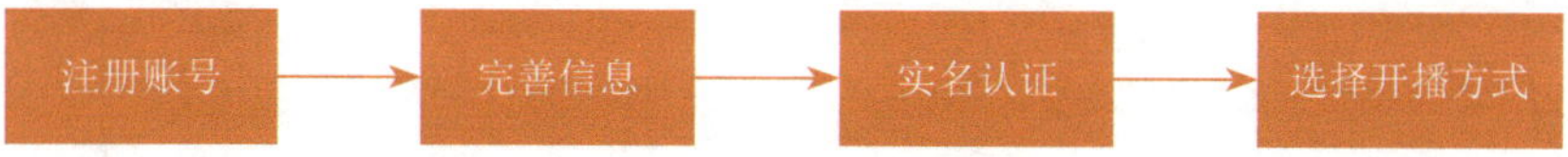

图 2-17　开通西瓜视频直播的步骤

2.2.4　社交短视频直播的优势与短板

社交短视频直播是以短视频的形式分享和记录生活，并且依靠大量的粉丝基数链接直播属性，其社交方式更为简单直观。

1. 常见的社交短视频直播平台

常见的社交短视频直播平台主要有以下四种：一是抖音直播，二是快手直播，三是西瓜直播，四是火山版直播，如图 2-18 所示。

图 2-18　常见的社交短视频直播平台

2. 社交短视频直播平台的优势、短板

社交短视频直播平台的优势主要有以下 5 项。

（1）精准的大数据算法：将目标用户细分化，通过算法分发，精准抓住用户需求。

（2）用户基数庞大：短视频平台日均活跃用户均过亿。

（3）快速布局市场：凭借庞大的用户群体，可快速布局短视频和直播 + 板块。

（4）社交生态体系：为广大用户提供社交功能，实现主播用户之间的相互导演。

（5）全民直播：开通直播门槛低，人人均可直播。

社交短视频直播的短板主要有以下 4 项。

（1）内容趋同：数据算法的分发逻辑会引发顶部效应，限制长尾内容分发。部分内容确实很容易火爆，点赞动辄数十万次，然而能够火爆的内容是少数的，这就很容易产生内容趋同的现象。

（2）高度中心化：高度中心化的模式导致短视频同质化严重，需要向垂直化过渡。

（3）无法持续商业化：拥有庞大的用户流量，变现模式却在摸索期，电商直播也在布局中。

（4）售后服务：社交短视频直播平台的开通直播门槛低，许多直播产品质量得不到保证，售后服务不完善。

2.3 腾讯系直播营销模式

谈到腾讯系，想必读者会想到微信和游戏。微信直播是什么？如何进行微信直播？游戏直播可以卖货吗？下面逐一加以介绍。

2.3.1 微信直播的玩法

1. 微信直播是什么

常见的微信直播有以下三种：第一种是腾讯 NOW 直播，第二种是第三方内嵌直播软件，第三种是微信小程序直播。第一种、第三种如图 2-19 所示。

图 2-19　腾讯 NOW 直播和微信小程序直播

2. 微信直播开通申请流程

如何申请开通微信直播？下面介绍腾讯 NOW 直播的开通申请流程。

第一步，在 Appstore 上，搜索下载腾讯直播 App（目前只支持苹果手机下载安装，不支持安卓手机），如图 2-20 所示。

第二步，完成下载之后，打开腾讯直播，单击“微信登录”，输入手机号且完成实名认证，如图 2-21 所示。

图 2-20　腾讯直播 App

图 2-21　手机实名认证界面

第三步，打开腾讯 NOW 直播，单击下方绿色圆形按钮，选择“直播”，如图 2-22 所示。

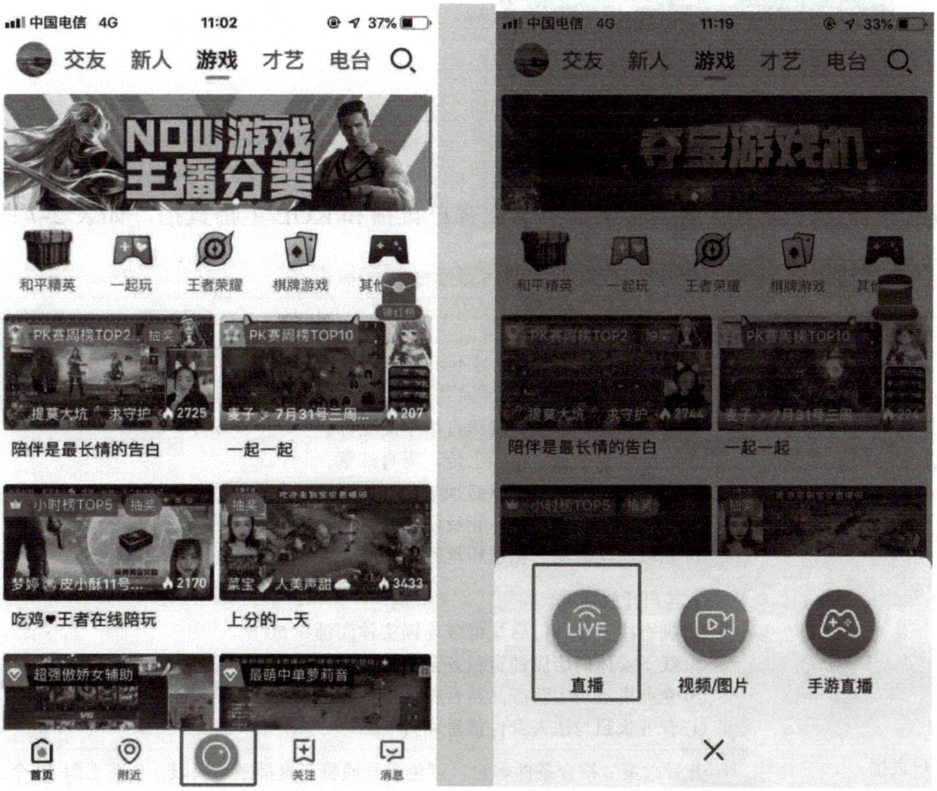

图 2-22　申请直播界面

第四步，若要进行直播，则必须满足直播信用分要求，单击“查看信用分”，根据任务操作获取直播信用分，如图 2-23 所示。

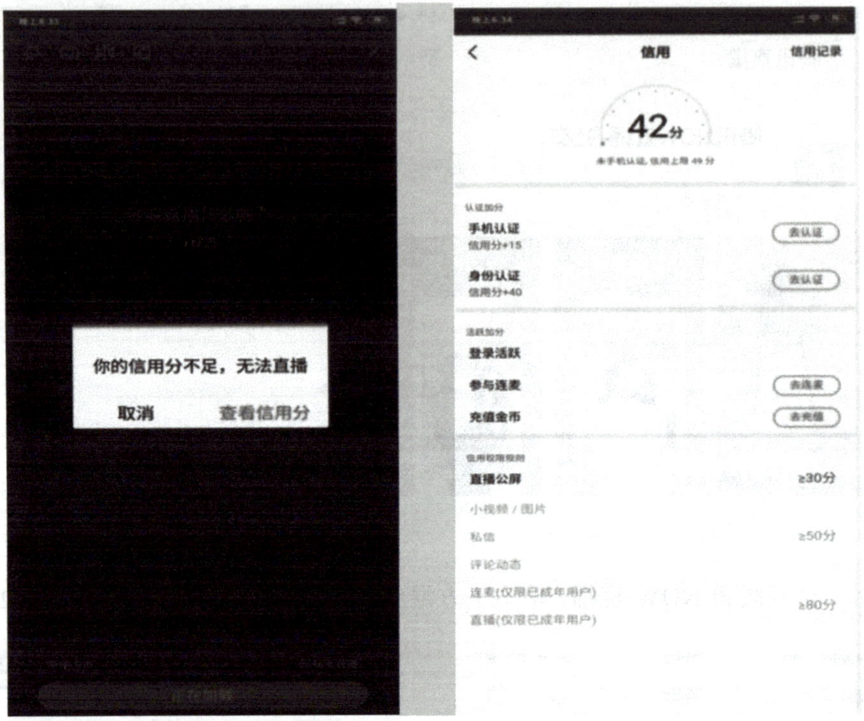

图 2-23　获取直播信用分

3. 微信直播的注册类型

微信直播的注册类型包括商家直播、大客户直播和 KOL/主播直播，如表 2-7 所示。

表 2–7　微信直播的注册类型

注册类型	具体内容
商家直播	单个商家，申请直播账号不超过 3 个。 需提交以下资料。 ① 店铺名称：商家在腾讯直播中的昵称。 ② 企业营业执照：拍照上传，需有红章。 ③ 主营类目：主营类目必须与营业执照经营范围一致。 ④ 法人身份证正反面：正反面拍照上传。 ⑤ 私域粉丝截图：私域粉丝数≥ 500 人
大客户直播	大客户开放标准。 ① 拥有线下实体门店集群或连锁实体商铺≥ 50 家。 ② 线下实体门店店铺资料齐全。 ③ 企业资质与主营产品符合腾讯直播开播类目。 ④ 营业执照与法人身份信息相符
	开号政策：符合条件客户，可免费开通腾讯直播账号权限，免费上限 50 个。 ① 付费开通 1 ～ 3 个腾讯直播账号，监测直播效果。 ② 提交企业资质：可先开通 10 个账号作为试点，免费开通腾讯直播账号。 ③ 直播效果监测：10 个账号在 1 个月内有 70% 的账号保持每周开播 1 次以上的直播频率，每场人气≥ 1000，后续 40 个账号可免费开通。 ④ 超额付费：企业有超过 50 个账号的需求，超过部分使用原价购买

续表

注册类型	具体内容
KOL/主播直播	入驻资格如下。 ① 有影响力的权威账号：官方媒体、官方组织机构、知名平台媒体。 ② 全网头部大V①/明星/名人：新榜/卡思/头条/百家号/大鱼号/各垂类榜单TOP100账号。 ③ 微信公众号粉丝量≥ 60 万人。 ④ B 站粉丝量≥ 20 万人。 ⑤ 微博粉丝量≥ 150 万人。 ⑥ 抖音/快手/微视粉丝量≥ 100 万人。 ⑦ 知名行业头部 PGC 平台型媒体与传统媒体 PGC 板块

2.3.2　游戏直播能否带货

1. 常见游戏直播平台

常见的游戏直播平台有斗鱼直播、虎牙直播和企鹅电竞，如表 2-8 所示。

表 2–8　常见的三种游戏直播平台

游戏直播平台	具体内容
斗鱼直播	斗鱼直播是一家弹幕式直播分享网站，为用户提供视频直播和赛事直播服务。斗鱼直播以游戏直播为主，涵盖娱乐、综艺、体育、户外等多种直播内容
虎牙直播	覆盖超过 3300 款游戏，并已逐步覆盖娱乐、综艺、教育、户外、体育等多元化的弹幕式互动直播内容
企鹅电竞	企鹅电竞是腾讯旗下规模最大的移动电竞平台，定位于电竞生态的连接器，集手游职业竞赛、互动视频直播、游戏礼包分享等功能于一身，为玩家用户提供一站式次世代移动电竞体验

2. 游戏直播带货的优势与劣势

游戏直播带货的优势和劣势如图 2-24 所示。

3. 游戏直播带货的未来趋势

游戏直播带货的未来趋势如何？下面从用户属性、用户黏性和消费习惯三个方面进行分析。

（1）用户属性：游戏直播平台的用户组成可能会限制主播带货的品类。除了日用品、食品，适合男性运动、潮牌、科技数码产品可能会成为游戏主播们的重点推荐产品。

（2）用户黏性：用户与游戏直播平台头部主播之间有很强的连接感和信任感，这种连接感和信任感是任何短视频平台或者电商平台无法给予的，同时它也是主播在带货时用户下单的关键因素。

（3）消费习惯：游戏直播平台的变现模式主要来源于用户打赏，大部分用户已经养成了直播消费习惯，更利于游戏直播平台带货成交转化。

未来，游戏直播链接电商带货可行，并会成为一种趋势。

① 大 V 指在新浪、腾讯、网易等微博平台上获得个人认证、拥有众多粉丝的微博用户。

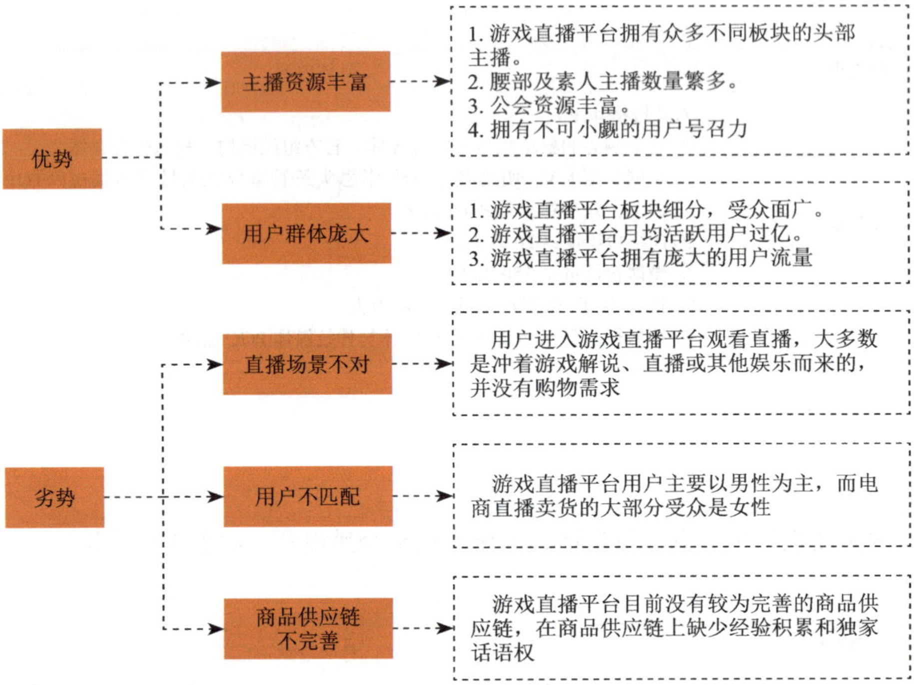

图 2-24　游戏直播带货的优势和劣势

2.3.3　社交直播流量大、卖货差的原因

社交直播流量大、卖货差的原因

1. 社交直播流量大的原因

（1）精准的大数据算法：将目标用户细分化，通过算法分发用户感兴趣的内容，精准抓住客户需求。

（2）社交生态体系：为广大用户提供社交功能，实现主播与用户之间的相互导流。

（3）实用场景：用户可以随时随地利用碎片化时间获取自己感兴趣的内容。

2. 社交直播卖货差的原因

（1）用户不匹配：大多数粉丝都对主播创作内容视频感兴趣，并没有购物的原始冲动。

（2）供应链不完整：大多数社交直播平台并没有完整的供应链体系，需要导流粉丝至第三方平台才能完成下单，会阻碍粉丝想要下单的需求。

（3）售后服务没有保障：社交直播平台的开通直播门槛低，许多直播产品质量得不到保证，售后服务不完善，粉丝没有信任感。

3. 提高社交直播卖货的途径

（1）直播产品选款：选择符合目前市场及可以匹配自己风格和调性的产品。如果主播卖的产品与自身调性不符，粉丝的信任度就会降低。

（2）挖掘粉丝需求：主播需要定位好自身风格及调性，即要吸引哪一类的消费人群来直播间采购，挑选符合自己调性的产品来慢慢培养粉丝的购物习惯和消费能力。

（3）直播活动方案：在直播时，可以多采用秒杀、优惠券及限时抢购等活动，以增强直播间氛围，提高成交转化率。

（4）直播预热推广：直播前两天在直播账号提前发布预告视频，并告知直播内容及优惠活动。

（5）开播前私域预告：利用粉丝群及多渠道的社交平台，把直播预告及活动优惠以图片形式发放。

2.4　其他直播营销模式

除了淘系直播、头条系直播和腾讯系直播，还有一些其他类型的直播，如京东直播、蘑菇街直播、唯品会直播、快手直播、云集直播等。

京东直播不温不火

2.4.1　京东直播不温不火

1. 京东直播的发展历程

2016 年 9 月，京东 App 上线直播功能；2016 年 11 月 11 日，京东 CEO 刘强东亲自上阵，领衔京东“12 小时马拉松明星直播秀”，40 余位明星大咖进行直播表演和送货。2017 年，京东直播开启“直播福利日”等活动，与斗鱼等平台链接。2018 年 8 月，京东时尚召开达人大会，推出了以基础建设、平台扶持、资源开辟为核心的三大举措，重磅宣布了时尚事业部内容达人专属扶持计划——京星计划。2018 年 11 月，京东启动京东时尚直播基地，为直播带货的主播们提供固定的直播场所。2020 年，京东投入 10 亿元资源孵化超级网红。京东直播的发展历程如图 2-25 所示。

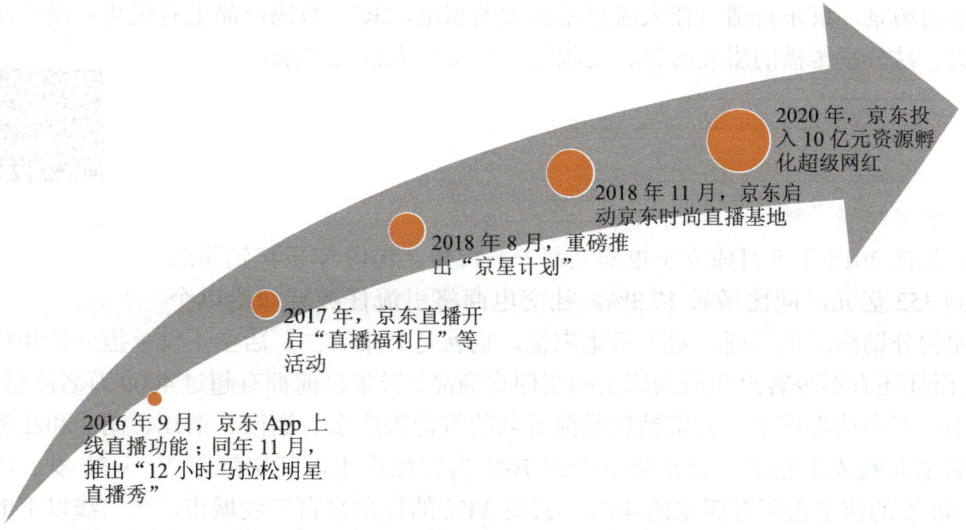

图 2-25　京东直播的发展历程

2. 京东直播不温不火的原因

1）京东直播平台方向偏差

2016 年 4 月，真正意义上的电商直播——淘宝直播上线。早期的淘宝直播主播都是直接从淘女郎转化而来的，自带淘宝平台粉丝，直播的形式比文字图片的形式更能直接带动粉丝转化率。从裂变性能极强的女性衣食住行开始，参与其中的商家范围越来越大，形成一个庞大的消费式内容创作链。

同年 9 月，京东直播上线，并且被放在“发现频道”的第一栏。京东是自营式电商企业，在娱乐营销上还是比不过做平台的阿里巴巴，但在用户消费能力上有一定优势。

和淘宝、天猫相比，京东在直播上的玩法还是用传统媒体的思维在玩网络直播。

京东以自营引以为傲，各大品牌直营，很难形成淘宝个体电商的规模，只能主打 PGC 直播综艺栏目，商家以冠名和品牌植入的方式参与其中。而直播综艺栏目的缺点很明显，没有形成购物场景，个体对商品的特殊化需求很难得到互动式解决，求助于已经拥有网红、用户的直播平台，与 YY、斗鱼、花椒合作，成效尚可但成本却不菲。

2）京东直播头部主播稀缺

2020 年京东投入 10 亿元资源孵化超级网红，邀请知名 MCN 机构参与其中，通过层层选拔，最终孵化出不超过 5 名的超级网红，成为京东平台独有的“京品推荐官”，能否复制一个京东“李佳琦”，还尚未可知。

3）京东直播主营商品劣势

2017 年的京东直播，用一档直播综艺节目称“要用 7200 秒让电商直播少点套路”，认为“电商的优势在于品牌”，不需要网红直播的叫卖，也没有必要利用明星作为噱头，用产品说话，流量可以更精准，与 3C 发烧友分享数码世界，探讨产品。这一思路，就决定了即使是同一年的产品，发展可能完全不一样。

如今，在没有大牌明星、人气主播坐镇的情况下，京东直播间里只有家纺和化妆品题材的直播观看量能过千，商品种类日均屈指可数。这种局面，显然没能如愿搭建起热闹的虚拟购物场景。京东直播只在人流量不够大的家电、3C、数码产品上有优势，没有注意到流量大、易分享传播的服装服饰、美妆等年轻女性人群的需求。

2.4.2　云集直播的优势与劣势

云集直播的优势与劣势

1. 云集平台解析

云集在 2015 年 5 月成立于电商之都——杭州，2019 年云集销售总额达到 352 亿元，同比增长 17.3%。社交电商将引流任务转嫁给以个体为主的分销商或代理商。对于云集来说，也就是云集店主。店主不仅承担分销和代理的责任，而且还有不少客户注册为店主购买便宜商品。云集目前拥有超过 4000 万名注册用户、超过 100 万个核心店主。云集销售额前五名的省份为广东、湖南、浙江、湖北和江苏，与五省店主人数成正相关。云集店主中的 76% 为女性店主，其年龄在 26 ～ 30 岁；年龄为 30 ～ 40 岁的店主占所有店主的 40%。云集 34% 的订单来自三线城市，一二线以下的城市更能接受云集商品云集模式，一半以上的店主微信好友也就 500 人左右，超过 500 人的占比较少，上千个好友的更是不足 10%。

2. 云集直播的优势

1）获客方便

在云集微店的商业模式中，云集店主多为分布于全国的宝妈，她们不需要压货，只需要对用户进行产品的推荐销售，就能够获得收益。而直播搭配电商的模式，其操作简便，观众端仅靠直播链接即可进入，跳出率低，并且极大地满足了受众群体在享受社交、互相交流学习的同时进行购物的需求。

2）裂变迅速

店主利用直播的传播特性，采用碎片化分销的模式销售平台的商品。在这个商业链条中，云集微店的店主既是消费者也是合伙人，店主借助于自己的社交圈子，通过平台和自身信用做背书，通过将直播内容以活动海报、红包和奖券刺激的方式一键转发到社群内，在盘活社群的同时，吸引更多人的加入与购买。

这在一定程度上降低了用户参与门槛，不需要像传统电商平台那样依赖广告导流，一方面大幅降低了销售成本，另一方面使营销更精准，达到了去中介化和去中心化的目的，真正发挥出社交电商的威力。

3）变现简单

观众在观看直播的同时，点击直播间下方商品推荐即可购买心仪商品，直接完成线上的转化，同时可以领取云集赠送的购物券，刺激用户再次购买。

从云集微店的商业模式来看，其提供高品质的精选式品牌商品符合当前消费者的消费升级需求，而直播支持边看边买又符合当下电商行业转型的趋势，碎片化分销则是社交电商相比其他移动电商最为显著的优势，成本低且营销精准。云集还将直播运用到“爆款小组”中，直接推荐爆款产品。直播 + 电商有效地弥补了顾客线上购物的信息不对称性，让顾客有“提袋购物”的感觉。

3. 云集直播的劣势

1）平台信任危机

最初的云集经营模式是：云集将店主分为三个不同的层级，店主交付 365 元平台服务费后，就能一键成为普通云集店主，通过自购优惠、用户 CPS 和邀请新店主得到报酬。店主在通过直接邀请和间接发展 100 名新店主以后，就成为云集主管，对于之后邀请的每位新店主，云集主管都能得到 150 元/位的培训费和 15% 的销售佣金。在团队人数达到 1000 人后，主管就可竞聘服务商（经理）。

在经历“三级分销”事件之后，云集改变了自己的定位，将自己定位成社交驱动的精品会员电商，成功地规避了传销风险，同时依托会员制让自己得到了进一步的发展。但是，即便如此，在公众眼里，会员制的云集还是难以摆脱传销嫌疑。

2）会员制度危机

现在的云集会员就是原先的店主，在整改之后，会员费涨到 398 元，将原来设置三个层级（通过邀请他人交付会员费从中得到分成并可以提现）转变为只有一级，会员费也只是用于购买“礼包”，分成部分无法提现，转为“云币”，可购买站内其他商品。

尽管云集想要通过其技术和内容支出大幅增加来提高会员黏性，但依然无法挽回其二级分销模式下难以获得高会员忠诚度的弊端，导致开播店主数量逐渐减少。

2.4.3 唯品会直播的特点和差异化

唯品会直播解析

1. 唯品会直播的本质逻辑

以精品 PGC 内容聚合平台、用户和流量，挖掘粉丝效应和社群经济的商业潜力，将唯品会从“商品销售平台”升级为优质的生活方式平台，实现可持续发展的商业变现能力。

案例1

2019 年 2 月 28 日，唯品会携手陌陌玩转“电商 + 社交 + 直播”，打造新流量入口（如图 2-26 所示），助推这一美妆大促活动，帮助众多美妆品牌提高销量，获取新客。

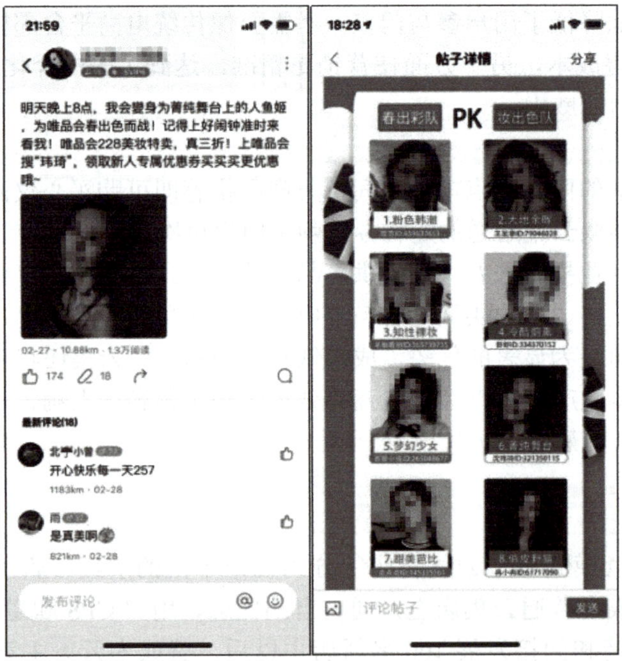

图 2-26 唯品会携手陌陌玩转“电商 + 社交 + 直播”，打造新流量入口

与传统电商相比，“社交 + 直播”的最大优势是互动性和真实性。陌陌作为国内知名移动社交平台，拥有过亿活跃用户，用户黏性高。直播这种形式能带来比图片和文字更加生动的传播效果。在直播间里，用户除了打赏，还能观看主播介绍或者试用产品，通过屏幕上随手可以点击的优惠券、红包等定制功能，以及商品的导购链接体验“边看边买”“边玩边买”的乐趣。同时，陌陌主播自带的粉丝流量把这种传播效应进一步扩大。

案例2

2019 年 6 月 16 日，唯品会在 616 大促销期间携手腾讯广告、全民 K 歌联合开启“616 品牌特卖全民 PK 赛”（如图 2-27 所示），吸引了 80 位各有所长的 KOL 参与，并通过精心挑选不同品类和品牌，挑出满足用户主要购物需求的 192 款商品，以直播形式高效带货。

图 2-27　“616 品牌特卖全民 PK 赛”

80 位 KOL 通过连续 3 天高频次、高强度直播种草，强势占领了用户心智，创造了 2.13 亿次的曝光量，其中总观看人次高达 1627.8 万次，最大化地实现了品牌对粉丝的价值冲击。不仅如此，直播中引入的打榜玩法和领取唯品会福利的形式，成功激发了粉丝主动为 KOL 购物打榜的热情，形成有效互动和粉丝的正面评价，最终为唯品会创造了 114 万的成功种草人次。

2. 唯品会直播发展的特点

IP 式电商直播：

（1）与业务结合，非纯娱乐直播。原来唯品会是“我有势，让你挑”，现在转变为“我有货，帮你挑”，围绕电商用户进行主动营销，这点与纯直播平台的娱乐化有别，更加实用有效。

（2）专长达人更有价值，非纯网红。很多直播是纯网红玩法，“锥子脸、夸张搞笑”这些适用于平台式直播；而唯品会针对穿衣搭配、美妆等领域，让具有专长的达人、KOL 参与直播，这样才能真正帮助到用户。价值感与娱乐感，显然前者更重要。

（3）建立达人生态，非纯直播。纯直播对于品牌曝光、销量会直接见效，但结束后会快速下降，唯品会推出的“达人社区”，建立“达人直播”“达人分享”“达人品牌”的生态圈，从短效到长效，从一次营销到多维连接，让用户随时获取有效内容，也吸引更多优秀达人加入，这个玩法升级了 1.0 的“电商 + 网红直播”，造就了穿戴类的 PGC（Professional Generated Content，专业生产内容），最大化地实现了“内容增值”。

3. 唯品会直播的差异化

原创视频 + 导购直播：基于创造优质的内容，通过场景化表达，将产品、用户和流量有机地聚合在一起，形成可持续发展的商业变现能力。

传统的商品运营——内容运营：特定情境下的内容成为产品的载体，并与产品形成深度渗透，推动产品实现从功能向生活方式、情感诉求的升级；同时，通过内容与用户的共鸣，形成自发的用户黏性和充足稳定的流量，最终借助内容建立消费共识，实现商业变现。

2.4.4 蘑菇街直播盈利模式和直播卖货技巧

1. 蘑菇街直播开通流程

第一步，进入直播板块。第二步，输入姓名及身份证号进行实名认证。第三步，进行人脸识别，完成身份认证。第四步，输入直播标题、设置直播封面即可开始直播，如图 2-28 所示。

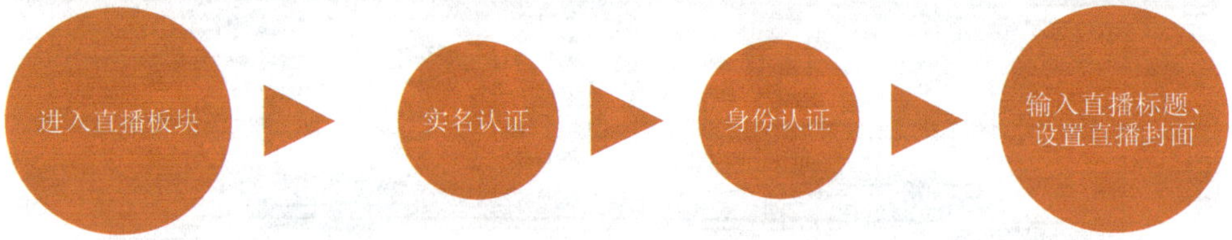

图 2-28 蘑菇街直播开通流程

2. 蘑菇街直播盈利模式

在直播过程中，粉丝会给主播送礼物。因为这些虚拟礼物都是粉丝用人民币在直播平台购买的，所以主播也能将收到的这些虚拟礼物折算成人民币。在蘑菇街直播的播放页中，除了弹幕、点赞、送虚拟礼物、发微信红包打赏等直播必备功能之外，还有一个明显的“购物袋”标志，单击它后弹出店铺的商品信息，粉丝可以在线进行购买，如图 2-29 所示。

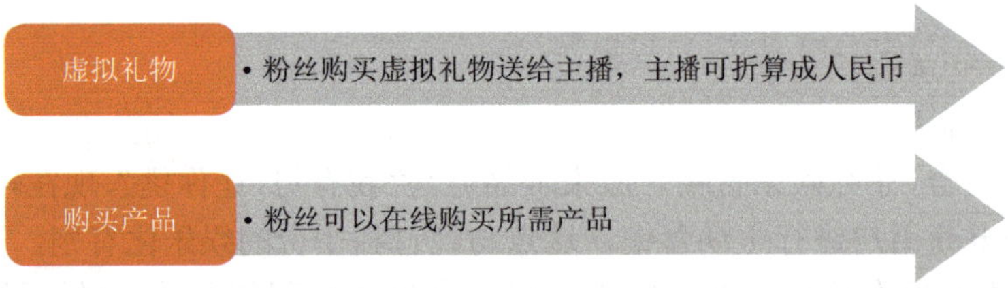

图 2-29 蘑菇街直播的盈利模式

通过这种在线直播和时尚电商结合，蘑菇街的时尚达人直播在直播过程中就能直接分享商品，促成购买转化。内容 + 社区 + 电商的模式加强了红人和粉丝之间的互动，实现了红人自我价值的变现。

3. 蘑菇街直播卖货技巧

蘑菇街直播卖货技巧如表 2-9 所示。

表 2–9 蘑菇街的直播卖货技巧

类别	直播卖货技巧
服饰类	（1）主播可将多种搭配穿上身示范。 （2）主播推荐一套衣服的改造方案。 （3）主播推荐包、鞋子、衣服的搭配方案。 （4）主播教粉丝们分辨服饰质量

续表

类别	直播卖货技巧
美妆类	（1）主播演示一套完整的（也可以是局部的）彩妆上妆过程。 （2）主播进行美妆的小秘密分享。 （3）主播的护肤心得
母婴类	（1）母婴知识的分享。 （2）母婴产品选择的经验。 （3）母婴日常小知识的分享
美食类	（1）美食的制作过程。 （2）寻觅美食店铺的过程。 （3）品尝某些特色产品的过程。 （4）画面要美，时间不要长，内容要关联相关的商品
运动户外类	（1）运动健身的方法分享。 （2）各种健身器材的作用分析
数码类	（1）宝贝的测评类内容。 （2）新品发布会等内容

2.4.5　快手是直播卖货的一匹黑马

为什么快手是直播卖货的一匹黑马

1. 快手直播分发逻辑

流量分发逻辑：“普惠式”运营平台。

快手基于社交 + 兴趣进行内容推荐，采用去中心化的“市场经济”。平台以瀑布流式双栏展现为主，发布内容粉丝到达率为 30% ～ 40%。快手优先基于用户社交关注和兴趣来调控流量分发，主打“关注页”推荐内容。

“普惠式”分发机制不易制造爆款，但造就独特的“老铁关系”。弱运营管控降低了平台内容质量的稳定性，瀑布流式则影响用户沉浸式体验，限制了视频内容的辐射范围。而弱运营管控直接“链接”内容创作者与粉丝，加深双方黏性，沉淀私域流量，诞生了信任度较高的“老铁关系”。快手活跃用户 7 日留存率达到 84.4%，位居短视频 App 之首，留存率仅次于微信。在商业变现方面，与以广告营销为主的抖音相比，快手依托独特的“老铁关系”，在直播领域更具优势。

2. 快手直播变现模式

变现方式：以广告营销、直播打赏及电商变现为主，如图 2-30 所示。

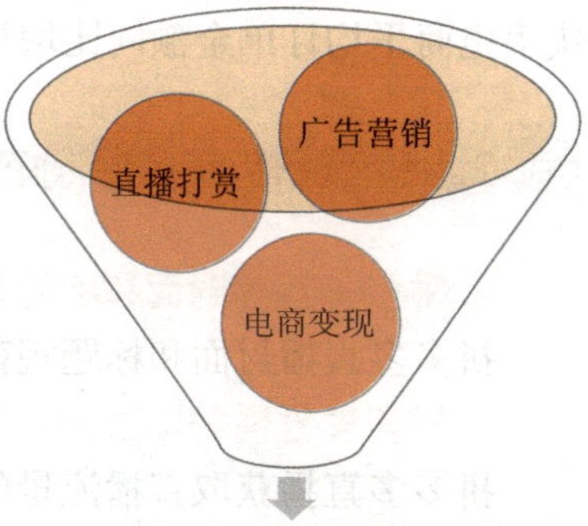

图 2-30　快手直播变现模式

（1）广告营销：以“磁力聚星”为主。平台以双轮模式驱动，围绕定制化或标准化模式接受商家发布的商品推广等任务。2020 年，快手广告收入增速高达 225%。2020 年，磁力引擎（商业化）旗下达人生态营销平台磁力聚星下单客户数同比增长 250%，客户订单量同比增长 340%；磁力聚星有收入达人数同比增长 3 倍，80% 的 KOL 垂类在磁力聚星实现商业变现，收入破亿的垂类有

5 个，收入破千万的 KOL 垂类有 20 个。”

（2）直播打赏：直播业务行业领先。截至 2020 年 12 月 31 日，快手直播收入达 332 亿元，同比增长 5.6%。快手直播平均月付费用户由 2019 年的 4890 万人增至 2020 年的 5760 万人，同比增加 17.8%。

（3）电商变现：以直播带货为中心，全面打通主流平台。平台围绕“老铁关系”形成“先认人再认货”商业转化模式。自有方面，平台通过快手小店沉淀私域流量，为用户打造最短的购买链路（从产生消费意愿到完成购买支付），用户流失率较低，内容变现的转化率得以提升。同时，为用户构建了更加便利的购物场景，现已接入淘宝/天猫、有赞、魔筷等第三方电商平台，京东与拼多多也宣布接入快手小店。

3. 快手直播用户黏性

高黏性用户沉淀私域流量，电商变现具备优势。

快手直播网红带货现状：电商发展较为成熟，追求高性价比、实用型商品。据 30 日内热销榜，食品饮料、个人护理、精品女装占总销量的 63.3%。30 ～ 50 元的商品占比最多，其次是 30 元以下和 50 ～ 80 元的商品。相比于品牌知名度及产品的公知口碑，快手老铁更信赖主播的推荐，也更追求产品的高性价比和实用性。

截至 2019 年 12 月，电商作者规模已超过 100 万人，拥有 10 万 + 粉丝的电商作者月收入可达 5 万元，每月电商作者增速超过 10%，电商内容覆盖的消费者规模每日超过 1 亿人次。

4. 快手直播未来趋势

“老铁文化”释放直播电商势能。

快手的“老铁文化”帮助品牌沉淀私域流量，在加强沟通、增强信任度的同时，缩短商业转化路径，释放电商势能。

2018 年 1600 万人在快手获得收入，平均每个卖货视频带来 1068 元的收入，2019 年单视频收入上升至 1.1 万元，同比上升 930%。2018 年“快手好货节”当天购买链接点击量突破 1.34 亿，散打哥带货超 1.6 亿元；2019 年快手 & 有赞直播电商节 GMV 同比增长超 400%，累计销售额超 4 亿，累计销量超 800 万单；在“老铁文化”的助推下，快手有望在直播电商领域更进一步。

《2021 年快手电商数据报告》的数据显示，2020 年 3 月至 2021 年 3 月，在快手电商上购买过商品的用户增长 43.9%；2020 年，快手电商平均复购率达到 65%；2021 年 3 月，快手电商平均订单金额同比增加 27.2%。

2.4.6　玩转流量爆棚的拼多多直播

玩转流量爆棚的拼多多直播

1. 拼多多直播封面和标题规范

拼多多直播封面和标题规范如表 2-10 所示。

2. 拼多多直播获取直播流量的途径

拼多多直播获取直播流量的途径如表 2-11 所示。

表 2-10 拼多多直播封面和标题规范

封面和标题	要求和规范
封面	封面尺寸：1 ∶ 1 图片，文件大小不超过 5MB
	封面内容：凸显店铺、主打商品的高清图片
	封面要求： （1）清晰干净大图，无任何文字或诱导信息。 （2）能够准确传递主旨信息，切勿过于花哨。 （3）尺度不宜过大。 （4）非拼接图片，不允许有纯色边框
标题	标题字数：16 个字符以内
	标题内容：简明扼要，表达直播主旨
	标题要求： （1）以介绍当场直播/店铺特色/商品信息为主，如大牌女装，限时开抢。 （2）切勿出现无意义文字，如 aaa、啊啊啊。 （3）切勿出现“天下第一”“极好”等极限词。 （4）无任何官方或第三方平台信息

表 2-11 拼多多直播获取直播流量的途径

途径	具体内容
商品详情页	当正在讲解商品时，商品详情页出现直播悬浮窗入口，能为直播间带来流量
个人中心—店铺收藏	当粉丝关注店铺时，在粉丝个人中心—店铺收藏会收到“直播中”提示，观众可点击进入直播间
店铺首页	直播中，商家的个人店铺主页出现悬浮窗，用户可以通过悬浮窗入口进入直播间
个人分享	主播可以积极分享直播到微信群、粉丝群，同时可在直播中引导粉丝帮忙分享，快速积攒人气
短信营销	巧妙使用“短信营销”工具，快速为直播间积攒大量粉丝

3. 拼多多直播要求和规范

拼多多直播要求和规范如表 2-12 所示。

表 2-12 拼多多直播要求和规范

直播要求和规范	具体内容
直播要求	（1）每日直播场次不得大于 3 次。 （2）单次直播不限开播时长。 （3）开放直播时间：8：00 至次日 2：00
标题	环境规范： （1）必须是合规的房间或厂房，并保证房间干净整洁，不要堆砌太多杂物。 （2）必须保证光线明亮，能清晰拍摄整个商品介绍过程
	工作人员规范： （1）不得违背自身做出的承诺。 （2）不得存在易导致交易风险的行为，包括但不限于引导用户进行线下交易、发布外部网站的产品信息。 （3）不得扰乱平台秩序，包括但不限于针对直播数据进行造假或作弊

续表

直播要求和规范	具体内容
标题	视频规范： （1）画面整洁不凌乱，有重点，摄像头需对准商品介绍流程，将商品主体拍摄清晰。 （2）保证直播设备有充足电量，且在稳定网络环境下。 （3）直播过程中尽量不要移动设备，保证画面稳定流畅。 （4）禁止直播与本店店铺前期选品无关的产品。 （5）禁止宣传非拼多多平台外的链接。 （6）禁止播放版权所有人禁止播放的视频作品。 （7）不能以任何形式拍摄和宣传带有色情、暴力血腥、消极反动，以及有擦边球嫌疑的视频内容。 （8）不得发布不实信息，包括但不限于捏造细节、夸大事实、不实宣传、虚假中奖信息等

4. 拼多多直播建议

表 2-13 从商品、时间和活动三个方面对拼多多提出建议。

表 2–13 拼多多直播建议

商品、时间和活动	建议
商品	（1）尽量保证每场直播至少有 20% 的新品。 （2）直播专享力度大于商品详情页优惠券
时间	（1）保持每天稳定的直播，能够养成粉丝观看直播的习惯。 （2）建议每天直播时长为 2 ～ 5 个小时，可安排多个主播进行轮播。 （3）热门时段为 18：00 ～ 23：00，可建议头部商家保持这个时间段稳定直播。 （4）一款商品介绍时间控制在 5 分钟
活动	（1）了解目标客户需求，设置直播固定活动流程。 （2）直播秒杀：定时直播秒杀特定产品。 （3）截屏抽奖：可在直播间发起截屏抽奖，中奖用户联系客服领奖。 （4）大额专享券：设置直播大额专享券，仅在直播特定时间段可抢

【课后习题】

1. 谈谈你对抖音短视频直播的认识。你认为抖音直播的发展前景如何？
2. 列举你平时经常观看直播的平台，并简单介绍这些平台。

第 3 章

打造淘宝主播人设

【学习目标】

- 了解四大主要淘系直播形式。
- 掌握主播开通开播账号的方法。
- 了解主播成长体系。
- 了解淘宝直播中控台各功能。
- 了解直播页面功能和使用方法。
- 了解直播常见问题及解决措施。
- 掌握打造淘宝主播人设的方式、技巧。

主播，是电商直播的灵魂人物。电商直播行业里的一句话是，优秀的主播自带流量。优秀的主播往往具备自己鲜明的人设特色，打造主播人设是为了让观众对主播更有记忆点，更有话题性。

3.1 淘宝直播平台概述

淘宝直播是阿里巴巴推出的直播平台，定位于“消费类直播”，用户可以边看边买，平台涵盖的范畴包括母婴、美妆、服装等。

3.1.1 淘宝直播主要产品分类

淘宝直播涵盖的内容范围广泛，并且仍在不断拓展，目前其主要产品分类如下。

（1）潮搭美妆。

（2）珠宝饰品。

（3）美食生鲜。
（4）运动健身。
（5）母婴育儿。
（6）生活家居。
（7）健康咨询。
（8）在线教育。
（9）音乐旅行。

3.1.2 淘系直播主要形式

淘宝直播相对于其他平台来说，它属于消费类直播。消费类直播指通过产品的展示和推销，使有意向购买的人群可以直接直观地感受产品，从而进行购买。淘系直播主要形式如图 3-1 所示。

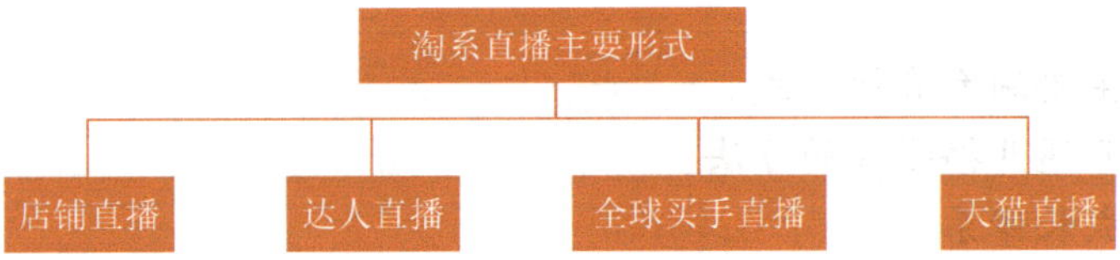

图 3-1 淘系直播主要形式

1. 店铺直播

店铺直播是淘宝直播最常见的形式之一，这种形式比较适合一些中小卖家，而且需要符合一定的要求才能够开通直播店铺。具体要求如下。

（1）店铺的等级要达到一钻。
（2）有一定数量的微淘粉丝。
（3）主营的类目中的商品有一定的数量。
（4）商品有一定的销量。
（5）对于老客户的运营有一定的实力。

店铺符合以上五项要求，直播成功率就会更高，可持续性也会更强。

2. 达人直播

淘宝达人往往在某个行业中积累了较多的人气，商家可以直接通过达人的招商链接去寻求合作，再给予一定的费用。达人所擅长的领域通常和产品的行业相关。达人直播是一种内容运营方式，进行达人直播需要具备以下四项基本要求。

（1）绑定支付宝实名认证了的账号。
（2）注册成为达人。
（3）达人的等级需要在第二级别以上。
（4）善于控场及互动，并且口齿伶俐。

3. 全球买手直播

全球买手是活跃在世界各地不同城市、不同商场的买手们。买手做直播有很多优势，主要有以下三项。

（1）可以直接在商场店铺中进行直播。

（2）在店铺中可以根据观看用户的需求来选择直播款式，引导用户下单。

（3）下单完成，可以现场直接贴单发货。这不仅能提升用户网上购物的体验，而且可以增加用户购物的信任感。

若想进行全球买手直播，则要成为一个合格的全球买手。一个合格的全球买手需要具备以下基本要求。

（1）没有严重的违规行为。

（2）没有虚假的交易。

（3）店铺的运营状态正常。

（4）拥有较为稳定的综合运营能力。

4. 天猫直播

如果商家微淘粉丝数量很高，则可以申请天猫直播。天猫直播是自带浮现权的，不需要通过官方考核途径来获取浮现权。这类直播比较适合一些大品牌商家。相对于其他类型的淘系直播形式，天猫直播对运营团队会有比较强的一个要求：需要有强大的运营团队来支撑天猫直播活动的进行。

3.2 淘宝主播认知

淘宝主播是一场直播活动的灵魂人物。如何成为一名淘宝主播？下面具体介绍如何成为淘宝主播且获得开播账号。

如何成为淘宝主播获得开播账号

3.2.1 如何成为淘宝主播

成为一名淘宝主播主要有如图 3-2 所示的三个步骤。

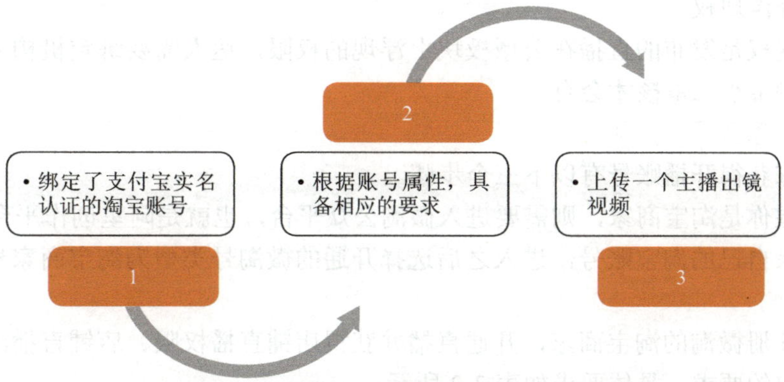

图 3-2 成为一名淘宝主播的三个步骤

（1）绑定了支付宝实名认证的淘宝账号。

要想成为一名淘宝主播，必须先有一个绑定了支付宝实名认证的淘宝账号。

（2）根据账号属性，具备相应的要求。

根据不同的账号属性，会有不同的具体的要求。账号属性要求如表 3-1 所示。

表 3-1　账号属性要求

账号属性	具体要求
普通会员	微博粉丝数要大于 5 万（含 5 万）人，最近 7 天内至少有一条微博的点赞数和评论数过百（有明显的僵尸粉或和转发、评论水军的情况将被取消申请资格）
非商家身份	在其他社交平台的粉丝数大于 5 万（含 5 万）人，粉丝互动率高
淘宝达人	淘宝达人（不含有商家身份）粉丝数要大于 1 万（含 1 万）人，最近 7 天内至少发布过一篇图文字帖子
淘宝卖家	微淘粉丝数大于 4 万（含 4 万）人 注：因为各个行业有所不同，所以对于主播的要求也会有所不同，这一部分以每个行业的要求为准，这里不做强制要求

（3）上传一个主播出镜视频。

需要上传一个主播出镜的视频，充分、全面地展现自己。视频的大小不要超过 3MB，目前系统只支持 1 分钟左右。

3.2.2　如何获得开播账号

账号的开通分为两个板块：一个是淘宝商家号，另一个是达人号。不管是淘宝商家号还是达人号，都会涉及直播权限和直播浮现权。

（1）直播权限。

直播权限是发布直播的权限，店铺和达人要达到一定的程度才会有。

（2）直播浮现权。

直播浮现权是发布的直播在公域板块上浮现的权限，达人需要绑定机构才会有，店铺直播要通过淘宝小二审核才会有。

1. 淘宝商家获得开播账号

淘宝商家获得开播账号有以下三个步骤。

（1）如果你是淘宝商家，则需要进入微淘公众平台，也就是阿里创作平台。

（2）登录自己的淘宝账号，进入之后选择开通的微淘号类型为淘宝商家号，提交资料即可。

（3）对注册微淘的淘宝商家，开通直播并获得店铺直播权限、店铺直播浮现权限，对店铺还有一定的要求。具体要求如表 3-2 所示。

表 3–2　开通直播并获得店铺直播权限、店铺直播浮现权的具体要求

店铺权限	具体要求
店铺直播权限	● 店铺信用等级必须为一钻及以上。 ● 主营类目在线商品数≥ 5 件，且近 30 天店铺商品销量≥ 3 件，且近 90 天店铺商品成交金额≥ 1000 元。 ● 卖家必须符合《淘宝网营销活动规则》。 ● 本自然年度内不存在出售假冒商品的违规行为。 ● 本自然年度内未因发布违禁信息或者假冒材质成分的严重违规行为扣分满 6 分及以上。 ● 卖家具有一定的微淘粉丝量、客户运营能力及主播素质
店铺直播浮现权限	● 坚持每天直播 5 ～ 8 小时，坚持半个月以上。 ● 多叫朋友过来看直播且进行互动，尽量让朋友多在直播间停留，拉高在线时长。 ● 尽量让来看直播的朋友多下单，成交金额越高，开通浮现权的概率越高。 ● 直播时让直播间保持干净整洁，不要让观者觉得不修边幅、邋里邋遢。 ● 直播间不能出现任何违规行为。 ● 浮现权每月 28 日由淘宝小二审核后发放

2. 达人获得开播账号

达人号是非淘宝商家开通的账号，达人获得开播账号有以下两个步骤。

（1）注册淘宝账号之后选择在微淘公众平台登录，选择达人号类型。

（2）达人号注册微淘之后，需要与淘宝 MCN 机构签约。如果没有与该机构签约，则需要证明在其他平台有直播经验；与 MCN 机构签约，该机构才会给达人浮现权。

3.2.3　淘宝主播成长体系

1. 淘宝主播成长体系定义

淘宝主播成长体系用于量化展示主播处于淘宝直播平台所有主播中的一个层级，以及层级对应的权益。主播层级分为 5 个等级（分别为 1 级、2 级、3 级、4 级、5 级）及 16 个专业领域，主播专业领域细分如图 3-3 所示。直播间的品质分，是描述直播间货品质量与服务质量的数据体系，品质分也关乎淘宝主播的成长。

2. 淘宝主播如何成长升级

淘宝主播成长升级如表 3-3 所示。影响主播等级的因素分别为经验值、专业分、升级任务。1 级主播只有经验值，2 级及以上的主播才有专业分，3 级及以上的主播可以设置多个专业。需要注意的是，专业设置后无法修改，要谨慎选择。多个专业情况下您的专业分会被平均处理。只有在满足对应等级要求后，主播才可以晋升到下一个等级。

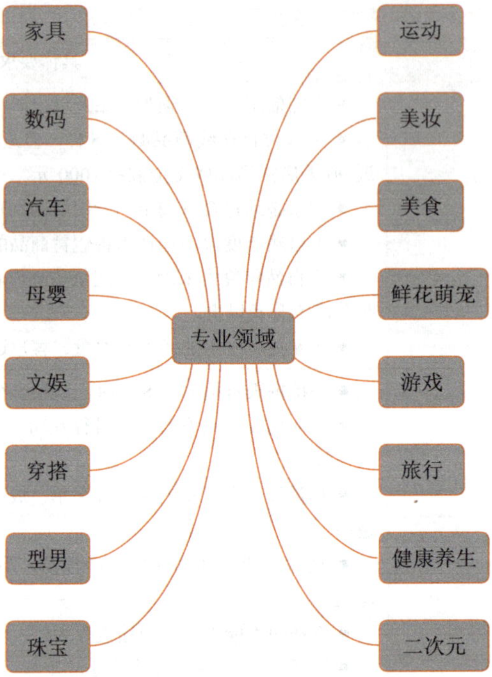

图 3-3　主播专业领域细分

表 3–3　淘宝主播成长升级

等级	经验值	专业分	升级任务	等级权益
1 级	—	—	（1）冻结足额保证金。 （2）优品率达到对应指标。 ① 1 级升 2 级：99.0%。 ② 2 级升 3 级：99.5%。 ③ 3 级升 4 级：99.7%。 （3）通过主播入驻时的考试	暂无
2 级	3000	—		
3 级	7500	7500		
4 级	15000	15000		
5 级	月排在前 1% 的主播可以晋升至 5 级			

淘宝主播如何获得经验值与专业分呢？

（1）经验值。

经验值是由主播直播时长、直播间互动类数据构成的，它包括两个板块：基础经验值任务和附加经验值任务。

① 基础经验值任务：每开播 1 分钟即可获得 1 点经验值，每天最多可以获得 200 点，超过不再累加。

② 附加经验值任务：直播间观众产生点赞、评论、关注、分享等互动行为后，平台会给予额外经验值奖励，按日结算，每日最多获得 100 点，超过不再累加。

（2）专业分。

专业分受添加本专业下的宝贝、用户进店购买等数据影响，它包括两个板块：基础专业任务和附加专业任务。

① 基础专业任务：每添加 1 个宝贝到直播间即可获得 2 点专业分，每日最多获得 200 点，超过不再累加。

② 附加专业任务：直播间观众通过宝贝口袋进入店铺浏览商品或者产生购买行为后，平台会给予额外的专业分奖励。按日结算，每日最多获得 100 点，超过不再累加。

需要注意的是，例如在出现违规行为、优品率过低等情况下，经验值和专业分会减少。

3. 直播间品质分

直播间品质分关乎淘宝主播的成长，品质分包括优品率、准时揽收率、完成退款时长、退货退款时长、纠纷退款量。

（1）优品率。

优品率 =1- 品质退款率，品质退款率 = 近 30 天直播间因品质问题发生的退款订单笔数/近 30 天成交订单笔数。优品率越高，表示商品越受用户喜爱，相反，优品率越低，商品越不受用户喜爱。

（2）准时揽收率。

准时揽收率 = 近 30 天物流准时揽收的订单笔数/近 30 天发货的订单笔数

（3）完成退款时长。

完成退款时长为近 30 天用户发起退款申请到退款结束的平均时长。

（4）退货退款时长。

退货退款时长为近 30 天用户发起退货退款申请到退货退款结束的平均时长。

（5）纠纷退款量。

纠纷退款量为近 30 天判定为卖家责任且生效的退款笔数。

3.3　熟练操作淘宝直播中控台

淘宝直播中控台（简称中控台）由电脑登录，是查看直播数据、分享宝贝、分享优惠券、发红包互动和直播抽奖的平台。该平台是淘宝直播活动的重要操作平台。本节详细介绍淘宝直播中控台的功能、互动面板、直播页面的功能说明与使用、直播中常用的问题及解决措施、中控台慎用的几个功能。

淘宝直播中控台功能解说

3.3.1　淘宝直播中控台的功能

进入淘宝直播中控台的步骤：输入网址 we.taobao.com，进入“阿里•创作平台”页面；输入直播账号；在左侧边栏直播位置有一个“直播”按钮，单击后出现中控台页面。中控台的功能有预告发布、插件安装、宝贝上架、功能用途、数据查看，如图 3-4 所示。

1）预告发布

预告发布包含基本信息和标签选择。

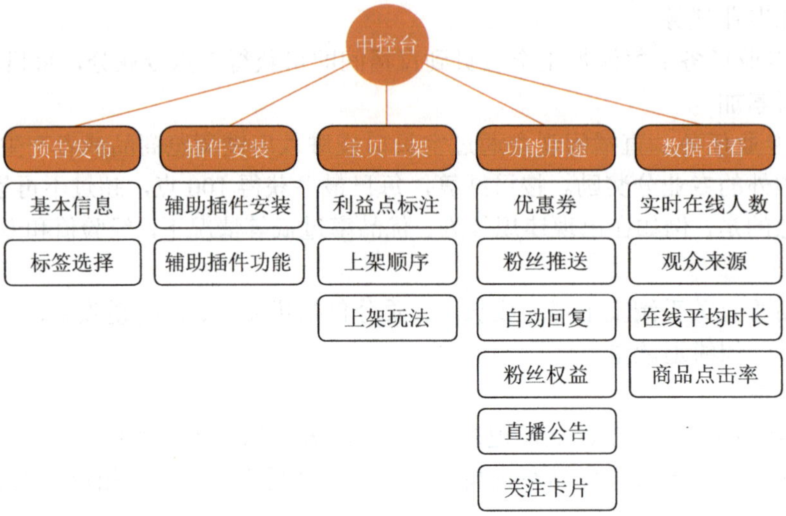

图 3-4　中控台的功能

（1）基本信息：标题、封面、时间、地址。

（2）标签选择：例如 2020 年“双 11”，在标签出来之后，就要选择相对应的标签去进行直播，否则之前创建的预告就没有用了。

2）插件安装

目前常用的插件有萤火虫插件和大紫插件。

（1）萤火虫插件：包含宝贝管理、宝贝库、场次管理、发优惠券、关注卡片、公告发送、自动回复及小黑屋等功能。

（2）大紫达人插件：大紫达人插件展示直播实时数据，可以看到直播在线人数和数据详情，包含整体数据、流量来源、掌控统计、商品数据。大紫达人的功能包含宝贝管理、发优惠券、关注卡片、公告发送、自动回复、禁闭室，与直播中控台的功能类似。

两个插件的区别不是很大，但萤火虫插件的数据比大紫插件的数据更详细一些。

3）宝贝上架

宝贝上架就是上架链接。

（1）由于每个商品都有其特点，所以在上架时可以将其特点作为商品的亮点，也就是利益点标注，吸引观众的眼球，从而推动购买。

（2）上架顺序：商品的放置位置不是随意放置的，有一定的规则。

（3）一般 1 号链接的产品会被顶到最热门，成为主推款。

需要注意的是，在使用宝贝上架功能时，宝贝显示绿色表示待上架，在这种情况下可以上架、移动、删除、编辑（选中后，在“搜索”框中重新输入链接，单击“搜索”按钮即可生效）。宝贝显示红色表示已经上架，不可删除，不可移动位置。

4）功能用途

功能用途包含优惠券、粉丝推送、自动回复、粉丝权益、直播公告、关注卡片等。

5）数据查看

数据查看可以查看直播过程中的实时在线人数、在线平均时长、商品点击率等。直播完全结束之后，在中控台可以查看整个后台数据。

3.3.2　互动面板

淘宝平台自带互动面板。互动面板主要包括 14 个功能：宝贝、优惠券、抽奖、投票、店铺小卡、关注卡片、公告、专享价宝贝、权益投放、粉丝推送、跨店满减券、裂变优惠券、切红包、拼团宝贝，如图 3-5 所示。

图 3-5　互动面板的主要功能

（1）宝贝。

宝贝是产品链接，可以实时观看到宝贝。

（2）优惠券。

可以设置各类优惠活动。

（3）抽奖。

可以设置抽奖活动。

（4）投票。

单击“投票”按钮，填写好信息和时间，再单击“开始投票”按钮即可。

（5）店铺小卡和关注卡片。

店铺小卡和关注卡片是一样的，点击后输入“×××店铺”，跳到直播间之后，会引导粉丝去点击、关注。

（6）公告。

可以发布各类公告，如满减最划算。输入公告内容之后，会跳到直播页面的最上方位置。从最上方位置跳出来之后，当消费者通过直播间向左滑动屏幕时，该公告会显示在直播印记中，直播印记就是中控台设置的公告。

（7）专享价宝贝。

有专享价格的产品。

（8）权益投放。

权益投放一般指商家建立奖池或者达人建立奖池后，将权益投放到直播间。权益投放可以设置条件，不同的粉丝根据不同的条件领取优惠券或者红包。

（9）粉丝推送。

粉丝推送指通知已经关注了店铺的粉丝来观看，提醒粉丝参加该店铺的直播活动。粉丝推送时间是 8：00 ～ 23：00，一天只能推送一次，每个粉丝只能接收最多两条与他最相关的推送信息。

（10）跨店满减券。

例如，2019 年“双 11”的“满 400 减 50”。跨店满减券有时可在主会场领取，有时可在店铺首页领取。跨店满减券能够直接投放在直播间，观看直播的用户可以直接点击领取，不需要退出直播间重新领取，从而提高粉丝的购买率。

（11）裂变优惠券。

裂变优惠券指用户分享直播给几个好友后领取的优惠券。裂变优惠券能够直接投放在直播间，用户可以直接点击分享给好友。这也是增强直播间黏性、粉丝黏性的方法。

（12）切红包。

一般情况下，商家参加活动之后才可以申请切红包。

（13）拼团宝贝。

一般情况下，商家参加活动之后才可以申请拼团宝贝。

3.3.3 直播页面的功能说明与使用

直播页面分为观众页面和主播页面。

1. 观众页面

图 3-6 观众页面

观众页面是粉丝在观看直播时看到的页面。直播时，观众能够看到的信息有：① 店铺信息；② 粉丝分层亲密度任务；③ 公共弹幕区；④ 购物袋；⑤ 评论区；⑥ 直播间公告；⑦ 主播信息；⑧ 直播间活动信息卡；⑨ 拓展功能；⑩ 点赞，如图 3-6 所示。

（1）店铺信息。

店铺信息包含店铺的名称、头像，以及店铺之前的一些回放等。

（2）粉丝分层亲密度任务。

粉丝分层亲密度任务分为 4 个等级，分别是新粉、铁粉、钻粉、挚爱粉。亲密度任务越高，粉丝升级就越快，等级就越高。

（3）公共弹幕区。

公共弹幕区又称粉丝留言区，手机上只会显示粉丝的昵称。昵称是可以更改的，这与淘宝 ID 不同，淘宝 ID 不可以更改。

（4）购物袋。

购物袋显示的是商品链接的序号。

（5）评论区。

评论区是粉丝在观看直播时发布留言的区域。要注意的是，对发布留言中的一些敏感词汇，淘宝会自动屏蔽，只有你自己可以看到发出的这些词汇，主播与其他粉丝是看不到的。

（6）直播间公告。

直播间公告又称直播印记，会在直播界面顶端红条中弹出来，在直播间右滑可以看到具体内容。例如，若有的直播间欢迎某个专家，则会发在直播间公告里。

（7）主播信息。

主播信息包含头像、姓名及主播个人定位，有的还会包含身高和体重。

（8）直播间活动信息卡。

直播间活动信息卡会展示该直播间的今日活动。有时，直播活动会持续比较长的一段时间；有时，直播活动会频繁更换。

（9）拓展功能。

拓展功能包括打赏和举报。打赏是淘宝在近期新推出的一个板块，用户觉得主播讲得比较好，可以进行打赏；用户觉得主播有违规行为，可以进行举报。

（10）点赞。

有的直播间会有点赞戳红包活动，之后根据点赞量来判断是否进行抽奖。例如，一些头部主播直播时的点赞量一般都是几百万次。

2. 主播页面

主播页面是主播在进行直播时所接触的页面，主播页面的信息有：① 摄像头；②“推流”按钮；③ 美颜；④ 主播信息；⑤ 直播间活动信息卡；⑥ 公共弹幕区，如图 3-7 所示。

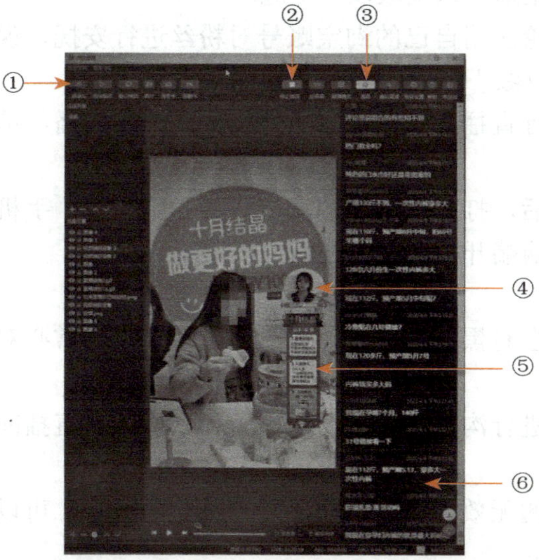

图 3-7　主播页面

（1）摄像头。

直播时，主播可以根据需要进行调整。

（2）“推流”按钮。

开始推流就会有图 3-7 中“②”的显示，否则画面是不会显示出来的。

（3）美颜。

主播可以根据自身肤色及现场环境来调节直播间的整体光线。

（4）主播信息。

主播信息与观众页面是一样的，包含头像、姓名及主播个人定位，有的还会包含身高和体重。

（5）直播间活动信息卡。

直播间活动信息卡和粉丝用户在观众页面中看到的是一样的，但这些信息需要主播自己放上去。

（6）公共弹幕区。

公共弹幕区会显示粉丝的淘宝 ID。如果在后期遇到售后问题，则去后台查看用户订单，都是根据淘宝 ID 进行查阅。

3.3.4 直播中常见的问题及解决措施

直播中出现问题，如何通过中控台解决

在直播间遇到停电断网、黑粉、售后这三个直播常见问题时，该如何通过中控台来解决呢？

1. 停电断网

停电断网是比较常见的问题。有的时候，不小心碰到电闸或者踢到网线，就会出现停电断网的现象。这时，主播可以采取以下措施。

（1）主播在公共评论区用自己的淘宝账号对粉丝进行安抚，说明停电断网的情况，并且告知他们“直播稍后继续”“敬请稍等”。

（2）主播用手机进行直播，打开淘宝主播 App，开始直播，单击“我要高清”选项就可以继续进行直播了。

（3）来电或者通网后，打开电脑端的淘宝直播和中控台，手机退出页面（但不要单击“结束直播”按钮），电脑端开始推流，之后继续进行直播。

2. 黑粉

几乎每个直播间都会有黑粉。遇到黑粉时，主播要以平常心对待。主播可以采用以下措施。

（1）首先要和粉丝进行沟通，了解粉丝出于什么原因在直播间使用不文明用语，是否因为商品存在问题等。

（2）如果和粉丝沟通无效，仍然存在辱骂等不文明语言，可以使用中控台以下两个操作来应对。

① 禁言。粉丝在发表评论之后，会出现“回复”和“禁言”，选择“禁言”。在禁言用户的位置，同样可以对禁言用户解除禁言。

② 小黑屋。在小黑屋输入需要屏蔽的关键词，输入关键词后，在直播间进行投放。只要粉丝发出的评论包含输入的关键词，该词就会被自动屏蔽。如果是多个关键词，则要用英文逗号隔开，比如在“领取优惠券”与“关注 ×× 主播”这两个关键词之间要用英文逗号隔开，否则就无效了。

3. 售后

常见的售后问题有以下三个。

（1）快递问题（这是在每个直播间问的最多的问题）。

（2）货品破损、少件。

（3）客服不理人。

在中控台页面，利用“回复”功能可以回复粉丝问题。有的时候，问题比较多，主播不能同时回复每个人的问题，后台人员可以在“回复”的位置对粉丝进行回复。“回复”会在观众页面的左下角弹出来，提醒粉丝进行留意。

当主播能自己解决售后问题时，可在直播间直接解决，每个店铺都有相对应的售后话术；当主播自己解决不了相关售后问题时，可以引导粉丝咨询人工客服。应注意的是，当粉丝遇到问题时，主播切记不可在直播间与粉丝争吵，争吵行为会对主播和直播活动带来负面影响。

3.3.5　中控台慎用的几个功能

中控台慎用的功能有小黑屋、禁言用户和宝贝管理。

1. 小黑屋

小黑屋可设置敏感词。当用户发表评论出现该敏感词时，将被自动禁言（第一次还会发送成功，淘宝规则所限）。“启用”状态无法编辑文字，“停用”状态才能编辑，为防止误伤，请谨慎填写敏感词。小黑屋功能如图 3-8 所示。

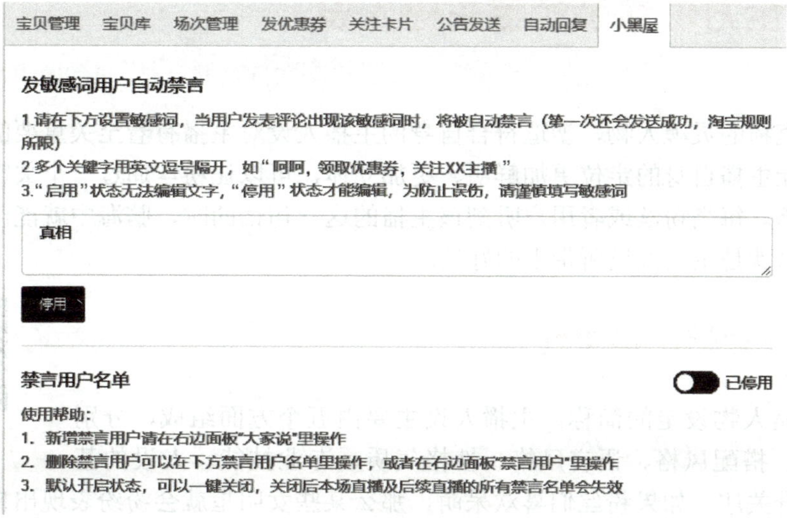

图 3-8　小黑屋功能

2. 禁言用户

中控人员可在粉丝评论区的“禁言”处进行禁言，只对打广告和辱骂等不文明情况进行禁言，在禁言用户的位置可以看到禁言人员，也可以解除禁言。

3. 宝贝管理

宝贝显示为绿色表示待上架，可以上架、移动、删除、编辑，选中后，在搜索框中重新输入链接，单击“搜索”按钮后立刻生效。红色表示已上架，不可删除、不可移动位置。宝贝管理功能如图 3-9 所示。

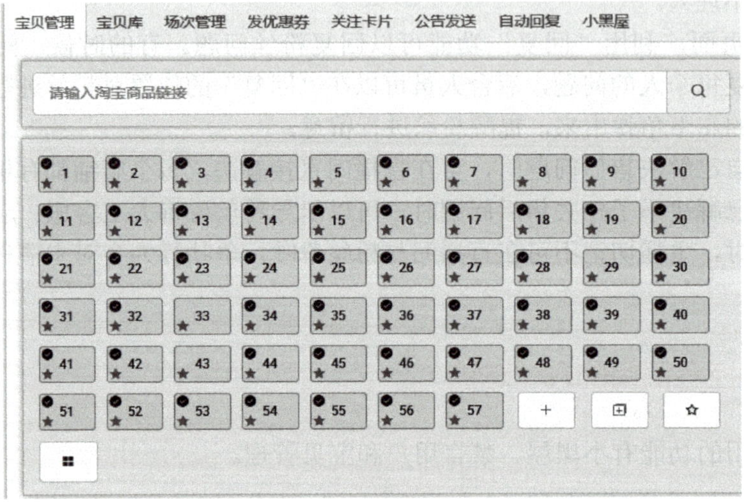

图 3-9　宝贝管理功能

3.4　全方位包装淘宝主播人设

主播是直播的灵魂人物，塑造符合自身的主播人设对主播有着至关重要的作用。正确的人设可以让主播自身的定位更加鲜明、更加立体，可以让粉丝通过一个关键词或者一句话就记住主播。每当粉丝或者用户听到该主播的这一句话的时，脑海中就能浮现其直播卖货的场景，这就是主播人设所带来的好处。

3.4.1　主播人设的重要性

主播人设的重要性

人设就是人物设定的简称。主播人设主要由五个方面组成，分别是身材颜值、搭配风格、语言风格、性格气质、专业技能。人设的基本目的是提升关注。如果粉丝们喜欢呆萌，那么某些女明星就会纷纷表现出自己可爱呆萌的一面，这样可以迎合粉丝的喜好，得到更多的关注。但是，明星人设和主播人设是有差异的。因为明星与粉丝的距离比较远，不会天天在镜头面前和粉丝沟通，所以明星人设可以和本人有很大的差距。而主播人设要和自身性格比较接近，因为主播直播的互动频次和互动深度都特别高，所以主播与粉丝的距离也很近，很难像明星一样去伪装自己，大部分主播在更多的时候都是本色出演。

塑造合适的主播人设主要有以下六大优势。

（1）吸引精准粉丝：主播是什么样的人，就会吸引到什么样的粉丝。如果让一个青春靓丽的女生作为母婴类目的店铺主播，就会明显不合适，也不会从直播中得到粉丝的认同感。

（2）提升关注度：人设越强，就越吸引人。

（3）提升直播间的互动。

（4）提升粉丝在直播间停留的时间。

（5）提升转粉量和流量。

（6）人设品牌先天具有推广优势。

3.4.2　新人主播必备的人设三件套

新人主播必备的人设三件套包含个人定位、自我介绍、直播间介绍/欢迎语。

1）个人定位

个人定位包括主播定位、直播间命名、粉丝/粉丝团昵称。

（1）主播定位：主播可以发掘自己身上的闪光点，把被粉丝喜欢的点当作优势或者定位。主播定位可以让粉丝很直观地了解主播。

（2）直播间命名：直播间命名是为了让观众知道你是谁，你要做什么。建议直播间命名可以采用主播自身的特质 + 定语 + 产品特性。

（3）粉丝/粉丝团昵称：粉丝/粉丝团昵称可以拉近与粉丝之间的距离，让粉丝有专属感。

2）自我介绍

自我介绍包括基本信息和背景信息。

（1）基本信息：基本信息主要是主播姓名、主播昵称和主播年龄。

（2）背景信息：背景信息包含主播擅长的领域和主播职业设定。主播擅长的领域设定包含母婴产品类主播等；职业设定通常是好物推荐官、母婴专家及潮品宝妈等，职业设定可以使产品的受众群体与主播之间有一个初步的信任连接。

3）直播间介绍/欢迎语

直播间介绍/欢迎语应该包括以下内容。

（1）直播间特色。

（2）频道栏目。

（3）播出时段。

（4）直播主要内容。

（5）预告内容。

3.4.3　主播如何给自己取"网红名"

主播为什么要给自己取一个"网红名"？作为主播，大部分人都会认真研究直播技巧、直播销售知识，努力提高自己的直播能力等。但是，一个虽然非常小但非常重要的事情常常被主播忽略，即给自己取一个好的“网红名”。若想构建更加强大的个人品牌，增加曝光率，让别人一下子记住你，则一定要有一个亮眼的名字。

什么样的名字才是好的“网红名”呢？主要有以下两点。

（1）主播名字里不要带有符号和字母：带符号字母的名字很难被检索出来，而且粉丝一般第一眼只看文字。若想让别人第一眼记住你的名字，最好不要带符号或字母。

（2）辨识度极高：像快手的知名头部主播，名字都很有辨识度。例如，“散打哥”“白小白”“张二嫂”等，主播名字不仅简单且方便传播。特别要注意的是，千万不能把名字取得非常复杂，非常复杂的名字往往导致只有主播自己能记住，不利于传播。

给自己取一个好的“网红名”，有以下三点建议。

（1）名字最好与直播风格一致：名字首先要适合自己直播的风格，让粉丝看到昵称就能大概知道主播本人有着怎样的性格，是可爱的，还是开朗大方的，或是知性成熟的。

（2）朗朗上口，简单好记：不要选择太过生僻或者拗口的字，要选择让人能顺畅读出的字，这样才方便让粉丝记住。同时，名字尽量为 2 ～ 4 个字，让粉丝读起来没那么累，可以降低粉丝记忆成本。

（3）容易看懂：好名字要能让人看懂，有的名字不容易被大众识别。很多人以为用了生僻字就是“创意”，别人看不懂的就是“差异化”。实际上，这样的名字不但让粉丝看不懂，还增加了转述成本，让人很难一下子说清楚。因此，尽量不要用生僻、歧义或中英文混杂的词作为名字。

3.4.4 一句话简介

作为主播，应该如何吸引粉丝们走进直播间呢？最直接的方法就是做好直播简介，利用首页图、新颖的标题与言简意赅的简介来吸引粉丝。在直播中，一段简介就像电视剧的预告片，能够提前预热，并且将“看点”展示出来，吸引更多的粉丝。

若想写好一句好的简介，则要锁定目标群体，根据目标群体提出问题，并且给出相应的解决方案。在简介中，通过借助人性的方法宣传，帮助目标群体找到问题的根源，并且及时解决。例如，卖枕头的直播，可以将目标群体锁定在办公室人群，在写简介的时候明确表示办公室人群患有颈椎病、腰椎病等“职业病”，十分痛苦；睡一睡天然健康的枕头，可以缓解腰椎颈椎的压力，第二天变得神采奕奕。这样的简介就会吸引有着相同问题的粉丝进入直播间。

写简介的时候，在直播时段中要提到“结果”。很多用户的注意力并不是特别集中，更不喜欢将时间浪费在观看直播上，因此简介中不需要介绍过程多么精彩，只需要说出粉丝在直播间观看直播会得到什么即可。同时，简介要尊重目标群体，加上独家信息。将这一份内容写得有趣一些，会特别吸引人。

在设置标题的时候，使用一些吸引眼球的词汇，如秘密、震撼等。当粉丝对这样的内容有兴趣的时候，出于好奇自然会进入。要严格限制标题的字数，必须在 12 个字以内。在简短的 12 个字里，将主播自己的风格及亮点展现出来。简介的内容不宜太长，用

18 ～ 26 个字去解释标题的意思即可。

在写直播简介时，要注意以下三点。

（1）做直播时，主播不能将自己的联系信息添加到简介中，联系信息会被直播平台自动屏蔽。

（2）不允许将平台之外的账户信息传播出去，在简介中或者直播中都不能出现这样的行为。

（3）一切违法乱纪的内容都不能出现在简介中，一旦被发现，主播会被取消直播账号，并且接受相关的处罚。

3.4.5　主播视觉画风设计

1. 如何让粉丝在茫茫主播中一眼锁定你

主播可以通过内容、互动及粉丝维护三个方面让粉丝在茫茫主播中一眼锁定你。

1）内容为王

在内容上，主播要推陈出新，稳定输出。提升已有内容的质量，无非就是巩固基础，但是如果止步于以前的内容，就无法保持长期的稳定。因此，主播在保持原有内容和特色的同时，应该增添一些新颖的内容。如果一个主播的维度只有一个，那么他能覆盖的粉丝维度也仅仅只有一个；如果这个主播能够把直播内容从一个维度扩散到多个维度，那么他能覆盖的粉丝群体就会翻倍。

个性标签，过目不忘。“文士看山不喜平”，看直播也是一样的，如果平淡无奇、中规中矩，则无法赢得粉丝的喜爱。如果能够打上主播自己的烙印，让粉丝在茫茫人海中一眼看到主播的界面就知道是哪个主播，那么就真的树立了“人无我有，人有我优”的标签。如何打造主播自己的标签呢？可以从主播的声音入手，通过主播的开场白、结束语，甚至是播放的直播间歌曲来树立自己的标签，并且不断强化自己的特点。

2）加强互动

直播之所以会如此火爆，是因为它能够给人提供一种现场感和陪伴感。在现在社会压力越来越大的情况下，直播是一种良好的解压和娱乐方式。而主播与粉丝的互动是一种相互作用而彼此发生积极改变的过程。相互作用，是指主播和粉丝必须互相给予信息内容，而另一方再进行反馈。例如粉丝进入直播间，主播会欢迎这名粉丝，就像欢迎朋友到自己家里来一样。因此，主播必须重视互动，并且想一些有创意的互动方式。

随着粉丝对直播内容和专业度的要求越来越高，越来越多的粉丝会选择性地无视“看起来很一般”的直播间。如果主播会利用工具和各种设计打造自己的直播间，则在起步的时候就领先了一步。当然，工具不仅仅起到美化直播间的功能，最重要的功能是能增加直播间的互动多样性。

3）维护粉丝

在现实生活中，若朋友之间经常不联络，则往往关系就会变淡，更何况是主播和粉丝之间的关系。因此，在通过优质的内容和良好的互动吸纳了一批粉丝之后，更重要的是搭建在直播外的主播和粉丝间互动的渠道，包括建立粉丝群、开通主播的个人微博或其他社交平台账号等。同时，主播应该经常关心自己的粉丝，尤其是在特别的节日送上祝福，让粉丝们觉得在主播的心中是有他们的。这样不仅能提升现有粉丝的依附感，还能帮助主播建立起一个良好的人设和口碑。

2. 主播视觉画风打造技巧

打造良好的主播视觉画风主要包括选对背景音乐、直播声音环境、选好直播角度、镜头的稳定性、调整直播光线、主播形象打造六个方面，如图 3-10 所示。

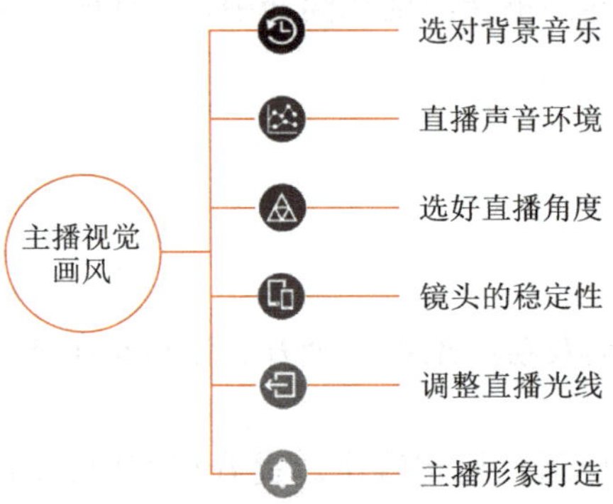

图 3-10　主播视觉画风打造技巧

1）选对背景音乐

自电影声化以来，音乐占据了电影的重要部分，这一发展自然是有一定道理的。同样，在直播中，背景音乐（Background Music，BGM）并非是不足轻重的陪衬，而是直播气氛的关键燃点。不同的音乐可以烘托出不同的直播氛围。直播背景音乐可以“荤素”搭配，通过切换音乐带动直播氛围的转换，加强直播节目的现场感。另外，背景音乐也可以为主播贴上一个独特的标签。

2）直播声音环境

直播要切记避免“噪声污染”，噪声会使粉丝的听觉享受大打折扣。直播需要一个安静的场景，应远离噪声源。一旦在直播时遇到“噪声污染”的突发情况，要随机应变，选择合适的背景音乐掩盖噪声。

3）选好直播角度

在直播中，若想拥有深刻的画面感，则必须灵活地运用直播拍摄角度技巧。直播拍摄角度技巧包括拍摄高度、拍摄方向、拍摄距离三个方面。一般完美的摄像头放置角度应该是在主播位置的正上方，角度略有一点倾斜，从而把主播打造得更加立体。在直播中偶尔也要转换一下镜头，转换角度，缓解粉丝的视觉疲劳。

4）镜头的稳定性

一场镜头不稳定的直播活动会给粉丝带来不愉悦的体验，镜头的不稳定会转化为粉丝观看直播时的心理不适，因此，直播应该尽量避免跌宕起伏的画面。如果是户外直播，为了镜头的稳定性，可以使用稳定器或者自拍杆，从而有效地解决直播画面抖动的问题。

5）调整直播光线

在日常生活中，阳光明媚和乌云密布的天气都会直接影响我们的心情，更何况是看一场直播。在直播中，人们所获得的 80% 的信息都来自视觉，因此直播光线显得尤为重要。直播要将画面的色彩和亮度调整为适合粉丝观看的效果，一般应以暖色调为主，柔和的光线往往会给粉丝带来温馨的感觉。

6）主播形象打造

男主播要衣着得体，给别人一种很干净的感觉；女主播可以提前为自己化一个合适的妆容。在自己风格定位的前提下，主播的形象要与直播领域和直播场景设置一致。

3.4.6　主播直播解说能力

主播直播解说能力主要包括产品展示技巧、产品介绍技巧、产品销售技巧。

1）产品展示技巧

（1）美妆类/美食类：这类产品展示的主播通常采取坐姿，一般产品出镜，产品离镜头要近一些。在直播时要更注重过程的分享，注重试用或者试吃环节，体验带入式直播。

（2）珠宝类：这类产品展示对主播没有硬性的出境要求，产品的陈列摆设尤为重要，直播镜头要高清，能够看清楚珠宝的关键性细节。

（3）服装类：这类产品展示的主播通常采取站姿，全身出镜。因此，主播站的位置需要考虑到直播画面设计，不要被直播间的文字和标题覆盖。服装展示时有两个注意点：服装要穿在身上展示衣服整体的穿搭效果，前后侧面都要兼顾到；服装的细节，例如设计与众不同的地方，展示面料、领口、袖口、车缝线、纽扣、内里等。

2）产品介绍技巧

主播在介绍产品时，要将画面感具体为一种感受到的体验，用语言生动形象地表达出来，并且可以适当地带入一些情感和场景做具体表达。

（1）材质：把材质的触感用语言表现出来，比如柔软、光滑、坚硬等。

（2）颜色：把看到的颜色用一种感受表现出来，可以参考每种颜色的色彩性格，比如甜甜的颜色、开心的颜色、恋爱的颜色等。

（3）元素：对元素设计理念进行阐述，体现产品元素的风格。

（4）功能：对产品的功能除解说说明书以外，还可以对这种产品的具体能效性、使用效果、它的某种文化个性功能进行详细的阐述。

（5）尺寸：清晰地展示产品尺寸，可以用准确的数字，比如现场用卷尺、卡尺进行测量，也可以用比对法，让粉丝有具体大小空间的感受。

（6）价格：在介绍产品价格时，可以先用对比法对同类产品在商场或者实体店的售价进行说明，然后说出直播间的价格，在有优惠的情况下，最后说明使用优惠券之后的最终价格。

3）产品销售技巧

产品销售技巧主要有成本法和对比法。

（1）成本法：在介绍产品时，可以先说明产品的构成材料多么昂贵、用料多么好、设计和工艺多么用心，让人觉得产品的成本非常高；然后说明直播间产品价格低于成本，从而让粉丝有惊喜的感觉，促成下单。例如在介绍珍珠产品的时候，可以先说明珍珠是海水的还是淡水的，珍珠的光泽及大小；然后说明每粒珍珠的市场价格、连接珍珠的配件价格，这些价格加在一起的成本价格；最后说出现在只卖一个惊喜的价格，从而促成粉丝下单。

（2）对比法：在介绍产品时，可以先说出同类同款产品在专柜、商场、实体店等的价格；然后说明直播间中非常惊喜的优惠价，从而促成交易。

3.4.7 主播直播演示能力

直播不仅要会说话，而且还要会演示。主播如何更好地演示且讲解直播产品？可以从以下七个方面入手。

1）品牌故事介绍

品牌故事介绍包括品牌创立和发展过程中有意义的新闻事件，既可以是关于品牌创始人的，也可以是发展过程中的重大事件。品牌故事介绍既能体现出产品品牌的概念，加强粉丝对品牌的认知，增强品牌的吸引力；也能让粉丝对产品的背景有所了解，粉丝购买起来也会更加安心和放心。

2）产品成分

越来越多的用户开始关心产品的有效成分有哪些，粉丝常常愿意为含有某种有效成分的产品而买单。例如，含有氨基酸的洗面奶，含有神经酰胺、维生素 B 的舒缓修复乳液，含有胜肽、维生素 C、A 醇抗氧化、抗老的精华或者面霜。直播的时候，主播可以依照产品的成分表，对产品成分做好充足的功课，以便在直播间内展开详细的介绍。

3）产品功效

很多主播都会将大部分的时间放在介绍产品功效上，这些方面通常也是粉丝非常关注的。在产品功效展示讲解时，切记不能夸大、虚假宣传，建议以客观公正的口吻进行讲解。

4）产品展示

产品展示包含产品使用方法、产品外观设计，产品质地、使用效果展示，以及使用技巧分享等。

（1）产品使用方法：产品使用方法可以是使用后上妆效果的展示，也可以是外观特色的讲解等。

（2）产品外观设计：产品外观设计可以是产品外在颜值，也可以是这样的设计能够让使用更加方便等。

（3）产品质地：产品质地可以展示产品的水润、吸收程度、延展性等。

（4）使用效果展示：使用效果展示比较适用于明显的彩妆、洁面、卸妆等，例如粉底、眼影可以直接展示上妆效果。

（5）使用技巧分享：主播可以对使用技巧进行分享，边化妆边展示。对于美妆类产品，主播可以一边展示化妆步骤，一边植入产品广告，让粉丝更加直观地看到产品的使用效果。

5）使用感受

主播可以在直播间内直接试用产品，并且把真实的使用感受及时反馈给直播间的粉丝。

6）对比同类产品

主播可以选择市场其他同类型的产品，在直播时分析对比其不同，从而凸显直播间产品的优势。

7）突出核心优势

产品直播间活动价格、安全有效成分、使用效果等都可以是产品核心优势。由于直播间粉丝流动性比较大，主播可以尽可能反复多讲几次以上这些产品的核心优势，以便照顾新进直播间观看的粉丝。

3.4.8　主播嗓子保养

作为一名高强度直播的主播，该如何保养嗓子呢？首先，要明白嗓子出现问题的症状；其次，是症状出现的原因；最后，根据症状、原因找到相应保养嗓子的方法。

1. 嗓子出现问题的症状

嗓子出现问题的症状：喉咙干痒、说话疼痛、轻微失声或者严重失声。喉咙干痒是直播过程中最常见的问题。说话疼痛说明嗓子负担过重，已经产生了疼痛感，比较严重的是轻微失声。严重失声时，主播只能暂停直播工作，等声带恢复以后，才能正常地开展直播工作。

2. 症状出现的原因

症状出现的原因有：长时间说话及说话方式不当；饮食习惯不当及作息习惯不良；未注意保养嗓子。

3. 保养嗓子的 9 种方法

（1）限制直播之外的说话时间，减少不必要的长时间聊天或打电话。对高强度直播的主播来说，直播已经占据了大量时间，消耗了体能，让声带、喉咙产生了很强的负担。在这样的情况下，直播外的不必要说话对嗓子更不利。

（2）使用适当的音量说话，善用麦克风增加音量。

（3）说话音调不宜太低或太高。

（4）长时间说话时应当多喝温开水，保持咽部的湿润。

（5）尽量用腹部（丹田）说话，不要用胸部或紧绷脖子肌肉的方式来说话。

（6）不抽烟喝酒，勿吃辛辣油炸类的食物，例如浓茶、咖啡、辣椒、巧克力及冷饮等。

（7）避免用力清喉咙、咳嗽等动作。用力清喉咙、咳嗽会进一步加剧喉咙的问题。

（8）适当运动，保持心情愉快及放松，这样有助于保持健康的体魄。

（9）多用菊花、金银花、胖大海泡水喝，还可以多吃柚子、雪梨、西瓜等具有润喉作用的水果。

3.4.9　主播决不能说和做的事

1. 电商直播决不能说的话题内容

电商直播决不能说的话题内容包含决不能说的直播话题、决不能说的直播内容、决不能说的产品内容。

1）决不能说的直播话题

（1）讨论与国家主旋律相悖的政治话题。

（2）播放带有色情形式的音乐影视等。

（3）播放国家明令禁止的影音或者歌曲。

（4）刻意发表低俗涉黄的言论，引导场内低俗的互动。

（5）宣传色情低俗内容，带动用户低俗氛围。

（6）模仿色情挑逗等声音。

（7）地域攻击，诋毁和谩骂攻击他人。

（8）骚扰调戏他人。

（9）传播给他人造成损害的不实报道。

2）决不能说的直播内容

（1）主播在直播间内进行虚假促销，以次充好，或者直接销售山寨盗版之类的假冒产品。

（2）直播期间，主播只展示商品，长时间不说话或者重复用音频进行叫卖。

（3）主播在直播过程中附上自己的联系方式，引导粉丝绕开平台进行私下交易，甚至会在直播间标题或者详情页引导粉丝添加自己的联系方式，进行线下交易。

3）决不能说的产品内容

（1）过度承诺。主播对于给粉丝的赠品、优惠券、减免金额、活动力度应讲解清楚，并且履行相应的承诺。主播需在开播前和商家确认相应承诺。

（2）夸大优惠力度，例如“已是最低价”“永远不会比这次再便宜”等，这些都属于夸大优惠力度。

（3）对于一些保健美容的产品要实事求是宣传，不可以夸大功效及虚假宣传。

（4）在推广产品的时候，不要劝粉丝进行分期购买或者筹钱购买等，变相灌输提前消费的理念。

（5）主播在推广产品时，在脱口而出的文案中一定不要使用“最好、最佳、秒杀、全网”等绝对化词语，实事求是的描述比较稳妥。

2. 电商直播决不能做的行为动作

电商直播时，决不能做以下7种行为动作。

（1）长时间不看镜头，或者无故离开直播镜头超过10秒钟，或者直播间空镜直播。

（2）直播时间不固定，随意下播。

（3）直播时只与某个或者几个粉丝聊天。

（4）私下与粉丝进行交流，并且引导粉丝线下交易。

（5）主播穿着过于暴露，例如男性或者小孩半裸；裸露或者穿着暴露；喂奶、抽烟、血腥、暴力等场景也都不能在直播间出现。

（6）产品的展示不规范，例如，有些直播内衣的主播直接在镜头前上身展示，因为这是涉及低俗色情的直播内容。

（7）主播违规声明不退不换，例如，主播在直播间售卖产品时告诉粉丝直播产品是不退不换的，这违反了平台规则。

如果主播在直播时出现以上 7 种行为动作，会产生以下 5 种不良后果。

（1）导致粉丝在直播间的停留时间不会很长。

（2）已有粉丝易流失。

（3）直播间被限流。

（4）直播质量下降。

（5）易产生商品售后问题，例如主播声明不退不换，但当粉丝收到直播产品时发现不满意该产品，这样就容易与主播产生商品纠纷问题。

主播和直播间同样会得到相应的惩罚，惩罚主要有以下 5 种。

（1）直播平台给予警告。

（2）直播间直接停播 7 天。

（3）直播间直接停播 30 天。

（4）直播间永久停播（封号）。

（5）承担相应的法律后果。

这些惩罚根据直播间的内容严重程度来判断。

【课后习题】

1. 四大淘系直播形式有哪些？

2. 概述淘宝主播人设打造的方法，以及淘宝主播人设定位的方法。

第 4 章

熟悉直播流程，防止翻车

【学习目标】

- 了解直播脚本策划的基本要素。
- 了解产品销售的话术。
- 掌握高质量电商直播的设计方法。
- 了解直播内容演示的要点。
- 了解开播前主播必须自查的环节。
- 了解开播前运营人员的工作清单。
- 掌握下播复盘的注意事项。

很多刚开始做直播的人不太懂直播的流程，而很多新手的直播效果不理想的大部分原因是没有规划直播，在不了解直播流程的情况下随意开播。只要你熟记了直播流程，按部就班，慢慢就会游刃有余。

4.1 直播脚本设计

无论是做一场直播还是拍摄一段视频，都需要固定套路，而这个套路就是脚本。直播脚本的意义是：实时把控整个直播流程的顺利进行，可以避免直播时出现的意外。好的直播脚本可以用直播话术避免尬场等一些意外情况的发生。因此，如果想做好直播，则直播脚本是必不可少的。

4.1.1　直播脚本策划的基本要素

直播脚本策划的基本要素

1. 直播脚本的目的

一场好的直播离不开一个设计严谨的脚本，直播脚本可以让主播把控直播节奏、规范流程、达到预期目标，让直播效益最大化。直播脚本的目的如下。

（1）增加粉丝关注度，升级粉丝观感。

（2）为观众提供独特的视角和深度。

（3）建立舆论导向，长期 IP 化打造。

（4）减少突发状况（控场意外、节奏中断、尬场）。

2. 直播脚本的四要素

直播脚本的四要素分别为明确直播主题、把控直播节奏、调度直播分工、引导直播互动，如图 4-1 所示。

图 4-1　直播脚本的四要素

1）明确直播主题

确定直播主题可以保证直播主题围绕一条主线展开，常见的直播主题有商店上新、店庆活动、客户回馈。明确直播主题要从需求出发，配合主题确定主推产品，在直播中以主推产品为主，将直播内容做到精细化，有助于粉丝快速了解直播核心商品。

2）把控直播节奏

应明确每个时间段的直播内容，直播节奏的制定是指对直播时间的规划，有助于主播把控直播走向、优化直播的流畅性、增加粉丝的观感体验。

直播节奏把控主要有以下 6 项。

（1）开场预热。适度的开场互动，主播自我介绍，引导消费者关注账号。

（2）活动介绍。直播福利简介，直播活动流程，诱导性引导。

（3）产品讲解。还原产品真实属性，语言要求生动真实。

（4）产品测评。站在粉丝的角度，360° 全方位体验。

（5）观众互动。案例讲解，故事分享，疑问解答。

（6）结束收尾。进一步引导关注，预告下次直播。

3）调度直播分工

一个好的剧本可以有效调动各个岗位的分工。主播负责引导观众、讲解商品；助理负责产品摆放、现场互动；直播场控负责发红包、优惠券，标记看点，弹宝贝，发直播印记。

4）引导直播互动

直播互动包含轮播图、浮层图引导，直播抽奖互动，答题模式互动，亲密度任务互动和口令红包互动，如图 4-2 所示。这些互动能增加直播趣味性，增加粉丝停留时长。

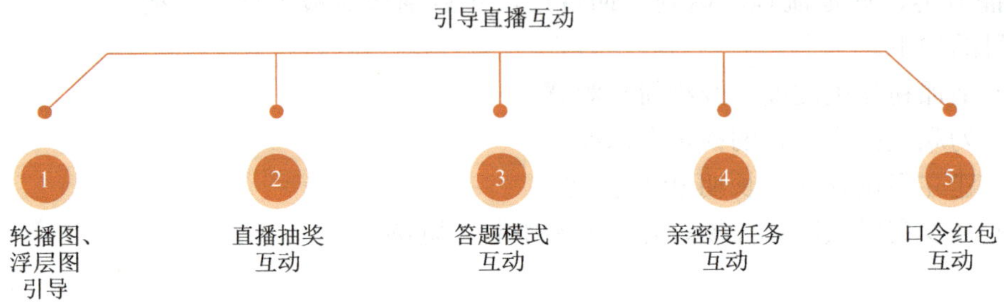

图 4-2　引导直播互动

4.1.2　如何提炼“一击即中”的商品卖点

如何提炼直播商品卖点

所谓“卖点”，无非是指所卖商品具备了前所未有、别出心裁或与众不同的特色、特点。这些特色、特点，一方面是商品与生俱来的，另一方面是通过营销策划人的想象力、创造力产生的。在直播过程中，如何提炼商品卖点呢？

1. 提炼卖点的“六大法则”

（1）卖点有其实：卖点永远不能替代产品，必须建立在产品实物基础上。

（2）卖点有其理：支撑产品核心卖点的理由必须可信易懂、便于表达记忆和传播。

（3）卖点有其市：核心卖点必须有足够数量的受众（消费者）。

（4）卖点有其需：核心卖点对应的市场需求或潜在需求是实际存在的。

（5）卖点有其特：核心卖点要尽量优于或区别于同类竞品。

（6）卖点有其途：核心卖点必须有能够传递给目标消费者的途径。

通俗地说，通过电商直播给消费者传递卖点，必须有区别于报纸、海报等其他形式的卖点提炼，让消费者简单清晰地了解产品。

2. 开展前期的市场调研

（1）市场细分：对不同的消费者进行分类以确定不同的需求。

（2）竞争对手分析：找到现有竞品或替代品的特点和不足。

（3）目标市场定位：确定产品的目标市场，针对目标市场进行卖点提炼。

3. 常见商品卖点类型细分

1）产品性能销售通路

（1）卖技术：从技术先进性入手。例如，突出某品牌笔记本电脑采用了高速图形处理技术。

（2）卖品质：突出产品的高品质。例如，突出某汽车采用了进口发动机。

（3）卖原料：从原料着眼，突出只有好的原料才能做出好的产品。例如，突出佳洁士采用了高档硅原料。

（4）卖包装：包装是消费者对产品的第一印象，独特的包装也可作为卖点。

（5）卖价格：价格永远是消费者关注的焦点，比同类竞品低价是一个重要卖点。

（6）卖服务：突出耐用产品，众多家电产品更是把服务提到战略的高度。

2）消费者高层次需求

（1）卖情感：适当以情感作为诉求，可以加深受众对产品的好感。

（2）卖时尚：将产品与时尚结合，可以吸引更多受众的喜欢。

（3）卖热点：将产品与社会关注的国际国内大事热点相结合。

（4）卖公益：把企业在社会公益方面所做的贡献作为卖点，引发受众共鸣。

（5）卖文化：将产品与当下热点文化相结合。

（6）卖梦想：讲述企业梦想，引发受众共鸣。

4.1.3　看直播的消费者需求分析

直播带货火了，直接改变了消费者的购物习惯。原本只是主动地在电商平台寻找商品，现在很多人会在直播间里被低价和主播的推荐引导，激情下单。直播电商在 2016 年出现后的短短几年时间里成为一个重要的经济和文化现象。从消费者角度看，究竟是什么因素在驱动这一行为呢？

1. 观看电商直播的五种消费心理

1）实用型消费

看电商直播，不仅可以节约自己选择的时间成本，还可以以更低的价格买到更优质的商品。这种消费心态在电商直播最初兴起的淘宝中是最多的，在后来的蘑菇街直播购物中也是这种心态较多。节约时间和买到更便宜的商品是消费者的两大诉求。

2）社会交往型消费

这类消费不仅是为了实用性，也是为了社交需要和分享而看电商直播，进而产生购买行为。看电商直播可以获得相关产品信息，在了解主播介绍的产品特点的同时，也可以了解其他人是如何议论产品的。在电商直播过程中，可以通过发送弹幕与主播和用户进行互动。通过直播获取的信息也能够在其他场合中参与相关话题的交流，在完成购物后也可以和朋友分享经验。

3）粉丝型消费

价格、适用性等商品属性不是这类消费的主要目标，更多的受众是先追星成为电商直播平台用户，进而成为消费者的。例如，罗永浩在抖音首次直播带货，利用他的人气和影响力，在持续 3 个小时的直播中，支付交易总额超 1.1 亿元，累计观看人数超 4800 万，在当时创下了抖音直播带货的新纪录。

4）场景型消费

逛街是线下的一种生活方式，即使不买什么，很多女性也把逛街当作一种乐趣。观看主播直播带货，可以看作在虚拟网络空间的一次“逛街”，用户进入“逛街”场景之中，即使不买什么，同样可以感受到“虚拟逛街”的乐趣。电商直播是现实生活场景的一个构成部分，有时间就看看，不在乎下单数量，而着力于营造网上“逛街”的气氛。疫情期间，电商直播这种“逛街”式场景消费更是成为线下逛街的一个重要替代品。

5）情感型消费

这类消费是基于特定情感而产生的购物行为。疫情期间，一些平台推出帮助湖北农产品销售的电商直播，网民支援湖北，直播电商获得口碑和收益。例如，抖音“市长带你看湖北”活动首场直播，武汉市政府党组成员李强走进抖音直播间，向网友介绍武汉经济重启和复工复产情况，并推介良品铺子、蔡林记等知名湖北企业产品，当日销售额达 1793 万元。抖音的巨大流量和影响力，将地方官员直播电商代言再次推向一个高潮。央视主持人朱广权和网红主播李佳琦共同做了一场名为“谢谢你为湖北拼单”的网络直播，累计卖出价值 4014 万元的湖北商品。

2. 观看电商直播的两种消费模式

1）重心在商品上的消费模式

实用型消费和社会交往型消费都属于这一消费模式。最早在淘宝开始的电商直播主要是利用消费者的实用型消费心理，直播能够直观看到产品，比图片更立体和真实，并且直播间往往还有优惠。电商直播有一定热度后，消费者围绕电商直播开始形成一些话题，交流对产品的看法，于是便有了满足社会交往型消费的电商直播需求。实用型消费和社会交往型消费的消费心理的共同点是一样的，都是关注产品的性价比、产品的话题度、产品的适用性等属性，都是关注“物”的消费。

2）重心不在商品而在主播或者其他事情上的消费模式

粉丝型消费、场景型消费和情感型消费都属于这一消费模式。带货主播的出现逐渐使得电商直播成为一个追星平台，粉丝追主播而聚集平台，产品已经不是中心，主播才是关键；场景型消费心理的重心也不再是产品，而是逛街的体验感；情感型消费是出于对人或事的感动而产生的消费行为，这种消费有实际需求的因素，但更多的是因情感因素进而关注和购买。这三种消费心理更多偏向对“人”或“事”的消费，对“物”的消费比重降低了很多。

4.1.4 销售产品的话术设计

若想直播效果好，直播带货话术必不可少。但是，有些新主播不知道正确有效地使用直播带货话术。产品作为架起主播与观众之间的桥梁，在直播中无时无刻不是双方关注的共同点，从引导关注到主播介绍，再到最终下单，这是一个完整的直播销售转化逻辑。

1. 提出问题

结合消费场景提出消费痛点及需求点，给消费者一个购买理由。这里需要注意的是，提出问题，不要深入讲，不要立即引入产品，重点是引起话题和共鸣。例如，夏天很重要的一点就是防晒，不论是介绍防晒衣还是防晒霜这类防晒产品，在前期最好铺垫个人感受，浅显地提出困扰，并让这些困扰成为直播间里瞬间活跃的话题，要与现实中普遍遇到的问题相结合。主播可以说：今天又是一个暴晒天，真是羡慕那些皮肤怎么也晒不黑的人，你看我的皮肤就是一晒就变黑，所以即使我很喜欢夏天，但夏天的暴晒还是令我非常难过。

2. 放大问题

放大问题就是要把问题全面化和最大化，要把大家忽略掉的问题隐患尽可能挖掘出来并放大。例如，把不做防晒的危害放大到一个高度。主播可以说：才刚刚进入初夏，到秋天还有好几个月的时间。不管怎么躲，到那个时候，我也要变成黑人了。话说一白遮百丑，其实我是不怕黑的，最怕的还是变丑。

3. 引入产品

引入产品，需要以解决问题为出发点，解决之前提出的问题。需要注意的是，通过解决问题引入产品，不要过多地讲解产品。例如，解决刚刚提出的夏天防晒的问题。主播可以说：防晒真的很重要，通常都有哪几种防晒的方法呢？我们可以穿防晒衣，坚持涂防晒霜，还可以使用防晒喷雾及最新的防晒膏等。

4. 提升高度

需要详细讲解产品，并通过行业、品牌、原料、售后等其他视角增加商品本身的附加值。

5. 降低门槛

说明优惠力度、渠道的优质、独家稀有紧缺等，降低粉丝购买的心理防线。

以服装直播为例，针对不同的问题，直播间常见话术如下。

（1）如果粉丝提出让主播试穿的要求，说明粉丝对该宝贝至少产生了兴趣，需要耐心讲解。主播可以说：先点击上方红色按钮关注主播，主播马上给你试穿，之后有直播，你也能及时看到。

（2）如果遇到粉丝问主播有多高、多重，说明粉丝没有看直播间信息牌的习惯。主播可以说：主播身高 170cm，体重 60kg，穿 S 码，你也可以看一下我身后的信息牌。有什么想看的衣服，记得留言关注主播。

（3）有的粉丝会问，身高不高能穿吗？体重太胖能穿吗？在直播中经常会出现这种问题，这时需要耐心引导并讲解。主播可以说：要报一下你具体的体重和身高，这样主播才可以给你更合理的建议。

（4）粉丝问，主播怎么不理人？不回答我的问题？出现这样的情况时，安抚粉丝的情绪很重要。主播可以说：我没有不理你，因为直播间人数太多，如果我没有看到你，你可以多刷几遍问题。

（5）如果粉丝问，3 号宝贝多少钱？说明这样的粉丝比较懒，但已经表现出要买的意思，主播可以耐心解答。主播可以说：3 号宝贝可以找客服，报主播名字，领取五元优惠券，优惠下来一共多少元，在屏幕上点击购物车上下滑动，也可以看到优惠信息。

4.1.5　提前设计引导粉丝互动的机制

一场直播展现的内容是有限的，需要通过长期规划保持良性互动，慢慢培育转化，切中粉丝的需求，达到销售目的。直播过程中的互动是留住粉丝的根本，如果没有互动而一味地展示商品，则会让粉丝觉得索然无味，从而离开直播间；一定的互动会激励粉丝并调动粉丝的积极性，从而实现购买。

1. 引导粉丝互动的原因

在直播中，引导粉丝互动的原因如图 4-3 所示。

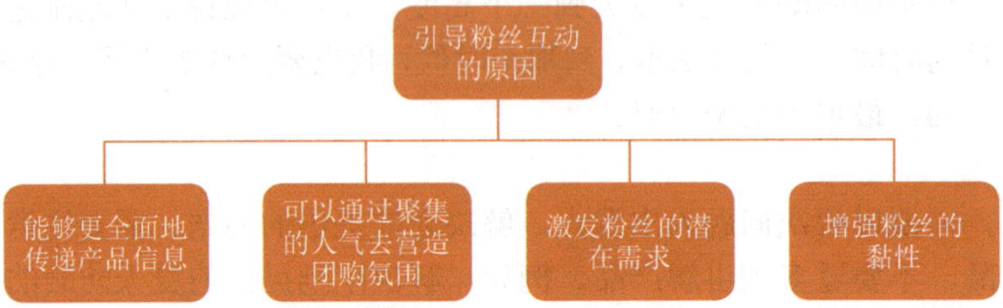

图 4-3　引导粉丝互动的原因

1）能够更全面地传递产品信息

主播不断地提高产品信息的展现能力，以帮助粉丝做决策。直播正在逐渐变成一种十分受欢迎的形式，电商直播也能使主播更多维度地去展示产品信息。

2）可以通过聚集的人气去营造团购氛围

粉丝的互动不仅能提升产品的转化率，还能营造团购的氛围，这无疑对主播和销售的产品都是最有利的，直播间也会被更多的粉丝关注、分享。

3）激发粉丝的潜在需求

虽然传统的电商让粉丝不用出门就能买到自己所喜欢的东西，但却大大减少了人与人之间的沟通交流，更没有和朋友在一起购物的乐趣。但是，电商直播满足了粉丝的这些需求，能打造出社交氛围，也能够激发出粉丝对产品的强烈购买欲。

4）增强粉丝的黏性

在吸引粉丝关注主播之后，主播就需要与粉丝进行互动。互动的目的是增强黏性，合理的互动机制设计可以很好地起到这个作用，既可以增强主播与粉丝之间的黏性，也可以增强主播与粉丝之间的互动交流。

2. 粉丝互动的机制

粉丝互动的机制如图 4-4 所示。

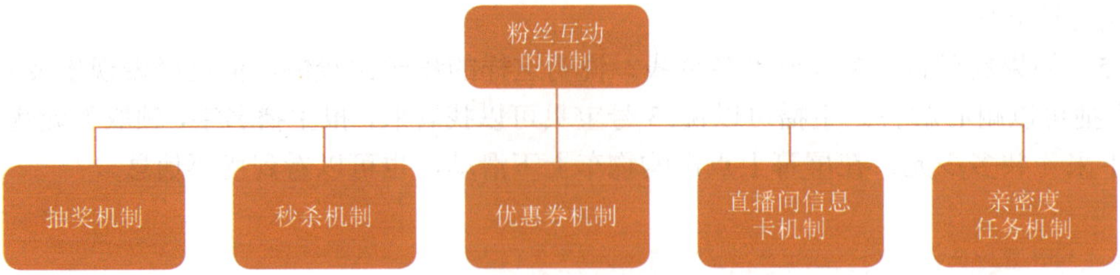

图 4-4　粉丝互动的机制

（1）抽奖机制：包含签到抽奖、点赞抽奖和问答抽奖，奖品可为现金红包、产品优惠券等。

（2）秒杀机制：直播间内产品以极低的价格秒杀抢购。

（3）优惠券机制：粉丝完成“关注主播”等任务后，领取产品优惠券。

（4）直播间信息卡机制：通过直播间浮层图等信息卡信息引导粉丝关注。

（5）亲密度任务机制：直播间粉丝通过完成任务，增加与主播之间的亲密度。

3. 如何引导粉丝互动

引导粉丝互动主要从如表 4-1 所示的几个方面进行设计。

表 4–1　引导粉丝互动

互动方式	场景设计	目的
签到抽奖	主播每天定时开播。设计签到环节，粉丝连续 7 天准时来直播间签到评论，保存好评论截图，并发给主播小助理，核对无误后，即可获得一份奖品	每天主播开播的第一个小时甚至前 15 分钟是主播的黄金时间。在第一个小时，粉丝的在线率高，在同时段开播的主播容易成功，同时更高的在线率意味着更高的粉丝停留时间，更高的销量就自然而然产生。粉丝被互动氛围感染，整体情绪高涨，更加促进停留时间的维持，进而产生更好的出单效果，最后形成良性循环。这叫直播第一小时定律
点赞抽奖	每增加 2 万次点赞抽奖一次。操作比较简单，但要有极强的控场能力，尤其是在主播讲解产品时，如果刚好达到 2 万次点赞，则要及时和粉丝沟通，在产品讲解完之后立刻抽奖	给粉丝持续的停留激励，黏性更高、更闲的粉丝会在直播间长时间停留，提高了主播停留时间养成的“基数”，黏性一般的粉丝会多次来看主播，直接提高粉丝回访次数，给主播增加了每日观看数量
问答抽奖	当主播在介绍一款产品的时候，依据产品详情页的内容，提出一个问题，让粉丝在宝贝详情页面找答案，然后刷屏评论进行抽奖	提高产品点击率，促使粉丝在浏览宝贝详情、寻找答案的过程中，提高对产品的兴趣，提高了粉丝购买该产品的可能性，同时提高了粉丝停留时间。粉丝在直播间评论答案互动，提高了直播间的互动热度，同时调动主播自身的状态
秒杀	提前向直播间内粉丝剧透（3～5 分钟），直播间产品开始秒杀，注意做好剧透期间的秒杀提示	促使粉丝更仔细看产品介绍，更好地了解产品，促成更多下单，并把粉丝停留时间提高到 3～5 分钟
产品优惠券	提醒刚进入直播间的粉丝，关注主播可领取产品优惠券，并讲解优惠券的优惠力度，演示如何使用优惠券	引导粉丝关注，并促进直播间内粉丝成交转化率
亲密度任务	每天完成亲密度任务的粉丝，联系主播，主播建立专属粉丝群。粉丝进群后，可享受粉丝福利	提高忠实粉丝黏性，提高忠实粉丝“基数”，给黏性更高的粉丝专属福利，增强粉丝的归属感

4.1.6　如何用脚本还原“优秀主播”的直播内容

做直播最忌讳的是在开播前才考虑直播内容。如果主播没有预习，最终呈现出来的就是不停的尬播、尬聊。因此，为了让直播有条不紊，主播通常会通过直播脚本策划来理清直播流程。脚本可以非常方便地为主播的行为做出指导，让主播清楚地知道在某个时间该做什么。下面主要讲解如何用脚本还原“优秀主播”的直播内容。

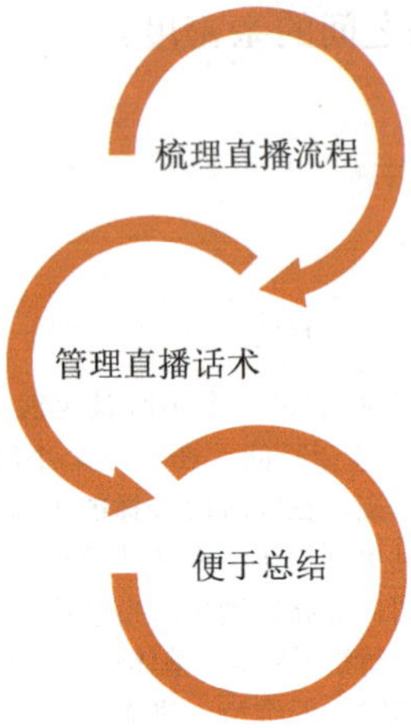

图 4-5　直播脚本的主要作用

1. 为什么直播也要写脚本

直播脚本的主要作用如图 4-5 所示。

1）梳理直播流程

（1）做直播最忌讳的是在开播前才考虑直播的内容和活动。

（2）如果主播在直播前没有事先预习当天的直播内容和产品，则这个直播最终呈现出来的就是不停的尬播、尬聊。因此，写脚本首先能解决的就是梳理直播流程，可以让直播的内容有条不紊。

2）管理直播话术

脚本可以非常方便地为主播的直播行为做出指导，让主播清楚地知道在某个时间应该做什么，还有什么没有做，也可以帮助主播传达更多的内容。

3）便于总结

总结是每个主播下播后都要面对的一项重要工作，而这项工作则需要后台管理人员不断地总结数据，这里涉及团队的配合。有了直播脚本，更加便于直播后的总结复盘工作。

2. 写直播脚本的要点

写直播脚本的要点如图 4-6 所示。

图 4-6　写直播脚本的要点

1）一周一脚本

建议以一个星期为单位做直播脚本，这样的节奏能对工作做出比较好的时间切割，减少运营策划的工作量，提高直播的工作衔接，同时也方便阶段性总结。

2）周期性游戏

可以是每周直播定时的秒杀、产品折扣活动，也可以是每场直播定时的优惠券发放和抽奖活动。

3）产品要点

对于产品要点提炼应该整理成册，而且是可以不断补充的，这样便于主播快速了解产品，这需要团队的协作，主播最好也能参与其中。

3. 如何写出优秀直播脚本

脚本分两类：一类是单品脚本，另一类是整场脚本。

1）单品脚本

建议单品脚本以表格的形式写出，这样能把产品的卖点和利益点非常清晰地体现在表格里，在对接的过程中也不会产生疑惑点和不清楚的地方。品牌介绍、利益点强调、引导转化、直播间注意点都是表格里应该有的。

2）整场脚本

整场脚本是对整场直播编写的脚本，在直播过程中，最重要的是对直播套路进行规划和安排，重点是逻辑、玩法的编写及直播节奏的把控。整场直播需要 4 ～ 6 个小时，中间是不会休息的。

整场直播脚本解析如表 4-2 所示。

表 4-2　整场直播脚本解析

时间	具体内容
开播第 1 分钟	马上进入直播状态、签到环节，主播要和先进来的粉丝打招呼
第 1 ～ 5 分钟	近景直播，主播边互动边推荐本场直播 1 ～ 2 款爆款，互动建议选择签到打卡抽奖，不断强调每天定点开播，等粉丝陆续进入直播间
第 5 ～ 10 分钟	向粉丝说明今日新款和主推款
第 10 ～ 20 分钟	将今日所有的款全部过一遍，可以重点推荐潜在爆款。整个产品介绍持续 10 分钟，产品可以配套展示
开播 30 分钟后	正式进入产品逐个推荐阶段。有重点地根据粉丝对于产品的需求进行介绍。每个产品的 5 分钟直播脚本参考上文的单品脚本
直播中	场控根据同时在线人数和每个产品的点击转化销售数据，引导主播进行重点产品讲解
最后 1 小时	做呼声较高产品的返场讲解
最后 10 分钟	主播可以预告明天的直播内容，也可回复粉丝的问题
最后 1 分钟	强调关注主播，预告明天几点准时开播、明日福利等

4.2　直播时间掌控

在碎片化时代，人们的注意力很难维持。尤其在线上环境中，手机、电脑中的视频、游戏、聊天等时时刻刻都在分散人们的注意力。因此，为了避免观众流失，建议配备计时器，控制每个环节的时长。

4.2.1　如何设计一场高质量的电商直播

应当如何设计一场高质量的电商直播？本节将从直播主题选择、直播时长规划、直播产品讲解、直播活动玩法四个方面进行讲解。

1. 直播主题选择

（1）产品讲解：产品品牌故事介绍、产品详细成分、产品功效性、产品外观设计及使用感受。

（2）好物分享：直播间粉丝回馈、直播间产品特价分享等。

（3）上新预热：直播间产品上新优惠活动。

（4）人设定位：主播为直播间粉丝砍价、全网低价等。

2. 直播时长规划

（1）直播时长：5 ～ 6 小时。

（2）直播时间段：晚上 7:00 ～ 9:00、下午 2:00 ～ 6:00。

（3）新主播在开播前期，可先在不同时间段测试流量，找出最适合自己直播的时间段。尽量避免与同平台头部主播、同类目大主播在同时间段进行直播，应错峰直播，先积累自己的粉丝群体。

3. 直播产品讲解

（1）结合自身粉丝的痛点展开讲解，让粉丝产生购买欲望。

（2）每个产品提炼 3 ～ 4 个卖点。

（3）单品介绍时长不超过 10 分钟。

（4）若粉丝在评论中有想了解的产品，可优先进行讲解。

（5）对于粉丝询问的产品相关问题，应及时给予反馈、讲解。

4. 直播活动玩法

直播活动玩法如图 4-7 所示。

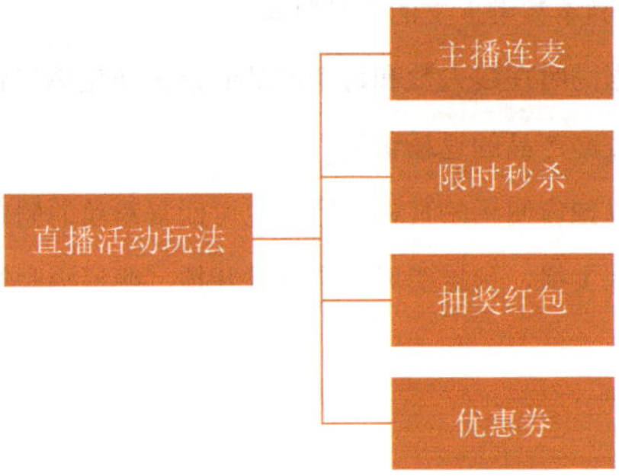

图 4-7　直播活动玩法

（1）主播连麦：主播之间连麦，可实现流量相互导流。

（2）限时秒杀：直播间产品限时、限量秒杀，吸引粉丝关注，促进成交下单。

（3）抽奖红包：砸金蛋、红包雨、点赞红包、互动抽奖等。

（4）优惠券：店铺优惠券、产品优惠券、满减优惠券。

4.2.2　如何分解一场 5 小时的电商直播节奏

如何分解一场电商直播节奏

1. 电商直播前期

电商直播前期准备如表 4-3 所示。

表 4-3　电商直播前期准备

直播前期准备	具体内容
脚本设计	脚本的优异程度与直播的优异程度、是否受欢迎，具有正相关关系。因为脚本是这场直播的剧本、流程，所以脚本对于一场直播来说必不可缺。直播要有一定结构、层次的划分，对于从哪些部分开始介绍、如何介绍，要有一定的规划

续表

直播前期准备	具体内容
合适的穿着、妆容	对于直播这种场景式消费平台，主播的穿着、妆容决定了是否有代入感，是否能给粉丝带来更感同身受的体验。为合适的直播主题准备合适的穿着与妆容是一名好主播的必要条件
测试设备	主播在直播前期应提前确认自己的麦克风、摄像设备正常。应准备两部手机：一部手机用于直播过程的拍摄，另一部手机用于及时观看直播过程中的互动。主播还要注意直播环境，如直播背景、直播间整洁度等
直播预告	主播在直播前应发布直播预告，确保自己的粉丝或者平台其他用户可以看到、留意，并提前留出时间以便观看直播
各大渠道宣传预热	主播平日应该注意培养自己的粉丝，在各大平台宣传自己，提高自己的知名度。在直播前期，主播应将直播预告等信息发布到各大平台，为自己的直播做预热，以便获得更多的粉丝观看直播

2. 电商直播中期

电商直播中期主要考虑直播技巧、互动、话题，如图 4-8 所示。

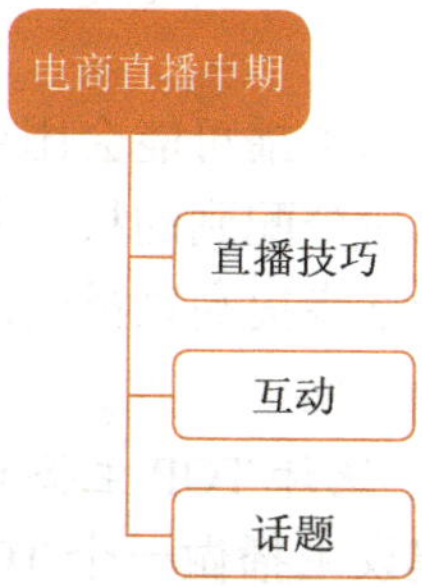

图 4-8　电商直播中期主要部分

1）直播技巧

（1）直播技巧是直播过程中承上启下的关键。主播在介绍一个产品时若想做到在有效的短时间内吸引粉丝的兴趣，激发消费者购物欲望，以及介绍产品的逻辑层次性，则需要有一定的直播技巧。

（2）一般来说，主播要先学会站在粉丝的角度，然后结合直播主题，产生更多的代入感。主播需要积极制造问题。主播的提问可以活跃直播间的气氛，给粉丝一个互动、回应你的理由。毕竟主播的自我阐述，让粉丝很难产生互动心理。

（3）搭建或营造一种场景，即根据你的产品定一个主题，比如在初春怎么穿衣，如何搭配格子衫等。如果一件件地讲解产品，则每件产品都是分散独立的。但是，如果进行有主题的推荐，则会更容易给粉丝种草。

2）互动

设置互动环节，比如回复关键字可以领取优惠，或者送赠品、包邮都可以提高粉丝热情。另外，活用直播间的各种互动小活动，比如发红包就非常容易调动粉丝的热情。主播在认真介绍产品的过程中可以穿插一些小问题，重在改善氛围。

3）话题

只有互动话题选择得好、结合得深入，才会使粉丝有更多的兴趣看下去。例如，介绍电子类产品时，可以对比当下热门的品牌机型配置，如小米、三星，重点在于评测。对于某化妆品所对应的症状、效果，主播可以亲身对比，给予粉丝最直观的感受。

3. 电商直播后期

电商直播后期主要包括观看回放、总结、粉丝维护。

1）观看回放

直播结束之后，主播应该观看自己直播视频的回放。分析自己的每个动作、每句话，把不足的地方记下来以便下次改正，把好的地方保持下去。

2）总结

回顾直播前期准备及直播期间，记录发现的缺陷及不足，避免在下次直播时再次出现这样的问题。对直播全程按时间划分，注意观察每个时间段的主播动作、语言神态与粉丝量之间的关系，可以更好地规范主播的动作、神态、互动技巧。

3）维护粉丝

维护粉丝是一个主播是否具有战略眼光的最主要体现。对于在直播间中与自己互动的粉丝，主播应该在直播结束后主动联系粉丝，在稳固自己的粉丝群体对自己的忠诚度的同时，还可以了解自己在直播过程中的不足，或者了解粉丝对自己的要求、期望，便于自己进步、更优秀。

4.2.3 好效果≠播很久，如何找到属于自己的流量时段

有的主播可能会困惑：明明已经很努力地直播了，为什么直播间的流量还是很低。新的直播所分配到的权重其实是比较少的，只有长期稳定地开播，逐渐积累粉丝，让数据变好才能逐步提高直播间的权重。如何找到属于自己的流量时段呢？

1. 如何选择直播时段

1）统计 TOP 主播直播标签和时段

建议主播做一个 TOP 主播、同类目大主播每天的直播时段表格和选用的标签。表格的作用是什么？表格可以让主播最大限度地躲开竞争对手，同标签下如果与其他大主播在同时段直播，主播的流量会受到很大的限制。TOP 主播一开播就是 TOP 权重了，主播自己所能分到的平台流量就会减少。避开大主播可以让自己选择一个能占据更多流量的时间点。

2）错峰直播

关注直播平台公布的高峰期。对于直播的时间起点有两种比较普遍的思维：一是什么时候流量达到最高值，什么时候播；二是什么时候流量达到最低值，什么时候播。如果是新主播，则建议从流量最低值的时间开始播，按每天 6 个小时算，在每天的凌晨 2 点到 8 点、早上 6 点到 12 点等这些流量值最低的时间开播是比较好的选择，只要这个时间没有大主播在同个标签上，做得好的主播是会随着大盘流量上升的。

2. 直播时段的选择建议

对于时段分布建议：夜场最好沉淀粉丝和流量，上午场和下午场最容易存在合理的转化，晚上场最好先做好一切准备。要根据类目和自己内容选择合适时段，并非人最多的时段就是转化最好的时段。初期做直播，核心在转化，不在流量，不要蛮干。直播时段的选择建议如表 4-4 所示。

（1）对于粉丝基数不够高的商家直播，应尽量避免多场直播分开。

表 4–4　直播时段的选择建议

时段	适用对象
轮流直播时段	夜里场—上午场—下午场—晚上场（适合新手主播和商家，以及产品单一的主播和商家）
	上午场—下午场—晚上场（适合货源充足及店铺运营超优的主播和商家）
晚上场时段	适合有专业电商团队、直播团队和高颜值形象的主播
夜场时段	适合产品单一、内容单一、反应迟钝、不想花太大精力、特别想快速看到效果的商家新手直播。前提是产品、直播内容、直播玩法给力（如果选择这个时段开播，建议坚持（3 ～ 6 个月）

（2）每个时段根据店铺运营类目、直播栏目做好规划，建议以最低 3 天、1 周、1 个月、3 个月作为调整基数。

（3）每位新手主播和商家都有自己的时段定位和优势，应学会错开高峰期，稳步沉淀粉丝基础和激活内容优势。

（4）时段最好的流量在晚上场，晚上 6 点到凌晨 1 点）是流量最高的时段，头部主播和腰部主播/已经成熟的商家直播都在这个时间段直播，不建议直播不超过 3 个月的主播和商家去这个场次直播。因为没有完善的直播规划和产品的超级优势，就直接进行晚上场直播，则相当于浪费了每次平台给予的直播机会，原本可以在其他时段打好基础优势，但却白白浪费了，这就是有些人播不好、没流量、粉丝无法沉淀的原因。

注意：无论是新主播还是头部主播、腰部主播，都应避免单天多场直播（30 万名粉丝以上、日常单场流量过 20 万次的除外）。

4.2.4　运营人员在非直播期间的时效安排

运营人员在非直播期间的时效安排

运营人员除了在直播期间需要全程跟进，在非直播期间也需要安排好相应的工作。

1. 直播前期

1）直播间装饰

（1）布置直播间灯光设备。

（2）更换下一场直播所需背景。

（3）提前将下一场直播所需产品准备好。

（4）核对直播产品类目。

2）直播间后台

（1）发布直播预告（上传直播封面图、直播标题及直播公告）。

（2）在直播间链接中上架直播产品，如果需要在直播时再上架，则需提前准备好每个直播产品的链接，并将其表格化。

（3）设置直播间福利及优惠券（如果是达人直播，则需要提前与店铺商家进行沟通）。

3）直播流程

（1）确定下一场直播活动主题。

（2）策划下一场直播活动内容。
（3）确定下一场直播时间。
4）产品管理
（1）做好直播产品类目区分。
（2）规划直播产品直播顺序及直播时间（挑选出重点直播产品）。
5）主播管理
（1）与主播对接直播方案。
（2）主播直播时间排班。
（3）日常主播管理工作（业绩管理、激励管理）。

2. 直播后期

（1）复盘本场直播数据。
（2）回顾本场直播过程。
（3）找出本场直播问题。
（4）总结归纳直播优点。
（5）制订直播改进计划。

4.3 直播内容演示

策划好一场直播后，直播内容演示也起着重要作用，采用相应的技巧才能使直播获得更好的效果。

4.3.1 直播不要仅靠说，也要会演示

1. 直播演练的目的

1）提升流程顺畅度

直播演练可以提升实际直播时的流程顺畅度。对于一段从未讲过的内容，口才再好的人也会磕绊；对一个新的流程，第一次难免也会生疏。因此，演练的目的之一就是提升熟练程度和顺畅度，以避免出现流程混乱、直播磕绊的现象。

2）降低出错概率

电商直播中最忌讳的一点就是出错，直播演练就是为了降低实际直播中的出错概率。在镜头前说错话，一方面很难挽回，另一方面会降低粉丝对主播的信任感。

2. 直播演练的重点

1）直播产品顺序

（1）直播产品顺序属于直播流程，一般低价位的生活用品比较容易引起用户的购买欲望，之后再陆续上线不同品类、不同功能的各类产品。

（2）产品过多就会容易造成混乱，因此演练的目的是确认顺序正确。直播时顺序一定

不能出错，一旦有一个顺序错了，后面就会产生混乱。

2）产品介绍及试用

（1）主播关于产品的介绍首先应建立在实际使用的基础上，然后进行适当范围内的自我发挥。

（2）电商直播和传统电商的最大不同就是在直播间里会当场试用直播产品，试用的目的是让粉丝看到效果后产生购买欲望。如果主播在直播间主打一件身材显瘦的风衣，但该风衣在主播穿上后却显得他虎背熊腰，这种情况下就需要换一个身材更好的主播，或者换一件真正显瘦的风衣。

3）直播间的优惠政策

粉丝在直播间听主播介绍了 10 分钟的产品，就等着优惠准备下单，主播介绍说花 50 元能买到该产品，但粉丝在付款时却发现要付 80 元，即使这个产品在市面上的价值为 100 元，粉丝也可能会放弃下单。

这种错误可大可小。往小了说，是主播介绍错误而产生的误会；往大了说，粉丝会认为主播虚假宣传，这对直播间来说将是致命打击。

3. 直播演练的复盘

直播演练的复盘的作用如下。

（1）总结演练中所有出错的点和衔接不顺畅的点。

（2）通过上面总结的点推测演练中未出现但可能存在出错风险的点。

（3）改正错误的点，排除有风险的点，优化整个流程。

直播演练也要当作一场真实的直播去做，这样才能有体验感。应知道直播中出现了哪些错误、有哪些地方可以改进得更好、流程是否顺利等，只有把可能遇到的问题都排除一遍，才能呈现给粉丝一场体验感更好的直播，最终对互动、涨粉、成交等起到正向的推动作用。

4.3.2　如何通过邀请嘉宾来丰富直播内容

如何通过邀请嘉宾来丰富直播内容？下面从直播嘉宾的类型及“嘉宾”+“直播”两个角度进行讲解。

1. 直播嘉宾的类型

直播嘉宾的类型主要有如图 4-9 所示的 4 种。

（1）顶流明星：顶流明星自带流量。

（2）领域专家：直播产品相关领域的专家（专业人员）。

（3）品牌高管：直播产品的企业品牌高管。

（4）政府官员：直播产品产地的政府官员。

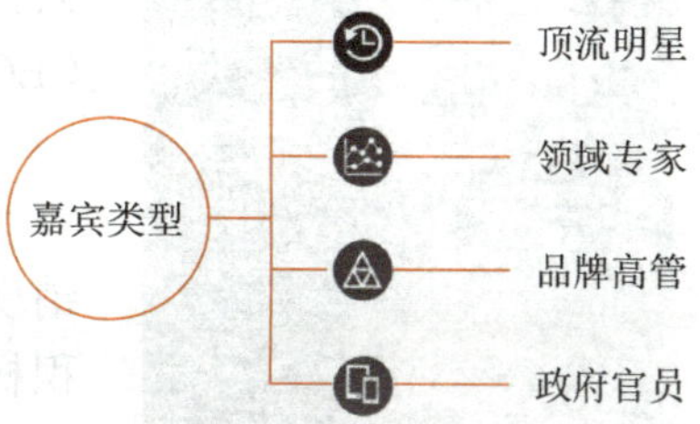

图 4-9　直播嘉宾的类型

2.“嘉宾”+“直播”

1）“明星”+“直播”

相比于单一推荐产品的素人主播，明星直播带货的人设更加鲜明、综艺感更强，直播内容不局限于带货层面，而更倾向于娱乐化和综艺化，可看性和互动性也更强，出圈的概率极高。对于品牌方来说，明星直播带货不仅能够促进销量，还能通过明星的影响力提升品牌形象，相当于请明星当了“直播代言人”，对其品牌的曝光度也会有所提升。但不容置疑的是，大部分明星对于直播带货这件事并不熟悉，缺少对产品的知识掌握和直播间的节奏把控，带货量远不及头部主播，很难出现上架商品“一秒无”的情况。

2）“领域专家”+“直播”（下面以母婴领域为例）

母婴领域专家以相应专业的知识切入直播，从亲自教学、选品、睡眠引导、辅食添加、营养保健、小儿疾病、孕产哺乳等方面传播育儿知识，注重实用性内容的分享，同时整理和回答粉丝的提问和需求，可以帮助直播间积累大量黏性超高的粉丝。这既满足了粉丝对育儿知识的旺盛需求，又使粉丝从被动接受到主动提供需求转移，在母婴知识吸收和用品推荐之外，催生出了购买的需求，极大地促进了粉丝成交下单率。母婴领域专家直播如图 4-10 所示。

图 4-10 母婴领域专家直播

3）“品牌高管”+“直播”

品牌高管入局直播带货更多的是起到为品牌背书的作用，向粉丝传递自家产品的价值、品牌故事，同时提供更加专业的参考信息。“品牌高管”+“直播”如图 4-11 所示。除了董明珠、罗永浩两位名声赫赫的商业大佬，已经有 40 多位 CEO 开始直播带货，比如国美零售总裁王俊洲联手央视四大主持人抖音直播带货 5.2 亿元，成为 CEO 中的带货小能手。携程 CEO 梁建章扮演多个角色推广 230 余家高星酒店，等等。

图 4-11 “品牌高管”+“直播”

4）“政府官员”+“直播”

2020 年，受新冠肺炎疫情的影响，中国农特产品出现滞销现象，直播平台为此开展了抗疫助农项目，地方政府官员积极掀起“直播带货”风。在网络直播平台上，政府官员化身为“网红主播”，用“网言网语”带货，与粉丝互动聊天，一边试吃推荐，为特色产品“代言”，促进了消费热潮。对于粉丝而言，政府官员“直播带货”更有权威性。“政府官员”+“直播”如图 4-12 所示。

图 4-12　“政府官员”+“直播”

4.3.3　如何让直播内容新奇特

如何让直播内容新奇特？下面从直播场景升级、直播技术迭代、直播内容拓展、直播理念更新四个角度进行讲解。

1. 直播场景升级

直播场景升级，可打造视觉识别体系，形成品牌特色。因为带货直播间的出镜部分相对较少，因此未受到过多的重视。目前，不管是网红的直播间，还是品牌店铺的直播间，都不太讲究直播场景，大多数灯光苍白，装饰也比较简单，背景多是品牌宣传图片或者简单的几何形状图片，甚至是白墙。并且，多数直播间的布置非常相似，并未形成突出品牌特色及个人特色，直播间还有更多的开发可能性和必要性。带货直播间可以通过整体品牌视觉识别体系的设计，突出主播品牌特色，打造成为品牌标识之一。例如，李佳琦直播间的口红墙在一定程度上具有一定的识别性，突出了李佳琦“口红带货王子”的个人特色。

2. 直播技术迭代

直播技术迭代，使产品展示方式更加丰富、用户体验更为真实。

新基建的推进及 5G 时代的到来，必将带来各种先进技术在直播带货过程中的应用。5G 技术的应用，可以让直播视频更加高清，产品的细节呈现也会变得更加清晰，展示更加充分。直播场景可以更加多样化，使随时随地的高清直播成为可能。VR/AR 等虚拟技术的应用则可以让产品的展示更具体形象，粉丝的体验也可以变得更加真实。而且，可以让原来很难在直播中进行详细展示和体验的产品获得更多的呈现可能性。

3. 直播内容拓展

直播内容可以融合更多内容元素，丰富用户观看感受。随着带货综艺节目的兴起，越来越多的明星走进带货直播间，比如《极限挑战》明星团直播带货、《向往的生活》蘑菇屋直播带货等。直播带货与内容的边界进一步模糊。在直播带货中，越来越多地融合了内容元素，尤其是综艺元素，比如明星、脱口秀等。随着直播带货的不断发展，更多的综艺元素，比如游戏、真人秀，以及剧情类、动漫类等更加丰富的内容元素将进入带货直播间中。粉丝在直播间可以一边购买合适的产品，一边与主播和其他粉丝玩游戏，或者看喜欢的明星即兴表演，或者看一段有意思的剧情故事等，这种多层次、复合型的观看感受将极大地提升粉丝对直播间的忠诚度，丰富直播带货的内容呈现。

4. 直播理念更新

直播带货不只是带货。在现阶段，不少品牌依然认为，只有在需要清库存、冲销量、寻找新品种子用户等阶段才需要直播带货的介入，甚至将直播带货仅作为临时性的低价竞争手段。带货量并非是衡量直播的唯一标准。行业者更应该以长远目光看待直播这一新兴的营销方式。直播带货理念的更新，将会主导行业的未来发展前景。先进的理念，将会引领直播带货走入更高级的营销阶段。

4.4 开播准备

不管你是商家还是个人，在第一次做直播时都是很懵的。直播卖东西看着简单，但做起来其实不容易，并非有网、有手机即可，里面的门道非常多。

4.4.1 开播前，主播必须自查的几个环节

1. 整理直播产品

（1）整理直播间产品。

主播需要熟悉直播间的所有产品。当粉丝询问的直播间产品不在本场直播链接中时，主播应及时告知粉丝。

（2）整理本场直播产品。

主播只有熟悉本场直播产品，详细了解直播产品的参数、相关信息，才能在粉丝有疑问时及时给予粉丝反馈。

（3）整理每个直播产品的卖点。

主播只有在把产品的卖点提炼出来之后，在直播时才能有爆发点。只有在秒杀讲解一个产品时有爆发点、有高潮部分，才能提高转化率。

2. 熟悉直播设备

直播设备要保证直播的体验感。必须保证硬件无故障，以及保证网络顺畅。因此在直播前要提前调试预热直播设备。直播设备主要有以下四种。

（1）手机支架。

可以根据直播场地的光线情况选择支架。在环境光线相对较暗时，可以选择带有补光灯的支架。

（2）直播手机/电脑。

建议选择直播专用手机/电脑，最好开启飞行模式，以避免直播过程中被打扰。在直播过程中，应全程连接充电器，以避免中途关机而中断直播，影响粉丝体验。

（3）互动手机/电脑。

因为主播与直播设备之间有一定的距离，所以需要用另一部手机/电脑观看粉丝互动及直播画面感，如有不适则可及时调整。

（4）设备检查调试。

对声卡（室内使用有线声卡，会场或室外使用无线声卡）、音箱（室内使用，调节气氛）应在开播前 40 分钟进行调试。

3. 演练直播脚本

（1）熟悉直播流程。

在开播之前按写好的直播流程演练，在熟悉直播流程后再开播，才能够随心所欲地掌控场面。

（2）熟悉直播活动。

在开播前应详细了解本场直播的优惠、福利活动。如果主播不了解直播活动，则很容易在直播时出现胡乱承诺的情形，这会降低与粉丝之间的黏性，导致粉丝流失。

4. 专业知识储备

储备专业知识是作为一个电商主播的最基本条件。很多电商直播更倾向于专业类型，对主播的专业知识的要求比较高。

例如，美妆主播必须熟悉化妆，必须知道什么样的化妆品适合什么样的皮肤；服饰主播必须知道如何穿搭，如高的人、矮的人、皮肤黑的人、皮肤黄的人、胖的人、瘦的人应怎么穿搭服饰，对服装面料的成分也需要掌握，这些都是专业知识。

粉丝对于专业知识丰富的主播具有更高信赖感，很容易建立起主播和粉丝之间的连接。

4.4.2 开播前，运营人员必须确认的工作清单

1. 直播设备

直播设备要保证直播的体验感。必须保证硬件无故障，以及保证网络顺畅，因此在直播前要提前调试预热。

（1）手机支架。

可以根据直播场地的光线情况选择支架。在环境光线相对较暗时，可以选择带有补光灯的支架。

（2）直播手机/电脑。

建议选择直播专用手机/电脑，最好开启飞行模式，以避免直播过程中被打扰；在直播过程中应全程连接充电器，以避免中途关机而中断直播，影响粉丝体验。

（3）互动手机/电脑。

因为主播与直播设备之间有一定的距离，所以需要用另一部手机/电脑观看粉丝互动及直播画面感。

（4）设备检查调试。

对声卡（室内使用有线声卡，会场或室外使用无线声卡）、音箱（室内使用，调节气氛）应在开播前 40 分钟进行调试。

2. 直播场景

（1）直播间封面。

细节处理很重要，直播间封面决定粉丝是否会选择进入直播间观看直播。

（2）直播间场景布置。

直播间场景布置决定粉丝进入直播间后是否会继续观看。建议背景干净、景深感强，让粉丝专注于主播，且看久了不会难受。利用展架、产品海报等作为直播背景，目的是给粉丝更加真实的感觉。

3. 直播脚本

直播脚本可以保证直播流程顺利进行，并能推动直播带货的高效转化。遵循直播脚本，可以避免一些直播意外。直播运营人员在开播前应该检查以下几项。

（1）确定直播时间。

例如，若主播要直播一个小时，则需要拆解暖场、产品介绍、互动抽奖的时间，形成一个流程表，保证主播在规定时间内将重点产品讲解完。

（2）确定人员安排。

应提前确认好人员的分工。例如，主播负责介绍产品、引导观众；助理主播负责现场互动、回复问题、解释活动规则等；场控负责发送领奖信息、弹幕区互动等；后台客服负责与客户沟通，转化订单。

（3）确定直播主题。

做直播是为了盘活存量，与粉丝更好地连接和互动，增加与粉丝之间的黏性。直播主题多元化可以吸引客户关注，产生复购和裂变。

（4）确定直播选品。

应确认直播主推产品；提前选款选品；确定卖点和定价；产品比例要有优势；了解引流款、爆款等，以保证直播时能为粉丝做准确的讲解。

4.5　下播复盘

若想让下一次直播的效果更好，则必须在下播后进行直播复盘。几乎所有的头部主播都会在每场直播结束后进行直播复盘。复盘是为了给后续工作提供参考价值，简单说就是总结成败原因及吸取经验教训。

4.5.1　经验之谈：下播后最容易犯的错误

1. 未及时维护运营粉丝

主播在下播后，没有及时维护运营本场直播的新增粉丝，这很容易造成粉丝流失。主播应当在直播结束后及时维护运营粉丝，尽可能将粉丝引流至主播自己的私域流量池内，以方便转化为主播的忠实粉丝。

2. 直播福利未发放

许多主播在下播后没有及时与直播时中奖的粉丝进行联系，这容易造成奖品漏发或者错发；会造成粉丝对主播的信任感降低，导致粉丝流失；更严重的会引起粉丝与主播之间的纠纷，部分激进的粉丝会变成主播的黑粉，在直播时带节奏，影响主播直播效果。

3. 没有直播复盘

直播复盘可以很好地让主播总结直播问题，发现其直播优点，帮助主播快速成长。许多主播在下播后不参与直播复盘，时间久了会发现自己的直播并未有太多起色。因此，主播在下播后要参与直播复盘。

4. 未整理直播产品

主播在下播后，应当整理直播产品，在整理的过程中，可以将本场直播中不同的直播产品的直播效果做一个总结，以方便直播复盘，找出更符合主播或直播间风格的直播产品，剔除不符合主播或直播间风格的直播产品，帮助主播及直播间更好地成长。

5. 未回顾直播数据

在下播后，主播应当回顾正常直播数据。比如，当主播做某件事或者讲解某个直播产品时，直播观看人数最多，粉丝停留时间最长；主播要归纳总结，不断优化自己的直播风格，有助于新增粉丝，以及增加粉丝停留观看时长。

4.5.2　主播下播不代表直播工作结束

主播下播不代表直播工作结束

1. 什么是直播复盘

直播复盘指主播在本场直播下播后立即回顾直播流程，分析各项直播数据，梳理出本场直播的优点与缺点，制定调整改进措施，使下一场直播能吸取本场的经验、教训，并实现改进与优化。直播复盘是一个很重要的工作流程和手段，若想让下一场直播的效果更好，则必须在下播后进行直播复盘。几乎所有的头部主播，都会在每场直播结束后进行直播复盘。

直播复盘的目的是，通过分析各项数据，总结上一场直播中的不足与经验，并找到合理解决问题的办法，在下一场直播中进行优化，提升每场直播的质量，以获得更多的收益和转化。

2. 直播复盘的价值

（1）强化目标。

直播前都有直播文案，即直播流程。主播应反复回顾直播文案，寻找直播过程中的遗漏点，清晰了解整个直播过程中的优劣。

（2）发现规律。

通过复盘发现直播过程中哪些话题是粉丝感兴趣的，在聊到什么话题时粉丝量增多或弹幕增多。通过复盘，主播积累经验，不断优化直播。

（3）复制技巧。

复盘后总结出来的经验可以供下一场直播使用，最终变成主播自己或直播间的直播风格。

（4）避免失误。

在直播过程中记录自己的失误，比如没有快速回复粉丝问题导致粉丝离开直播间，或者是违反直播平台规定被提醒等。在直播复盘时要详细列出这些失误，以避免在下一场直播中再犯此类失误。

3. 直播复盘的步骤

（1）回顾目标。

回顾直播的初衷是什么？是新增粉丝数？还是直播产品销量的提升、场观人数的增加、粉丝停留时长的提高。

（2）原因分析。

制订直播计划并观察是否达到预期的效果。从中分析达到效果和没有达到效果的原因，总结经验与教训，制定应在哪些方面提升的措施。

（3）效果评估。

思考为什么会达不到预期目标，当时定的目标现已完成到哪一步。从中学习到哪些东西，是否与预期的效果还相差甚远。

（4）总结规律。

从原有分析中总结出经验，把好的直播内容变成自己的风格，吸取成功经验，了解失败的关键原因，这样有利于主播快速成长。

4.5.3 复盘：下播的好习惯会让主播更优秀

复盘——下播的好习惯会让主播更加优秀

1. 直播复盘的重要性

直播复盘的重要性如图 4-13 所示。

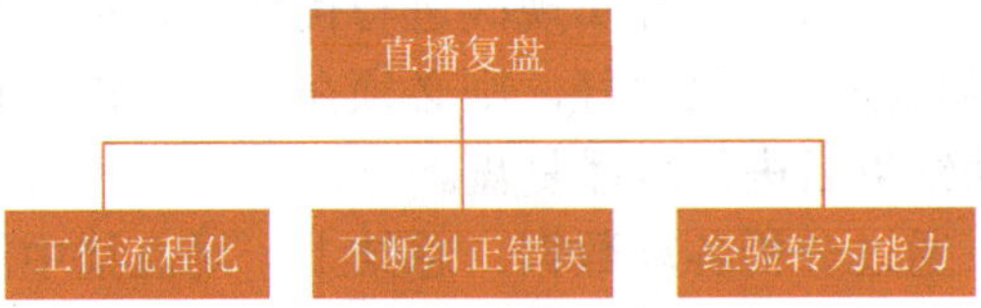

图 4-13 直播复盘的重要性

1）工作流程化

直播都需要有流程。在直播时，可以使用一些技巧或套路，以起到事半功倍的效果。但是，这些方法并不是唯一的，也没有固定的技巧或套路。每个直播间都是不同的，应根据直播间的特点不断摸索最适合主播或直播间的方法。直播复盘可让直播间的工作更加流程化。

2）不断纠正错误

在直播复盘时一定会发现直播中的错误。应将出错的部分记录下来，进行改正和优化，以便让每场直播都比上一场直播更完美。

3）经验转为能力

一场直播可能会遇到突发状况。如果能够解决问题，就会不断积累经验，在以后遇到紧急状况时也能沉着应对。主播要不断锻炼自己，将经验转化为个人能力。

2. 如何做好直播复盘

1）回顾整个直播流程

如果所在直播平台具有回看功能，则把直播再回看一遍。假设自己是一名用户、粉丝，进入这个直播间，站在一个粉丝的角度看这场直播，会更加理解粉丝的感受，也更容易发现其中的问题。

2）总结优点

要善于发现并总结直播中的优点，目的是加深记忆，在之后的直播中继续保持这样的做法。

3）列出问题

复盘中最重要的一环就是挑错。找出本场直播中存在的问题，并制定解决方案。如果有失误犯错的地方，则一定要划重点，切忌再犯。

4）活跃度最高时应怎么做

观看整场直播中哪些时间段的用户评论和点赞最多，要反复观看这段时间的主播表现，总结其中能够触达用户、粉丝的点，以便在以后的直播中多次使用类似的玩法或话题引导。

5）对直播打分

在每场直播结束后进行复盘时，都应给自己本场直播的表现打一个分数。打分的目的是让主播及主播的团队对整场直播有一个认知。因为一场直播肯定有得有失，打分可以让主播明确地知道是优点多还是犯错多。

【课后练习】

1. 直播脚本策划的基本要素有哪些？
2. 请分解一场电商直播节奏，并复制一份直播流程。

第 5 章

直接决定直播效果的设备与场景

【学习目标】

- 了解直播视频设备的选择。
- 了解直播收音设备的选择。
- 了解直播电脑设备的选择。
- 掌握直播灯光设备的选择。
- 掌握直播不同场景的选择。
- 能处理直播过程中遇到的设备问题。
- 能进行直播活动。

网络直播是一种新型网络社交方式，主播与用户可以通过网络直播的形式来进行线上交互活动。网络直播吸取和延续了互联网的优势，利用视频通信方式进行网上现场直播，可以将产品展示、对话访谈、在线培训等内容现场发布到互联网上，利用互联网的直观、快速，表现形式好、内容丰富、交互性强、地域不受限制、受众可划分等特点，加强活动现场的推广效果。现场直播完成后，还可以随时为读者继续提供重播、点播，有效延长了直播的时间和空间，发挥直播内容的最大价值。

在移动互联网时代，网络直播间必备的设备有视频设备、收音设备、电脑设备、灯光设备等。2020 年，直播行业进入成熟期，越来越多的人投身主播行业。直播间设备如图 5-1 所示。

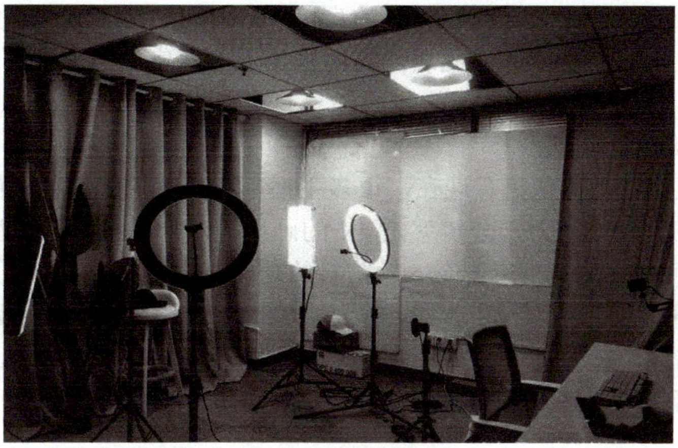

图 5-1　直播间设备

5.1　视频设备

视频设备是直播间必备的设备之一。本节重点介绍电商直播最常用的视频设备——直播摄像头。

5.1.1　电商直播最常用的直播摄像头

1. 入门级直播摄像头

入门级直播摄像头，主要是有罗技 C930e 和 C920e，它的像素是 1500 万，分辨率达到 1920 像素 ×1080 像素，视野为 78°，它可以实现自动 4 倍对焦，也就是数码对焦，而且它是自带麦克风的。C930e 和 C920e 的特点是价格比较低，为 700 元左右，适合新手主播，因为它是自动 4 倍对焦的，横屏、竖屏都可以使用。C930e 和 C920e 的缺点是画质比较一般。读者可以通过天猫、京东等官方渠道进行购买。

2. 基础级直播摄像头

推荐的基础级直播摄像头是罗技 C1000e，它的像素有 1000 万 +，分辨率为 1920 像素 ×1980 像素高清（HD），其视野可以达到 65°、78° 和 90°。它也是数码变焦的，是自动 5 倍对焦，也自带麦克风。它的特点是价格中等偏高，为 2000 元左右，适合直播达人或者店铺直播，横屏、竖屏都可以使用。它的视角比较宽广，画质十分清晰。

3. 高级直播摄像头

1）天创恒达的 TC-A10

TC-A10 的像素是 207 万 +，它的分辨率达到 1920 像素 ×1080 像素高清，视野是可以全方位 360° 旋转。它的数码变焦达到 12 倍的光学变焦。但是，它需要外接麦克风，因为这个摄像头不自带麦克风。它的特点是价格比较高，为 4000 元左右，比较适合一些体量较大的达人或者店铺。它支持 RTMP 的直播平台，现在市面上大部分直播平台都可以使用它。它提供 1080 像素 60 帧的画质，它的视角十分宽广，因为它可以 360° 旋转，画质非常高清。

2）索尼 A7M3

A7M3 实际上是一款摄像机。现在，很多主播都用摄像机来代替摄像头进行直播。它的像素达到 2000 万～4000 万，分辨率是 4K 的画质，对焦系统是快速型混合对焦，感光度是 ISO100 ～ 51200，而且拥有一个 5 轴防抖的功能。它的特点是价格非常高，为 12000 元左右，适合体量比较大的达人和店铺。它可以实时进行眼部对焦，即跟踪主播，它拥有 15 级的宽广动态的范围、高感光度和低噪点，可以外接电脑设备和镜头。

以上直播摄像头可以通过天猫、京东等官方渠道进行选购。

5.1.2 如何购买直播摄像头

1. 选择直播摄像头的要点

具有一款画质高清的直播摄像头相当重要，可以更加清晰地展示直播商品。挑选直播摄像头的要点如图 5-2 所示。

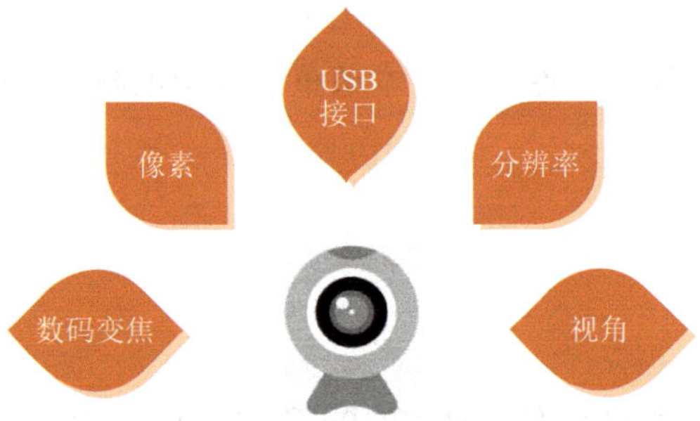

图 5-2　挑选直播摄像头的要点

1）USB 接口

USB3.0 接口比 USB2.0 接口的数据传输速度快，建议选择 USB3.0 接口。如果你的摄像头是超高清的或者高清的，但你的接口是 USB2.0 的，则容易出现视频画面卡顿的现象。

2）像素

像素的大小决定图像的质量，像素越高，图像的清晰度就越高。

3）分辨率

分辨率成像大小与放大比例有关，分辨率越高，成像尺寸越大，放大比例就越高。在直播间的日常直播过程中，会有一部分粉丝比较喜欢用投影仪及大尺寸的电视投放设备来观看直播。如果你选择的摄像头分辨率比较低，在放大视频后会发现马赛克现象非常严重，严重影响消费者的体验，因此建议采用分辨率较高的摄像头作为直播摄像头。

4）数码变焦

焦距越大，把远处的物品拉得越近。

5）视角

视角的大小决定成像画面的高度和宽度，视角越大，视野就越宽阔。

2. 摄像头推荐

罗技 C930e 或者 C920e 的像素是 1500 万，分辨率是 1920 像素 ×1080 像素或者 1080 像素 ×720 像素，也就是说这款摄像头的分辨率有两种：一种是 1080 像素，另一种是 720 像素。视野为 78°，数码变焦为自动 4 倍变焦，自带麦克风。

罗技 C1000e 的像素是 2000 万，比第一款高出 500 万，清晰度会更高，分辨率是 1920 像素 ×1080 像素高清。视野有三种选择：65°、78° 和 90°。如果是固定直播不需要走动，建议采购 65° 或者 78° 的摄像头，如果是服装类直播需要走动，建议采购 90° 的摄像头。数码变焦采用自动 5 倍对焦，自带麦克风。

这两个产品有明显的区别。第一个产品的画质一般，但价格不高，为 700 元左右，更适合新手。第二个产品的价格比较高，原因在于视野比较宽广，画质比较清晰，自动 5 倍对焦比较适合达人直播及店铺直播。室外直播可以选用手持手机 + 云台的组合，如图 5-3 所示，该产品在保证画面质量稳定性的同时，也能够比较简捷地将画面推流至直播平台。户外直播建议选用 iPhone8 以上机型或者华为 P30 以上机型。

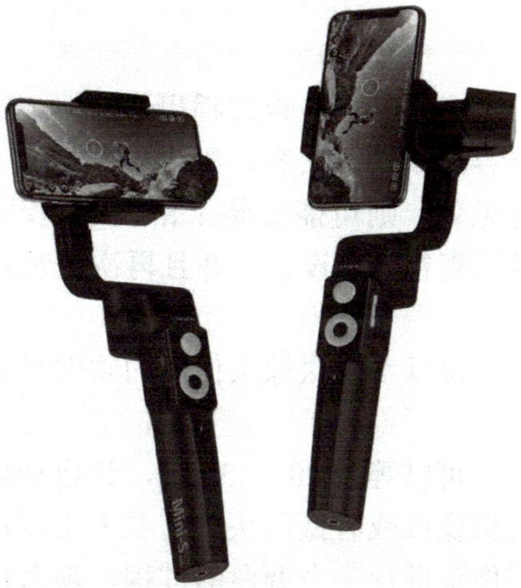

图 5-3　手持手机 + 云台

5.1.3　最常用的直播摄像头调试技巧

最常用的直播摄像头调试技巧

1. 手机直播

主播可以先用手机进入淘宝主播 App，单击进入直播页面，单击直播页面右上角的按钮（一个人像和一个摄像机的按钮），就可以看到美颜和滤镜等功能。为了主播的美观度，可以适当地调节美颜的程度，包括磨皮美白和锐化。如果开启之后想要关闭，单击下方已开启的按钮即可关闭。单击摄像头的按钮可随意切换前后摄像头。

主播在开播前要将美颜滤镜效果调试到最佳，对直播间的光线环境也要在开播前进行调试，确保主播在直播中可以达到最佳效果。但是，因为粉丝更愿意看到真实的主播及真实的直播产品，所以千万不要在直播前过分地使用美颜和滤镜，导致主播真人和直播间主播有很大不同，以避免使粉丝产生不真实感。

2. 电脑直播

常用的直播摄像头的角度越大，照射距离就会越远。可以采用多角度红外灯混合安装的方式，使所有的图像都可以被充分利用，远近景也都可以被拍摄到。一般的直播摄像头都会带有自动比较功能，使用的时候将其打开，就会依照当时的环境进行人脸或者物体的自动调焦，并且可以将画面定格在最清楚的地方。摄像头的光圈要调至最大，以满足使用时人或者其他物体接收光线的需要。

在调试直播摄像头的时候，可以先将直播摄像头对准一个物体，然后将聚焦调到无穷远。当镜头的视野固定后，先进行后截距的调整，然后让物体和镜头的后截距点连在一起，可以使视野变得更清晰。当画面变得最清晰的时候，还可以进行直播摄像头的聚焦微调整。通过这些方法就可以找到最清晰的位置，让直播画面达到最清晰的标准。

5.1.4 最常见的直播摄像头故障解决方案

最常见的直播摄像头故障解决方案

1. 电脑检查不到直播摄像头

这时应当检查直播摄像头（以下简称摄像头）是否与电脑系统兼容。如果不兼容，则先更新电脑系统，然后再进行尝试。如果还是无效，则可能安装了错误的驱动程序，或者选择了错误的设备，可以查看系统设备，并且再次安装正确的驱动程序。

2. 摄像头出现颜色偏差

可以参照摄像头使用的软件来调整视频捕捉程序中与颜色相关的设置。

3. 摄像头的视频预览图像颜色不正常

可以等待 20 ～ 30 秒，让自动调白来进行平衡或者纠正。这里要说明的是，对于普通的摄像机或者摄像头，需要人工调白，每次拍摄之前都需要先举着白纸，等着摄像机或者摄像头进行一个调白的过程，那么直播摄像头也是一样的。

4. 摄像头的预览速度太慢

这个问题很可能是因为电脑的性能太差，可以更换一个图形的加速卡。如果还不行，则升级 CPU 或者主板，甚至可以更换一台新的电脑。因为在个别配件更新之后，性能发挥容易受到某个旧配件的制约，所以会导致摄像头的预览速度比较慢。

5. 摄像头的显示速度太慢

可以换一个直播间或者换一个网络源。如果换了一个直播间后不再出现这个问题，则说明只是刚才直播间的网速太慢了，可以与网络服务商进行联系并进行调整。如果换了一个直播间后，摄像头的显示速度仍很慢，则可以参考上一个问题的解决方案。

6. 摄像头的视频预显图像太暗或太亮

可以调整亮度或者对比背景，详情可以参考说明书中关于软件设置的章节，也可以从使用环境和摄入的对象着手。比如移开亮光源，或者增加物体的亮度等，这里就涉及一个灯光的布置了。

7. 使用摄像头时花屏

可以检查摄像头的驱动程序与摄像头型号是否匹配，或者换一个显卡测试一下。因为摄像头很可能与显卡或者显示驱动程序不兼容导致摄像头花屏的现象。

8. 出现白屏或黑屏

这里可以参照摄像头说明书中的注意事项，更改一个设置。因为很可能摄像头的某个设置错误导致白屏或者黑屏。

5.2　收音设备

收音设备是直播间必备的设备之一。收音设备可以让主播对产品的介绍更加清晰。

5.2.1　电商直播最常用的收音设备——麦克风

1. 入门级麦克风

入门级麦克风可以选择铁三角 AT2035 麦克风（如图 5-4 所示）。它的收音头是静电型电容收音头，指向特性是心形指向性，频率响应为 20Hz ～ 20kHz，外形尺寸为 52mm×170mm。这款麦克风的特点是，价格为 1000 元左右；具有大型收音振膜，可以表现出平滑和低噪声的特性；心形指向性可以降低噪声干扰，起到一个更好的隔音作用；内置的高通滤波电路可以减低话筒收音的喷气声；这款麦克风比较轻便，易携带。

2. 基础级麦克风

1）莱维特 LCT 240 PRO 麦克风（如图 5-5 所示）

它采用长久极化的压力梯度传感器，指向特性为心形指向性。该麦克风的传感器只有 17mm（0.67 英寸），外形尺寸为 138mm×52mm×36mm。该麦克风的特点是价格中等，为 1900 元左右。这款麦克风适用于各种人声和乐器的声音拾取，因为它的音头敏感度更高，指向也更加精准，也就是收音效果比较好；它的低噪声功效非常出色，适用于多种直播环境；它的声卡兼容性比较高，可以适配于多种不同的声卡。

图 5-4　铁三角 AT2035 麦克风

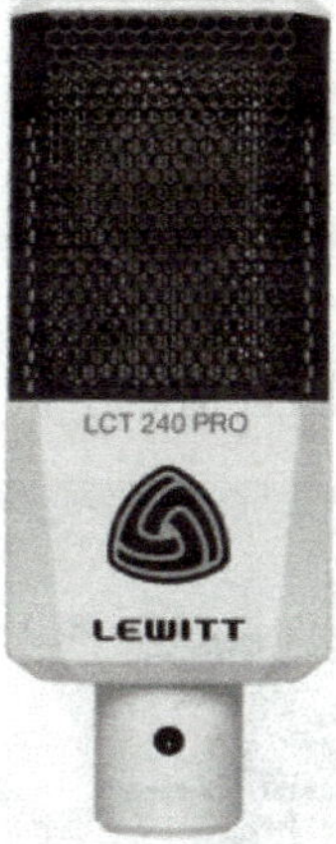

图 5-5　莱维特 LCT 240 PRO 麦克风

2）得胜 TAK55 麦克风

它采用 34mm、双面镀金振膜音头。它的指向特性有三种，分别是心形指向性、8 字形指向性和全指向性。它的频率响应为 20Hz ～ 20kHz，外形尺寸为 157mm×55mm×38mm。它的价格中等偏高，为 2700 元左右。它适用于各种人声和乐器的声音拾取。它带有低频的衰减开关，可以有效地降低低频噪声的干扰。它可以承受高声压级的收音，可以防止在收音的过程中过载失真。它的三种指向性是可以调节的，适用于多种场合。

图 5-6　纽曼 u87AI 麦克风

3. 高级麦克风

高级麦克风可以选择纽曼 u87AI 麦克风（如图 5-6 所示）。它采用压力梯度传感器。它的指向特性有三种，分别是心形指向性、8 字形指向性和全指向性。它的频率响应为 20Hz ～ 20kHz。它的外形尺寸为 56mm×200mm。它的价格偏高，为 23000 元左右。它的特点是，它是一款录音棚级别的麦克风，可用于多种场合。因为它采用录音棚网罩的设计，双重金属网可以很好地还原人声。它的灵敏度比较高，频带比较宽，噪声比较低，动态范围比较大。它的三种指向性都是可以调节的，适用于多种场合。

5.2.2　采用性价比最高的收音方式

因为直播类型不同，所以推荐不同的收音设备组合。有以下三种直播类型：移动式直播、桌面式直播和多平台直播。

1. 移动式直播

一般做服装、鞋子这类带货的主播需要在直播时不停地走动，以展示产品的上身效果，这就属于移动式直播。移动式直播最常使用的直播设备搭配是声卡＋电容麦克风。除了这种设备搭配，还可以使用非常简易的枪形麦克风或者领夹形麦克风，或者使用领夹形麦克风＋声卡这种搭配。

2. 桌面式直播

做吃播或者美妆带货的主播一般是在桌面直播的，如图 5-7 所示。桌面式直播分为三种，分别是手机直播、电脑直播、手机＋电脑直播。

图 5-7　美食直播

1）手机直播

手机直播最常用的设备搭配是手机声卡 + 电容麦克风。手机声卡可以直接连接手机，不需要转换器，使用起来非常方便和快捷。同时手机声卡也是可以兼容电脑使用的。

2）电脑直播

电脑直播可以选择电脑声卡 + 电容麦克风这种搭配，特点是稳定性强，而且音质好。但是，电脑需要另加摄像头。

3）手机 + 电脑直播

采用手机 + 电脑直播，既可以选择电脑声卡 + 电容麦克风 + 转换器，也可以选择手机声卡 + 电容麦克风 + 转换器。

3. 多平台直播

如果不仅要在淘宝类电商平台直播带货，而且平时还会在抖音或者快手、其他平台带货，则可以选择多平台直播方案。这里推荐的多平台直播分为桌面式直播、移动式直播、移动式+桌面式直播这三种类型。桌面式直播，可以选择电容麦克风+声卡+耳放+转换器；移动式直播可以是领夹形麦克风 + 声卡 + 耳放或者再加一个转换器。如果在多平台直播带货中，既需要坐着又需要走动，则可以选择电容麦克风 + 声卡 + 领夹形麦克风 + 转换器 + 耳放这样的搭配方案。

5.2.3　不同价位的麦克风

1. 麦克风的分类

1）动圈麦克风

动圈麦克风的灵敏度不够高，但声压极大，能耐受非常大的声音而不爆音；与电容麦克风相比不能拾取到更多的细节，但也不容易拾取到环境的噪声，不容易产生回声和啸叫声。动圈麦克风的频响不如电容麦克风平直和宽广，这就导致其高音域延伸不够好，对于微弱的声音感应会比较迟钝（瞬时响应慢），简单地说就是音色不够细腻、细节不够丰富。动圈麦克风最大的优点是坚固耐用。在 KTV 常见的动圈麦克风如图 5-8 所示。

2）电容麦克风

电容麦克风的优点是灵敏度高，词曲的细节比较丰富，频响曲线平直且宽广，在良好安静的声学环境下可以发挥出令人满意的效果。电容麦克风的缺点是，在普通环境下很容易拾取到环境的噪声，比如隔壁的说话声或者楼下的汽车声；电容麦克风也比较娇贵，必须轻拿轻放，不用的时候最好收起来，并且要在旁边放上几包干燥剂，因为潮湿会影响电容麦克风的音质。

3）铝带麦克风

铝带麦克风更娇贵。铝带麦克风的性能介于动圈麦克风和电容麦克风之间，它的灵敏度不如电容麦克风，但比动圈麦克风要好；频响比动圈麦克风好，但又不如电容麦克风宽广。虽然它的性能处于中等，但其温暖、复古的音色和快速的瞬态反应还是会被很多人选择。铝带麦克风如图 5-9 所示。

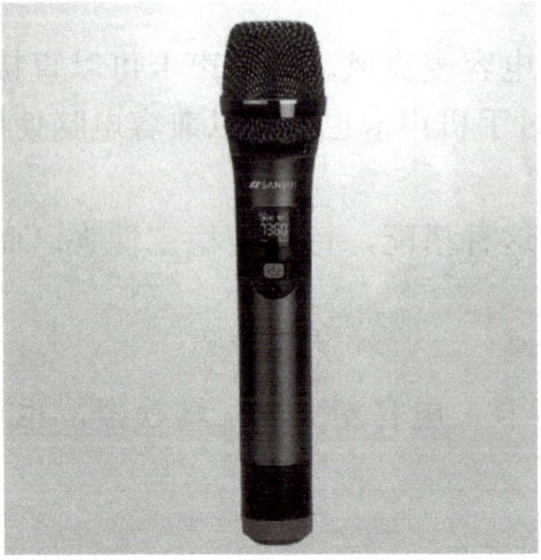

图 5-8　动圈麦克风

图 5-9　铝带麦克风

2. 麦克风的区别

1）振膜指向性

选择麦克风时一般要选择大振膜麦克风，因为大振膜麦克风的低频拾取能力要比小振膜麦克风强很多，声音也会相对温暖、比较宽广一些，灵敏度要高一些，非常适合用来录制人声。小振膜麦克风的特点是高频亮丽，响应迅速，但低频拾取能力比较差，适用于录制一些高频乐器（如小提琴等的声音）。

麦克风的收音指向性分为心形指向性、8 字形指向性和全向形指向性。心形指向性的特点是，可以最大限度地拾取正前方的声音，对正后方和两侧的声音不敏感。非常适合录制点声源。8 字形指向性能拾取正前方和正后方的声音，对两侧的声音不敏感，全向形指向性能够拾取全方位的声音，但这种指向性很容易拾取到很多噪声。

2）电容麦克风

电容麦克风分为晶体管式和电子管式两种。由于电子管本身的特性，电子管式电容麦克风需要配电源，在使用前需要几分钟的预热时间；平时要注意保养，因为电子管这个配件是有寿命期限的。有的人认为电子管式电容麦克风的音色要比晶体管式电容麦克风的温暖一些，但有的人觉得声音不够干净，因人而异。

5.2.4　最常见的麦克风故障排除技巧

最常见的麦克风故障排除技巧

1. 麦克风没有声音

如果麦克风没有声音，则首先要检查在电脑系统中是否打开了麦克风，具体操作如下：在电脑桌面单击鼠标右键，选择“显示设置”，在“设置”中单击“声音”，打开麦克风。其次，检查系统的麦克风设置，具体操作如下：在电脑的“控制面板”中单击“硬件和声音”，单击“声音”，在“录制”选项卡中右键单击“麦克风”，单击“属性”，在“麦克风属性”对话框的“高级”选项卡中取消选中“独占模式”，单击“确定”按钮。

2. 麦克风杂音

麦克风杂音分为两种。

第一种杂音是吱吱声，是主板电路的谐波对声卡的干扰杂声，很难完全消除，这与主板的设计有很大关系。大部分主板集成声卡的麦克风信号放大器都很弱，或者干脆没有这个电路。现在，某些主板厂家也注意到音质的重要性而采取了一些改进措施，例如采用优质的声卡芯片，或者给声卡电路加上金属罩来实现屏蔽。在不能更换主板的情况下，可以考虑选择外置声卡、独立 PCI 声卡替代集成声卡。最便宜的独立声卡也比主板集成声卡好得多。

第二种杂音是嗡嗡声，大多是因为麦克风线缆不良或者电脑没有可靠接地，造成市电交流电通过感应进入声卡。有些廉价的麦克风连接线内部根本就没有屏蔽网层，极易感应人体的电流，俗称电流麦。因此，选购麦克风时不能只考虑外观好看，大品牌的麦克风的质量一定会好。

3. 麦克风发出啸叫声

麦克风为什么会发出啸叫声？这是因为直播麦克风在拾音之后，经过调音台或者周边设备、功率放大器、音箱放大出声音之后，这种声音又通过直接辐射的方式或者反射的方式进入传声器，使整个扩声系统产生正反馈，引起了声电信号的自我激励，导致麦克风产生啸叫声。这种现象称为直播麦克风的声音反馈。解决直播麦克风啸叫声的方法如下。

（1）避免将直播麦克风置于音箱的辐射区内，最起码不能正对着喇叭。

（2）检查设备之间的连接是否牢靠，避免虚焊的现象。虚焊或者连接不牢固会导致瞬间电阻增大或者衰减，使电压不稳定。

（3）对调试设备必须进行统调，每种设备都不能处于临界工作状态，否则会出现信号不稳定或者振荡的现象。最重要的是，根据实际情况选择合适、品质可靠的直播麦克风，调节话筒输入通道的均衡，以达到主播想要的直播效果。

5.3　电脑设备

电脑设备是直播间必备的设备之一。电脑设备中用来存储信息的设备称为电脑的存储设备，如内存、硬盘、软盘和光盘。内存是直接与 CPU 相联系的存储设备。

5.3.1　电商直播应配置什么样的电脑设备

电商直播应配置什么样的电脑设备？台式机和笔记本都适合做电商直播，可以根据不同的场景来选择合适的电脑。选择电脑的时候主要考虑 CPU、内存、显卡、硬盘、显示器等。

1. CPU

CPU 是电脑的重要组成部分，相当于人体的大脑。CPU 的好坏直接影响电脑的整体性能。CPU 的频率及内存越大越好。

2. 内存

建议采购 8GB 以上的内存，因为只有超过 8GB，在长时间的直播中才能不出现内存不足的情况。

3. 显卡

建议使用独立显卡的电脑。独立显卡大部分来自英伟达，简称（N 卡）。以 GTX960m 为例，其中 9 代表第 9 代显卡，后面两位数代表等级，一般是 10 ～ 80，数字越大，性能越强，也越耗电。

4. 硬盘

硬盘有两种：第一种是固态硬盘，简称 SSD；第二种是机器硬盘，简称 HDD。在日常配机中，一个电脑中既要有固态硬盘，也要有机械硬盘。因为这两个硬盘的用途不一样。固态硬盘用于安装系统，它能够给系统带来更高的运行效率，系统反应速度比较快，开机速度比较快。机械硬盘用于存储文件，以及安装常见的软件程序。显示器及键盘鼠标等取决于个人的喜好及预算。预算高，可以采购高端的外设；预算低，可以选择低端的外设。这不影响电商直播工作的体验。

笔记本的推荐配置：基础款的价格是 6000 ～ 9000 元，高端款的价格是 1 万元，不要轻易地采用轻薄本和商务本。轻薄本和商务本有特定的使用场景，这个使用场景带来的唯一的效益是续航时间比较久。因为续航时间比较久，所以笔记本的硬件配置会比较低，不适合日常的直播工作。建议采购游戏本。

5.3.2 没有电脑设备如何开展淘宝直播

没有电脑设备如何开展淘宝直播

1. 手机端直播的准备

（1）确保稳定的 Wi-Fi 或 4G 网络。

（2）下载或更新到最新版本的手机淘宝主播 App。

（3）手机设定中要允许手机淘宝试用麦克风。

（4）在情况允许的条件下，要加配补光灯及防抖设备，以保证直播质量达到最佳的效果。

2. 如何创建手机直播

可以先下载淘宝主播 App，并且点击登录，然后在直播前发布直播预告，要填写直播信息，如直播封面图、类型、标题等内容，一个好的标题能够让直播间瞬间吸引粉丝的注意力。因此，主播在开播前填写这些信息的时候，一定要格外用心。填写完这些信息之后点击发布预告，之后点击手机直播即可进入直播间，主播可以调整直播角度及灯光等一些内容。在调试好一切之后，点击开始直播，就可以正式开启手机直播了。

3. 手机端直播功能

进入直播间，在页面左上角单击“观看人数”就能切换成“在线人数”。在底栏的左下方红色购物袋中可以查看添加的产品，想录制宝贝讲解时单击“录制讲解”，时限是 60 秒，结束录制后可以单击“结束录制”，讲解就被保存下来，若需要再次录制则单击“重新录制”即可。

主播还可以单击右上角的人物标志，在这个标志内可以调整主播的美颜效果及滤镜效果。直播间的左下角有一个“分享”按钮，单击该按钮出现的页面内有几个功能，如第一栏的工具类，主要有“通知粉丝”和“同步微博”，单击“通知粉丝”即可开启粉丝推送功能，这样粉丝就可以收到主播的开播提醒。直播间也可以同步到微博，同样也是一个展示的渠道。在直播间的主页面，向右滑可以查看直播即时数据，包含直播间的浏览次数、实时在线人数、平均观看时长及新增粉丝数等；向左滑可查看直播印记。若想结束直播，则返回主页，单击右下角的“结束”按钮即可结束直播。

5.3.3　电脑设备安装哪些软件能够提升电商直播效果

电脑设备安装哪些软件能够提升电商直播效果？淘宝直播平台主要有萤火虫和大紫达人两种插件。

1. 萤火虫插件

1）对于主播达人

萤火虫插件对于淘宝达人而言，可以实时监控直播效果，既有智能营销的互动，又可以很好地提升主播直播的效果。该插件的功能包括以下四个方面。

（1）实时的数据监测、分钟级的数据监控，可以实时掌握直播流量和直播产品动态。

（2）智能化的互动插件。AI 智能回复消息，可以批量上架直播产品。

（3）轻松剪辑视频，无须上传，可在后台直接进行回放视频的剪辑。

（4）直播数据的复盘、多维度多角度定制化的数据分析、可视化的数据报表，可以很直接地展现直播的结果。

2）对于店铺商家

对于店铺商家而言，该插件可以多维度地寻找高性价比的主播，实时监控产品投放，及时了解直播产品的动态。

（1）锁定高性价比主播，搜单排名查询，多角度寻找，轻松地区分主播带货能力。

（2）实时监控产品投放，具有云端产品库，拥有专属的邀请码，可以一键投放，做到产品不重复。

（3）跟踪投放效果，产品直播上架提醒，高效追踪投放效果，可以很好地检测投放数据。

（4）监控全网流量趋势，监控全网数据流量，洞察不同标签下的流量变化，可以实时地看到热门产品。

3）对于机构运营

可以高效地管理旗下主播，对直播产品的销量进行一个实时的监控。

（1）管理旗下主播对主播流量及产品的销量实时的监控，可视化的数据分析可以助力运营。

（2）追踪云端产品，对云端产品库产品的进出进行实时追踪，既智能又方便。

（3）监控大盘数据，多维度可视化地展示淘宝直播的大盘数据，全方位地分析人货场的状况，可以很好地把握直播行业的趋势。

（4）支持多账户的登录，账号权限定制化设置，运营账号区别化管理。

2. 大紫达人插件

大紫达人插件有五大功能，分别为宝贝管理功能、发优惠券功能、关注卡片功能、公告发送功能及云客服功能。

1）宝贝管理功能

该功能可以批量管理直播宝贝，包括上架产品及下架产品（如图5-10所示），红色表示已上架的宝贝，待上架的宝贝为绿色表示当主播讲解产品的时候，还可以弹出正在讲解的产品。

图5-10 上架产品及下架产品

2）发优惠券功能

优惠券分为单品的优惠券和店铺的优惠券，可以在主播讲解产品的时候输入优惠券的链接，在直播间中直接弹出，也可以提前设置在直播间定时发放。

3）关注卡片功能

该功能可以在直播前自行编辑，关注卡片，在直播时定时弹出。

4）公告发送功能

该功能可以在开播前编辑直播间的公告并发布，粉丝在直播间内就可以看到直播间公告。

5）云客服功能

云客服功能主要有一个智能互动的功能，包括智能欢迎语，当有新用户进入直播间时会自动欢迎。智能回复语：在直播间内代替主播自动回复观众的评论。快捷评论语：可针对粉丝层级设置自定义快捷评论语，优先展示粉丝所在等级的短语内容。云安全功能主要有两个功能：一是对直播间的黑粉进行禁言，以帮助主播摆脱恶意的广告黑粉；二是设置屏蔽词，当直播间由粉丝发送屏蔽词内容时会自动进行屏蔽。

5.4 灯光设备

灯光设备是直播间必备的设备之一。灯光设备的用处不只是照明，不同的灯光布局会使产品呈现不同的效果。灯光布局如图 5-11 所示。

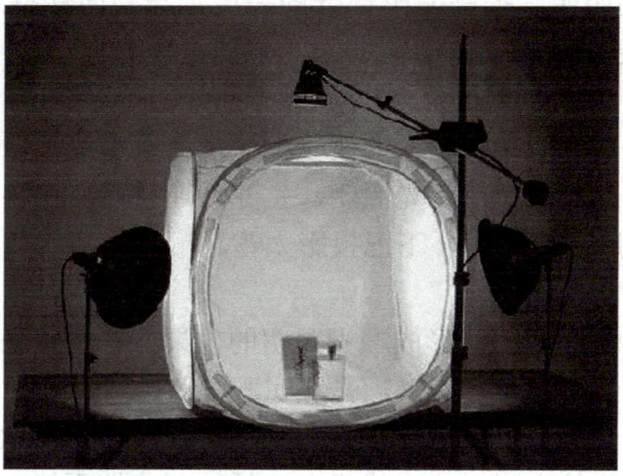

图 5-11　灯光布局

5.4.1 直播灯光设备决定直播视觉效果

1. 直播光的类型

1）直射光

直射光又称为硬光，在被摄体上产生清晰投影的光线，其特点是有明显的投射方向，能在被摄体上构成明亮部分、阴影部分及其投影，能表达出被摄体的立体形状、轮廓形式及表面结构，易产生局部的光斑，直射光造型好，光感强，一般多用作主光。

2）散射光

散射光又称为软光。在被摄体上不产生明显投影的光线，其特点是没有明显的投射方向，照明均匀，能用光调描绘对象的立体形态，层次细腻，效果柔和。散射光经常用作辅助光。

3）背光

背光可以使主播和背景分开，从而克服画面的二维空间性质，使其具有三维空间的立体感。

2. 四种照明方法

（1）确定主光的光位，对被摄体做初步造型。

（2）配以辅助光来弥补主光不足之处，改进未被主光照明部分的造型。

（3）为了区别主体与背景，增强被摄体的空间感，可运用轮廓光照明。

（4）为了交代环境背景，突出和烘托被摄体，使用背景光处理背景。

3. 三种照明效果

1）前侧光照明效果

用一盏灯做主要的塑型光线称为主光，从摄像头另一侧与拍摄方向成30°～60°的位置，照明主播形成前侧光，这是一种相对比较成功的布光手法。假若仅使用一盏灯照明，主播的阴影面的调子就会显得太深、太重，阴影的色彩也会不太好，所以还需要用第二盏灯或反光板进行辅助照明，提高阴影部分的亮度，与亮面保持适当的亮度比，也就是俗称的光比。这种光线称为辅助光，辅助光的强弱决定光比的大小，辅助光越弱，光比越大。

当主光与辅助光布置妥后，若背景的明暗调子还需调整的话，则加或减背景灯进行调整，直到达到理想的状态。采用前侧光照明，主光灯通常需要略高于被摄者的头部，但不宜太高，避免视频主播眼窝、鼻影、下巴投影太重。

2）顺光照明效果

主光从摄像头方向投向主播，形成顺光照明的效果。其特点是主播整体受光会比较均匀，影调明亮没有明显的阴影和投影。顺光照明既可以用两盏灯，也可以用一盏灯完成。

两盏灯：一般用加了柔光纸的两盏功率相同的灯，从靠近摄像头左右两侧的位置，以同等的距离略高于摄像头的高度，将光线投向主播。两盏灯不能太高，以免在脖子及鼻子下方产生太深的阴影。

一盏灯：应略高于摄像头，从它的后方投向主播。如果面部两侧阴影太深，可以用反光板将它冲淡。顺光照明适合拍摄脸型匀称且年轻的头像。但是，如果主播脸型比较宽大，或者两侧明显不匀称，采用顺光照明容易暴露其缺陷。因此宜采用前侧光和侧光照明，使阴影将脸部过宽的部位遮挡一下。

3）侧光照明效果

主光从主播一侧与摄像头大约成90°的方向进行投射。在侧光照明下，由于画面内主播阴影面积较大，所以往往需要进行辅助照明，形成光比。采取侧面光照明时，主光灯和辅助灯均不宜太高，否则主播脸部上方受光多，下方受光少，会显得影调非常不均匀。

辅助灯光位置应该尽量靠近摄像头。如果主播的脸型太胖，或者脸围两侧不对称，则可以利用测光照明将较胖的脸颊得以遮掩，有利于将主播的外貌表现得更加完美。

5.4.2　必备的直播灯光分类和功能使用

1. 直播灯光的类型

1）主光

主光主导光源，它决定着画面的主调。在布光中，只有确定了主光，才有意义去添加辅助光，包括背景光和轮廓光等。在直播中，主光可以使主播脸部受光匀称，这也是灯光美颜的第一步。

2）辅助光

为了改善阴影面的层次和影调，在布光时均加置辅助光，在直播时可以通过调节辅助光增加整体的立体感，起到突出侧面轮廓的作用。

3）轮廓光

轮廓光又称为逆光，通常放置在主播的身后位置，勾勒出主播的轮廓，可以起到突出主体的作用。

4）顶光

顶光是仅次于主光的光源，从头顶的位置进行照射，给背景和地面增加了照明，能让主播的下巴、鼻子等部位的阴影拉长，从视觉上拉长脸部的轮廓，达到瘦脸的效果，这也是主播的常用光之一。

5）背景光

背景光的主要作用是烘托主体或渲染气氛，可以使直播间的各点亮度都尽可能统一和谐。

2. 灯光功能的使用

1）主光

主光放置在主播的正面，与摄像头上的镜头光轴形成 0 ～ 15° 的夹角，这个方向照射的光充足且均匀，可以使主播的脸部柔和，起到磨皮和美白的效果。但是，主光的缺点是从正面照射会没有阴影，欠缺层次感。

2）辅助光

在主播左侧和右侧成 90° 照射，在左前方 45° 照射的辅助光可以使面部轮廓产生阴影，打造出立体的质感；在右后方 45° 照射的辅助光可以使后面一侧的轮廓被打亮，与前侧光产生强烈的反差，有利于打造主播的整体造型。但要注意的是光比的调节，应避免光线太亮，使面部过度曝光或者部分太暗。

3）轮廓光

轮廓光设置在主播身后的位置。从背后照射出的光线不仅可以使主播的轮廓分明，更可以将主播从直播间背景中分离出来，更加突出主体。作为轮廓光，一定要注意光线亮度的调节，如果光线过亮，则会直接造成主播身后产生“佛光普照”的效果，使整个画面主体部分过黑；同时，摄像头入光会产生耀光的情况，使用不当容易引起反作用。

4）顶光

顶光是从主播上方照下来的光线，可产生浓重的投影感，起到瘦脸的作用。顶光的优点很多，但缺点是容易在眼睛和鼻子下方形成一个阴影。

5.4.3　如何购买性价比最高的直播灯光设备

推荐以下 5 种灯光布置方案。

1. 一灯方案

在一灯方案（如图 5-12 所示）中，环形灯作为主灯，环形设计光效均匀柔和，可以从各个方向将柔光打到主播的脸上，达到瘦脸、补光、美颜的效果。最主要的是能在主播的眼睛中出现环形亮斑，也就是俗称的“眼神光”。环形灯的操作简单快捷，还可以调节色温和亮度来控制冷暖光。

图 5-12　一灯方案

2. 二灯方案

在美食或者珠宝等产品类的直播间中，可以适当地增加一个光源变成二灯方案，如图 5-13 所示。主灯也可以不仅限于环形灯了，可以有更好的选择。双灯组合可以根据直播的需要进行搭配。推荐的几款产品有南光 LED 平板摄影灯 CN-T200、金贝（JINBEI）EFP50 摄影灯、直播补光灯、神牛摄影灯 LEDP120C、金贝 JB260 灯架 +65cm 球形柔光罩等。

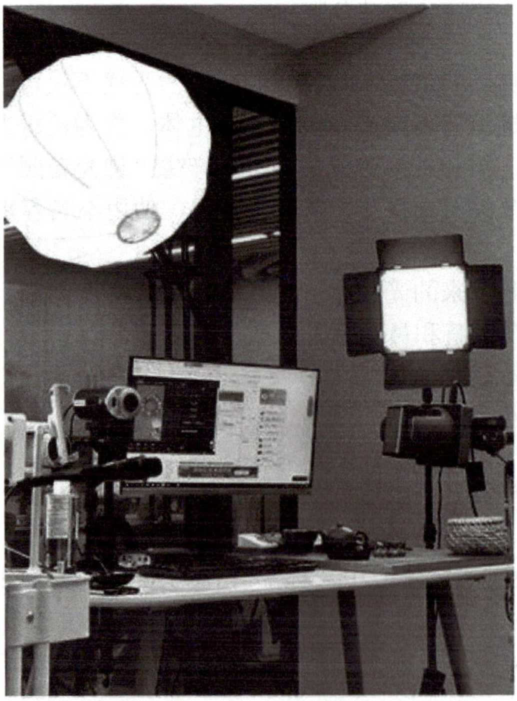

图 5-13　二灯方案

3. 三灯方案

当直播间需要进行“全身直播”，尤其是进行服饰、拉杆箱、家具、舞蹈等类直播时，对直播间的布光需求就升级了，这时可以考虑使用三灯及以上的组合。三灯方案如图 5-14 所示。

举例说明：

① 灯位：M3 灯架 +EF150+M1200 八角柔光箱。

主灯使用 M1200 八角柔光箱照亮主播头发和面部，并且充当眼神光。

② 灯位：JB260 灯架 +65cm 球形柔光罩。

主播右前侧补光，包围补光充当一定环境光。

③ 灯位：DDJ20 地灯架 +M70×100 柔光箱。

打亮主播腿部，充当眼神光。

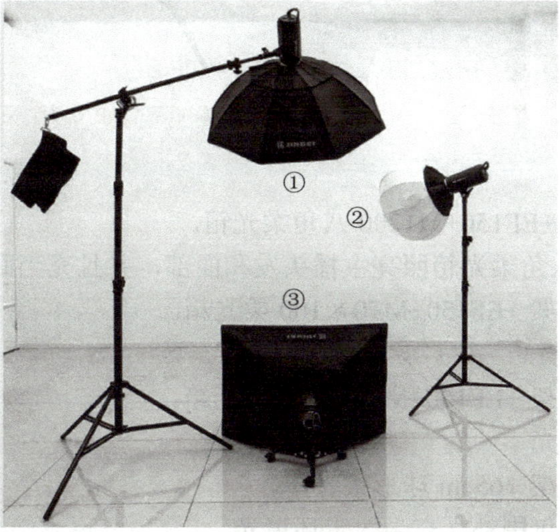

图 5-14　三灯方案

4. 四灯方案

四灯方案与三灯方案大致一样，不同的是在后面加了一个④灯位，如图 5-15 所示。

举例说明：

① 灯位：M3 灯架 +EF150+M1200 八角柔光箱。

主灯使用 M1200 八角柔光箱照亮主播头发和面部，并且充当眼神光。

② 灯位：JB260 灯架 +65cm 球形柔光罩。

主播右前侧补光，包围补光充当一定环境光。

③ 灯位：DDJ20 地灯架 +M70×100 柔光箱。

打亮主播腿部，充当眼神光。

④ 灯位：JB260 灯架 +M70×100 柔光箱。

发轮廓光，使主播更立体。

5. 五灯方案

直播时间久了，所需场景空间越来越大。大型直播间的灯光主要有主灯、补光灯、轮廓光、顶光、环境光，确保人物形象饱满，画质更清晰。五灯方案如图 5-16 所示。

图 5-15　四灯方案

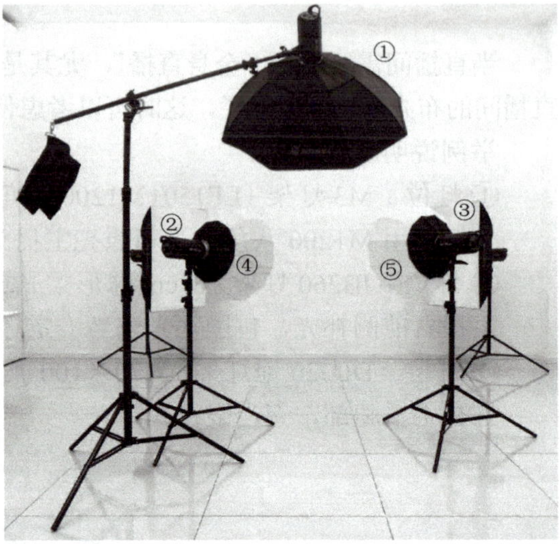

图 5-16　五灯方案

举例说明：

① 灯位：M3 灯架 +EF150+M1200 八角柔光箱。

主灯使用 M1200 八角柔光箱照亮主播头发和面部，并且充当眼神光。

② 灯位：JB260 灯架 +EF150+M70×100 柔光箱。

充当主播右侧轮廓光。

③ 灯位：JB260 灯架 +EF150+M70×100 柔光箱。

充当主播左侧轮廓光 。

④ 灯位：JB260 灯架 +65cm 球形柔光罩。

主播右前侧补光，包围补光充当一定环境光。

⑤ 灯位：JB260 灯架 +65cm 球形柔光罩。

主播左前侧补光，包围补光充当一定环境光（这样布光的好处是，在全场景直播中，主播动作幅度大，也能均匀受光）。

5.4.4　效果一流的直播光线调试与布置技巧

效果一流的直播光线调试与布置技巧

1. 直播灯光的调试技巧

1）直播灯光的色温调试

色温是在照明光学中用于定义光源颜色的一个物理量，一般处于 2800 ～ 8400K 的范围。不同色温的光源照在物体上会产生一定视觉上的差别。我们在购买灯光设备的时候，需要提前和商家确定想要的色温。色温较低时，光源的颜色就会偏红，称为暖色光。暖色光看上去温馨且舒适，但在这种氛围里待久了会容易产生困意。因此，如果是以人为主的直播间，则尽量不用太暖的颜色。色温较高时，颜色就会偏蓝，称为冷色光。冷色光下的物体会比较亮，细节会比较明显。比如，美妆主播在冷色光下，其皮肤状态看上去很好，但脸上的痘和斑会非常明显。

在低色温和高色温的选择中，两者的中间值 5600K 是最接近自然光的，也最能体现一个物体的真实样子。如果没有特别的要求则可以选用这个数字。如果有特殊要求，可以根据直播间的内容来进行调整。比如，若想让直播间看起来更唯美一些，则可以选择偏暖一些的灯光色温（4000K 左右）。

2）直播灯光的光源调试

直播灯光的光源又分为点光源和面光源。

（1）点光源指从一个点散发出来的光源，比如头顶的灯。点光源的一个最明显特点是，会形成高光比，能站在一个点光源下，高光和阴影都非常明显，但五官会显得更加立体。但是，面部阴影太多会影响面貌，并且呈现出来的皮肤状态不是很好。点光源会让衣服很有质感，比如冬天在直播间里卖皮草，点光源下的皮草呈现出更高级、质感更好的效果。

（2）当光源的发光面积大于照射面积时，就会被称为面光源。面光源具有光线柔和自然且不伤眼的特点，直播时采用面光源可以让整个画面非常细腻，人的皮肤在面光源下也会显得更好。如果是做美妆的主播，则可以选择面光源。面光源效果最好的场景就是落地窗旁边。因此，鞋类、服装类的直播间最好采用点光源，而以主播人物为重点的直播间最好使用面光源。

2. 直播灯光的布置技巧

一套完整的灯光设备一般由主灯、补光灯和辅助背景灯组成。

（1）主灯可以是直播间里的顶灯，也可以是 LED 灯，承担着主要照明的作用。但是，要注意的是，让整个直播间有亮度，而不是局部亮，色温可以根据前述内容进行选择和调节。

（2）补光灯主要是为了让画面更加柔和，让主播的皮肤看起来更加有光泽、更加细腻。现在，很多直播间里使用的都是主播专用的圆圈补光灯，也就是俗称的环形补光灯，如图 5-17 所示。补光灯既能补光又能柔光。

（3）辅助背景灯一般安装在主播身后的背景上，作用是装饰和烘托气氛。当直播间里的灯光不尽如人意的时候，可以通过调节背景光作为灯光的补充。

图 5-17　环形补光灯

5.4.5 常见的灯光设备故障排除经验

常见的灯光设备故障有直播灯不亮、直播灯光闪烁、直播灯进水、直播灯光发黄、直播灯漏电、直播灯光衰大。

常见的灯光设备故障排除经验

1. 直播灯不亮

直播灯不亮的原因一般是，直播灯的芯片和驱动器烧坏了，或者是因为直播灯使用时间过长，自然变暗。对应的解决方案也有以下两种。

（1）如果直播灯烧坏了，则需要换一个新的直播灯。

（2）清除直播灯外面灯罩上的灰尘。因为有可能是因为灯罩上积累了太多的灰尘，所以使直播灯不亮。

2. 直播灯光闪烁

直播灯光闪烁的主要原因如下。

（1）直播灯和供电电源不匹配，导致供电不足。

（2）供电电源坏了，导致供电不足，或者出现断电的情况。

（3）驱动器具有过温保护功能，而灯具的材质散热性能达不到要求。

（4）直播灯一旦使用时间过久，过温保护就会开始工作，导致出现灯光闪烁的情况。

对应的解决方案是检查供电电源和直播灯光的问题。如果经检查供电电源没有问题，则需要检查直播灯光。如果是直播灯光设备出现问题，则需要购买一个新的直播灯光设备。

3. 直播灯进水

应首先检查供电电源是否有问题。如果供电电源没有问题，则需要检查直播灯。如果直播灯本身有问题，则需要购买一个新的直播灯。

4. 直播灯光发黄

直播灯光发黄大多数是因为环氧树脂与固化剂不匹配，应严格按照直播灯说明书进行操作。

5. 直播灯漏电

（1）因为灯光设备没有接地，造成静电防护不当，所以会产生漏电情况。

（2）灯光设备本身就存在质量隐患问题。

解决方案有以下两种。

（1）按照直播灯说明书指导安装操作，若需要将灯光设备接地则一定要严格地按照使用说明书进行安装。

（2）及时更换存在质量隐患的灯光设备。如果灯光设备存在质量隐患，则一定要及时更换。

6. 直播灯光衰大

直播灯光衰大的原因如下。

（1）直播灯铁支架导热不良。

（2）直播灯环氧树脂氧化。

（3）直播灯内置芯片与支架接触不够紧密。

（4）直播灯内置芯片衰减大。如果是白光的话，则可能存在荧光粉衰减的问题。

解决方案就只有一种，即需要重新购买一种高质量的直播灯光设备。

5.5　其他设备

除直播间必备的设备外，还有网络宽带、专业声卡、音效设备等其他设备。

5.5.1　电商直播的网络宽带如何调试

电商直播中网络卡顿主要由设备问题、视频流问题 、网络问题导致。

1. 设备问题

设备问题往往是高清视频直播会给硬件带来解码压力。如果 PC 端的 Flash Player 或移动端播放软件版本过低，也会造成解码问题，导致播放卡顿。解决方案如下。

（1）升级硬件、软件，提高兼容性和容错率。

（2）使用硬编硬解方案，充分利用 GPU 进行加速。

（3）降低视频的码率，选择流畅或者标清画质进行播放。

（4）增大播放器的缓冲区，缓解因网络或解码不稳定引起的卡顿。

2. 视频流问题

1）音视频时间戳不同步

在直播中，当音视频时间戳不同步时会影响画面的渲染，导致画面解析时出现问题，造成卡顿现象。需要对推流器的源码进行研究，对读取到的每一帧音频或者视频的时间戳进行查阅和分析，之后通过程序干涉推流器或者流媒体服务器，矫正逻辑值，使音画同步，以解决卡顿问题。

2）视频流参数配置有问题

如果视频流的编码方式与传输服务器不兼容，则部分音视频数据会出现解析错误，甚至无法解析的情况，也会出现视频流播放卡顿的问题。

解决方案如下。

（1）设置合理的码率、帧率、分辨率，关键帧间隔、音视频编码格式等参数。

（2）尽量遵循标准的视频编码方案，流媒体传输协议，对视频流进行采集、编码、解码、播放等操作。

3. 网络问题

如果网络存在问题，则通过以下方案解决。

（1）使用软件进行测试，判断终端的网络速度，用户 ping 播放域名，查看解析到的服务器节点，判断自身 IP 到服务器之间是否出现延迟过大或者丢包的情况。

（2）联系 CDN 厂商排查路线是否有不稳定的现象，也可以通过播放器端的打点上报，统计所有客户端的整体卡顿情况，分地区做一些线路和资源的调整及优化。

5.5.2 如何玩转专业声卡、音效设备

如何玩转专业声卡、音效设备

1. 电脑直播

传统电脑内置声卡主要适用于录歌和录音。内置声卡做完机架精调后的效果会比普通的外置声卡略好，相对来说性价比会比较高一些，对电脑直播而言是一个不错的选择。但是，如果用户是以声音为基准的电脑直播，或需要采用音频输出接口较少的笔记本电脑连接多声道音箱，那么内置声卡通常无法满足需要。此时，需要购买外置声卡，购买时不要盲目地追求高端，适合自己的才是最好的。

2. 手机直播

随着手机直播的盛行，现在市面上已经出现了针对性强的手机直播外置声卡。手机直播的主播们可以不受地点、时间的限制，随时随地地进行直播，这就提高了对外置声卡的要求。在手机直播过程中，往往需要一些音效来帮助活跃气氛。外置声卡可以很好地满足音效的需求。很多外置声卡在设计时便配备了哄笑声、嘘声等特色的音效，可以让整个直播不那么沉闷。不过在选择手机直播外置声卡的时候，用户最好选择输入、输出都是3.5mm的音频口的声卡，因为这种声卡与手机的使用场景非常匹配。

3. 户外直播

内置声卡主要适用于台式电脑，不方便携带。这一先天不足让内置声卡在户外直播领域处于劣势；而外置声卡以其便携性好、可用外置电源、能随时随地地直播的优势受到了户外直播用户的青睐。外置声卡拥有独立的音频控制芯片，在户外直播时可以作为一个完全独立的解码设备使用，而且外置声卡支持即插即用，可以多方位地实现直播，无论是展会直播、商场直播还是街头采访，都可以满足这个需求。

4. 游戏直播

在游戏直播领域，内置声卡和外置声卡的应用范围都很广。通常，游戏直播选择外置声卡，主要是从独立性方向考虑。外置声卡是独立运作的，不会像内置声卡一样耗费电脑的CPU资源。使用外置声卡进行游戏直播，没有明显的噪声，使游戏直播的声音效果和游戏效果互不影响，可以给观众带来一个美好的体验。

在全民直播的时代，主播们要想脱颖而出，靠的不仅仅是颜值，更是声音和特色技能。只有根据自己的直播领域选择合适的声卡，才能在直播过程中发挥最大的效果。因此，主播们一定要重视声卡的选择和购买。

5. 电台直播

电台直播非常注重对声音的处理和气氛的渲染，这对声卡的专业性提出了要求。通常，只有外置声卡能够满足电台直播的要求，因为外置声卡一般可以兼容多种操作系统，并且具备接通电子乐器的功能，例如麦克风、吉他、贝斯、电子琴等，让电台拥有更强的操作性。与内置声卡相比，因为外置声卡没有电路体积的限制，脱离了机箱内部的高电磁干扰环境，所以能够在应用时设计更加复杂的模拟电，并实现更好的屏蔽效果，在电台直播时能够大幅度提升音质。

5.5.3　户外直播如何解决网络、电量、噪声的问题

户外直播如何解决网络、电量、噪声的问题

1. 如何解决网络问题

户外直播因为没有室内的直播宽带，所以网络是一个很大的问题。这时就需要主播购买大流量的流量卡，以支撑户外直播的流量消耗，或者购买一些专业的设备（带有 4G 包）。更专业的户外直播甚至需要网卡、采集卡、导播台等。主播户外直播时，要尽量去 4G 信号稳定的地方买一张大流量卡，或者直接买移动 Wi-Fi，如图 5-18 所示。

图 5-18　移动 Wi-Fi

2. 如何解决电量问题

很多时候，户外直播电量消耗得太快，又得不到补充，因此需要解决手机的电量问题。建议在户外直播时随身携带大容量充电宝。

3. 如何解决噪声问题

户外直播噪声主要有白噪声和风声。

1）白噪声

便宜的前置放大器和麦克风天生自带噪声，中端的前置放大器放大等级设置过高时也会有噪声，正常设置通常不会有太多噪声。避免噪声的方法是购买中端以上的设备，便宜设备的噪声是无法避免的。因为是全频率覆盖，所以如果靠后期软件消除噪声，则会损失大量的音质，噪声越严重，损失的音质越多。

2）风声

户外防风罩有三种：海绵防风罩、毛毛防风罩、完全防护型防风罩。完全防护型防风罩最贵、效果最好。海绵防风罩最便宜，只能防止轻微的风吹。毛毛防风罩的效果和价格都居中。主播在户外直播中应当选择比较空旷、杂音较少的环境进行直播，并且用麦克风进行小范围的直播收音，这样就可以避免直播噪声的影响并能更好地收音了。

5.6　室内场景

在直播过程中，直播间的布局也是非常重要的，直播间样品的摆放和直播间场景都会

影响直播氛围。

5.6.1 常见的室内直播场景方式

常见的室内直播场景方式

1. 常见的四种直播场景

1）门店直播

很多对自家门店装修有自信的实体店商家喜欢采用门店直播，除能够卖货外，还能够向粉丝展示自家的门店，让粉丝对门店环境产生兴趣，从而引流到线下门店进行消费，门店的存在也能加深粉丝的信任。门店直播如图 5-19 所示。

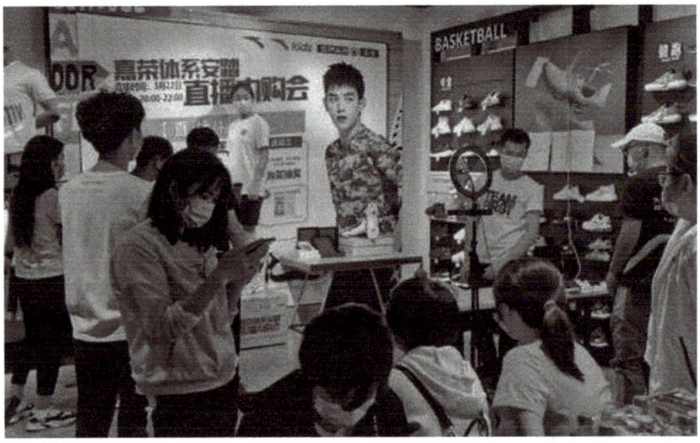

图 5-19　门店直播

2）仓库直播

仓库直播能够向粉丝展现商家产品供应链的实力，同时仓库的干净舒适的环境也能给粉丝带来很好的感官感受，提升产品的面貌。

3）原产地直播

原产地直播更适用于农产品或者生鲜类产品，能让粉丝直面原产地，使粉丝更加有感触且相信食品的健康性、来源保障，直接构成交易。

4）直播间直播

主题直播打造也是一种不错的方式，可根据不同的直播内容去搭建相匹配的直播间，让粉丝更有代入感。采用这样的方式，如果想较好地搭建场景，则相对成本也会比前几种直播高。

2. 常见的三种直播形式

1）砍价式直播

砍价式直播主要是和产品的商家打配合的一种形式，通过向粉丝展现各个产品的特征及优缺点，征询粉丝意愿，现场与产品的商家进行砍价，最后以成交价卖给粉丝。这种方式比较有趣味性，看着主播和商家唇枪舌剑，这种形式对于主播和出镜的商家人员的口才要求会比较高。

2）秒杀式直播

秒杀式直播是主播使用最多的形式。秒杀的形式可给粉丝创造一种紧张的气氛，通过持续降低货物总数及一些话术，能刺激粉丝产生消费行为，提高货品的销量。

3）网红效应直播

网红效应对于直播来说还是有很大作用的。尤其是在平台引流时，素人和网红或者达人的影响比起来会微乎其微。但是，如果放在私域流量下直播，网红效应就显得没有那么重要了。毕竟在私域流量下，针对的都是产品自身的粉丝，本身对应的客户就很精准，网红效应的必要性就会大大降低。并且，网红或者达人如果对产品不了解，则最后的直播效果可能还不如主播自己直播。

5.6.2　如何搭建经常调换主题背景的直播场景

1. 直播背景布

直播背景布主要有墙漆墙纸、广告背景布、纯色背景布 、植绒背景布、PVC 板。

1）墙漆墙纸

墙漆墙纸建议选择纯色的或者偏简约的北欧风格，在后期要进一步装修时会比较方便。当然，这也与直播所卖的产品有关。墙纸的另一种专业叫法是背景纸。墙漆墙纸如图 5-20 所示。

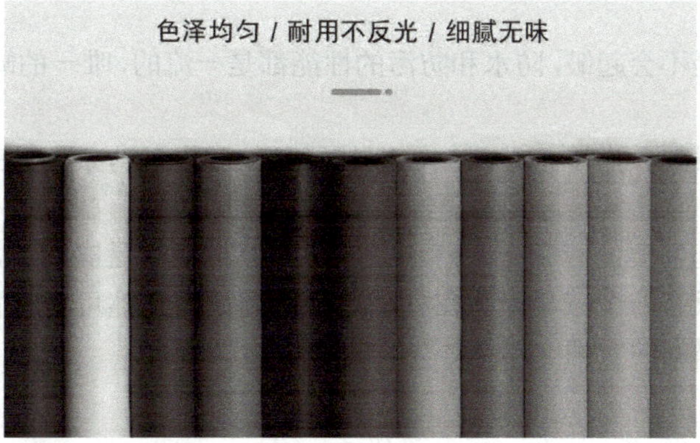

图 5-20　墙漆墙纸

2）广告背景布

广告背景布的选择空间比较大，图案也比较多，可以根据主播或者商家定制的图案或者活动广告的内容进行选择。这类广告背景布的材质有很多种，主要有 520、550 的喷绘布，室内写真布、室外写真布，油画布或者 PP 背胶布等。建议买最常见的写真布。广告背景布如图 5-21 所示。

3）纯色背景布

除了广告背景布，还可以选择纯色背景布，这种背景布的材质一般会采用涤棉混纺，比如婚纱摄影店拍照的背景布，这类背景布既不透光也不反光，可以用于摄影抠像。纯色背景布如图 5-22 所示。

图 5-21　广告背景布

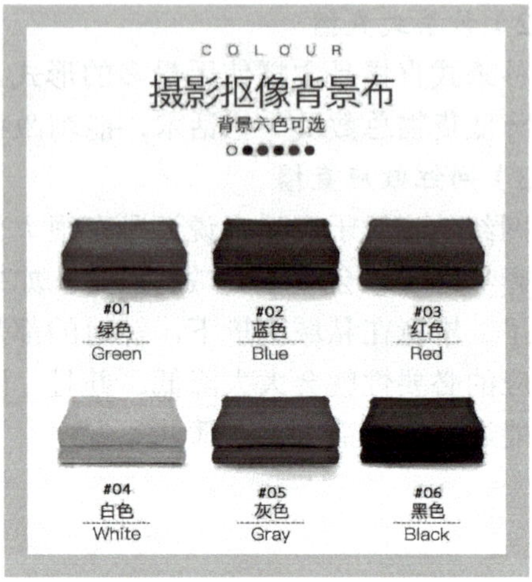

图 5-22　纯色背景布

4）植绒背景布

如果考虑吸光问题，想让整个直播画面更加纯净、主播和产品更突出，纯色背景布就要选择植绒的，也就是植绒背景布。其缺点是容易粘灰尘，可以多备一些粘尘器。以上背景布都会存在折痕问题，选购的时候一定要让卖家用卷筒包装发货。如果不幸收到的是折叠的，那么只能用挂烫机等熨平。如果直播背景布存在折痕，则非常影响直播效果。

5）PVC 板

PVC 板的优点是不会起皱，防水和防污的性能都是一流的，唯一的缺点是价格稍高一些。

2. 直播背景架

常见的直播背景架分为 T 形背景架、双杆背景架和电动背景架这三种。

1）T 形背景架

一般来说，空间需要的背景布尺寸不是很大，T 形架就足够用了，如图 5-23 所示。T 形背景架的缺点是只有一个三角，存在晃动不稳的问题，虽然可以将背景架靠墙解决不稳的问题，但会占直播间的空间。

图 5-23　T 形背景架

2）双杆背景架

对于空间和尺寸比较大的背景布，建议采用双杆背景架。双杆背景架如图 5-24 所示。

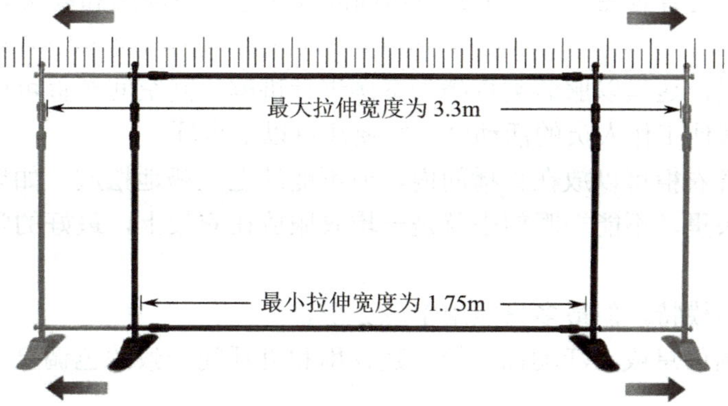

图 5-24　双杆背景架

3）电动背景架

影楼专用的电动背景架可以同时具有多轴卷、多个背景，可随时随地地遥控更换。直播较少采用电动背景架，服装类直播使用电动背景架切换不同主题比较方便。电动背景架如图 5-25 所示。

图 5-25　电动背景架

5.6.3　如何搭建背景长期不变的直播场景

1. 背景布置

背景布置应当以浅色或者纯色的背景墙为主，要以简洁、大方、明亮为基调，不能花哨，杂乱的背景很容易使粉丝产生反感。尽量不使用白色的背景，因为很容易产生反光。纯色背景上可以加一些品牌的 Logo，或者对直播的主题进行装饰。除此之外，直播间还可以使用虚拟的背景图案，以增加直播间的纵深感。例如，某些主播在直播间有时会用城市的大全景图作为虚拟的背景图，增加了其直播间的纵深感、空间感和高级感。

2. 空间布置

对于空间布置，这里以服装类直播为案例进行讲解。其空间布置可以将直播间分为陈列区、直播区、其他工作人员的活动区，需要注意以下事项。

（1）衣架或者衣柜可以放在直播间内，但不能乱七八糟地摆放。如果不整齐，就不要让衣架出现在镜头里，不能一眼望去就是一堆衣服放在衣架上，最好的学习榜样就是商场的衣架摆放。

（2）可以用假模特，但最多只能用 1 ～ 2 个。

（3）对于主播信息或者活动福利等，建议用和直播间一致的色调显示在屏幕右侧，不要挡住主播。

（4）直播设备和主播的距离设置好之后，不要轻易挪动，尽量不要显示在屏幕里。

（5）其他软装布置也要契合整个直播间，一定不能喧宾夺主。

（6）一定要保证主播在直播屏幕里是最中心的那个人。

3. 灯光布置

对于直播间的灯光布置，最重要的是避免主播脸上出现光斑，一定要保证脸部的光照均匀。如果预算有限，则找光线明亮的地方进行直播。如果有充足的预算，则可以加一些环形补光灯或者专业的灯光配置。常亮摄影灯可以布局整个直播间的光线，加上球形灯罩会更好。环形补光灯可以提升主播的整体妆容。环形柔光灯的标准色温饱和度会更高，会提升直播间的清晰度。

5.7 户外场景

户外直播在生活中也是很常见的，户外场景有门店直播、仓库直播、原产地直播等。

5.7.1 户外直播常见的几种场景

1. 门店直播

很多对自家门店装修有自信的实体店商家喜欢在自家门店进行直播，除了能卖货，还能直接向粉丝展示自家门店，让粉丝对自家门店产生兴趣，从而引流到线下门店进行消费；同时，门店的存在也能加深粉丝的信任感。门店直播的优势如下。

（1）以实体门店为中心，一店一直播间，配套快速搭建的门店商城，打通店铺场景、顾客流量购物转化这条线路。

（2）以门店作为直播场景和性能基础，即使不配专门的主播，也能达到不错的转换率。

（3）帮助店家将积累的私域流量进行转化，也能获得平台流量池的公域流量。

2. 仓库直播

仓库直播是一种新零售供应链加直播的模式，即仓储企业邀请网红主播到仓库里进行直播，联系商家提供产品，通过直播销售出去的货可以直接生成订单自动结算，再通过一键代发的形式进行操作。仓库直播的优势主要也有以下三点：

（1）对于仓储企业来说，借助网红直播卖货，不仅提高了仓库货物的周转率，而且帮助商家减少了库存，提升了销售的业绩，从而加强了仓储企业自身的竞争力。

（2）对于品牌商来说，这种在仓库里的直播带货，把以前多层分销的方式转变为高频小额的线上购物，订单持续碎片化。邀请网红平台对接入驻和仓库进行直播带货，能为商家开辟新的销售渠道，同时降低成本。

（3）除此之外，仓库是一个常人难以见到的场景，能够给消费者们带来一定的新鲜感和真实感，这也有助于提升商家的销售成绩。

3. 原产地直播

原产地直播主要以快手平台为主。在快手中有大量的工厂、原产地、产业链上的主播，他们的直播内容也紧紧地围绕自身的属性。比如，很多主播会直播自家的果园、档口、店面、工厂，强调产品源自“自家工厂”，这样直接展现了产品源头、产品产地的卖货方式，可以让粉丝对产品有更直观的了解，从而提升他们对产品的好感度和忠诚度。

原产地的直播销售以产业带企业，向粉丝展现了地方整体产业的定位，形成了地方特色产品的标签记忆点，养成了循环消费的习惯，建立了长效的消费促进机制。对于原产地直播的功能而言，更是体现在带动消费，打造爆款；树立品牌，长效促进；引领时尚，消费升级；形成热点，宣传造势这四个方面，这也契合了消费促进、供给侧结构性改革的核心。

5.7.2　户外直播场景不得出现的镜头集锦

进行户外直播，要掌握相关的户外直播注意事项，如图 5-26 所示。

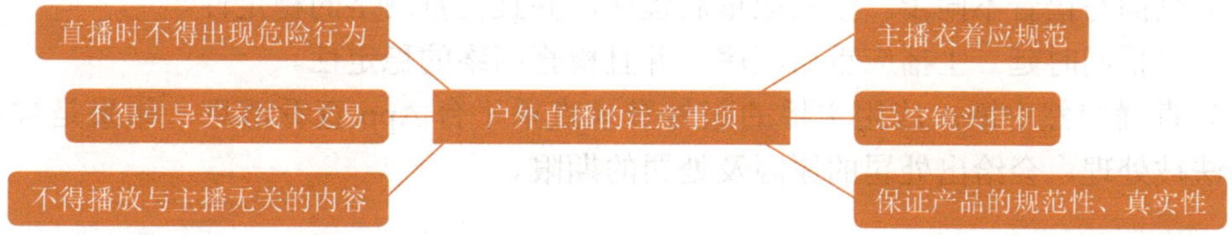

图 5-26　户外直播注意事项

根据户外直播注意事项，要确保直播场景中不得出现以下镜头。

1. 主播衣着不规范

主播半裸、裸露或者衣着暴露、喂奶、抽烟、血腥暴力等场景都不能出现。

2. 空镜头挂机

在直播中一直不播放实际内容，出现挂机行为或者其他各种空镜头的形式都不能出现。

3. 产品不规范

比如内衣穿在真人身上示范等。

4. 不宜播放的内容

比如直播时播放新闻、电视剧、动漫、体育赛事等；一边卖货一边播电视内容也是不允许的。

5. 引导线下交易

不允许主播或者商家以任何直接或者间接的方式（比如通过微信、支付宝、银行卡转账或者其他任何方式）引导用户进行线下交易，不允许在直播间内展示或者通过口播等方式展示外部链接或者二维码，引导用户绕开平台交易流程进行私下交易。

6. 盗版假冒产品

主播应对推荐的产品进行初步的鉴别，并承担相应的责任。如果推广产品明显涉假或者盗版，或为假货提供便利的条件，直播平台则会对主播进行严肃处理。

7. 危险行为

禁止主播在开车直播过程中存在使用手机等智能设备等危险驾驶的行为，这在户外直播中是明令禁止的。

5.7.3　户外直播场景最常见的故障

1. 显示问题

在直播中，若画面一直闪烁，则需要重启程序，并且检查网络的稳定性。若黑屏或者画面卡顿，或者画面不清晰，则需要重启程序，并检查网络的稳定性。若声音卡或者无声，则需要检查麦克风或者直播拍摄设备。若画面饱和度低，则需要检查直播拍摄设备。

2. 数据流量异常问题

（1）卡顿严重。若除粉丝回访外没有任何流量，则主播应重启程序，并且检查网络的稳定性。

（2）流量起伏大。主播可以重启手机的数据流量并检查网络的稳定性。

3. 播放问题

（1）画面与语音不同步。主播应重启程序，并且检查网络的稳定性。

（2）直播间时延。主播应重启程序，并且检查网络的稳定性。

（3）直播突然中断。应用主播的账号登录直播平台 App 查看消息，如果是被封禁或者是违法被处理，会给出处罚的原因及处罚的期限。

4. 功能问题

若直播间 App 不能开镜像，主播应检查 App 是否更新。在 iOS 和安卓都开启美颜效果后，可以看到安卓的虚化很明显，在人眼和手处都可以看到虚化的纹理。这个时候，主播就需要检查直播的拍摄设备。

5. 连麦问题

连麦在倒数时间挂断，但连麦仍然连接。这个时候，主播可以关闭直播程序，并且重启。若在主播和主播之间进行连麦，但用户看不到连麦，还是只能看到单独一个主播，那么主播在这个时候就可以重启程序，并且检查网络的稳定性。若粉丝端发送连麦请求，主播端没有收到任何的提示消息，那么这个时候主播就应该重启程序，并且检查网络的稳定性。

【课后练习】

1. 主播入门应该准备哪些直播设备？
2. 直播的灯光布置技巧是什么？
3. 户外直播应该注意哪些事项？

第 6 章

直播带货的黄金法则

【学习目标】

- 掌握挑选“畅销爆款”产品的方法。
- 了解直播产品的分类。
- 掌握各直播类目商品展示的方法。
- 掌握提高直播带货转化的法则。
- 了解促销的原因和十大促销方法。
- 了解不降价促销的概念和手段。
- 掌握促进粉丝购买的法则。
- 了解直播间可能出现的危机。
- 掌握处理直播危机的方法。

直播是一门深奥的学问。从以抖音、快手和淘宝为代表的直播平台的带货能力来看，直播带货是一个新的前景无限的市场。一个新的市场尚未完全成熟之时，意味着它有更多的机遇。

6.1 直播商品的选择

直播带货已经成为电商的新趋势，在直播间不仅可以卖衣服，还可以卖鞋子、食品、化妆品等。想要做直播带货，选品是非常重要的。现在直播带货什么产品最好卖？在挑选商品的时候需要注意什么？下面给予具体介绍。

6.1.1　电商直播最好卖的产品

电商直播什么产品最好卖？具体来说，在选品过程中，可以选择消费者不能亲自挑选的产品，注重过程消费的产品和体验类型的产品。

电商直播什么产品最好卖？

1. 消费者不能亲自挑选的产品

很多消费者愿意在网上购买进口产品，但由于无法亲自到国外挑选这些产品，所以担心在网上直接购买会存在信息不对称的情况，无法及时做出决策。此时，消费者可以通过直播这种方式，了解更多关于进口产品的信息。

很多跨境电商都开始尝试做直播，通过主播的讲解，可以让消费者更全面了解进口产品的情况。进口产品没有附带中文标注，在主播的讲解下，可让消费者了解进口产品的正确使用方法，以及适用的年龄等。跨境电商通过直播让消费者不需要亲自去挑选，通过直播就能够了解进口产品。

2. 注重过程消费的产品

越来越多的消费者在购买产品时更加关注产品的品质，比较关心产品的制作过程和产品的原材料等。比如消费者到餐厅就餐之前，就可以看餐厅主厨的直播，了解菜品的实际制作过程，让自己放心到餐厅就餐。某餐厅的美食制作场景如图 6-1 所示。

图 6-1　某餐厅的美食制作场景

现在，很多销售零食产品的电商也做起了直播，很多消费者会在网络平台购买零食。零食电商会通过直播让消费者更加全面地了解产品的情况，并且通过主播的描述，消费者大致可以了解零食的口感、味道及保质期等。淘宝美食直播如图 6-2 所示。

3. 体验类型的产品

消费者在购买护肤产品或家电等一系列产品时，需要实际进行体验，让自己放心地购买这些产品。电商通过直播讲解这些体验类型的商品，主播专业的讲解可让消费者全面地了解产品的实际使用功能。

图 6-2 淘宝美食直播

此外，主播通过多场景、多方位的讲解，让消费者全面地了解产品的使用情况及售后服务等。消费者并没有实际去体验，在主播的讲解下，让消费者有身临其境的感觉。通过与主播进行互动，主播根据消费者的实际情况提供相应的购买建议，消费者结合自己的实际需求挑选合适的产品。化妆品直播讲解如图 6-3 所示。

图 6-3 化妆品直播讲解

6.1.2 如何挑选下一个“畅销爆款”产品

如何挑选下一个“畅销爆款”产品

爆款不仅代表了某件单品的热销，还代表了背后店铺的崛起，也会影响这一销售季中的销售格局。那么，如何挑选下一个“畅销爆款”产品？

1. 直播平台的爆品分析（以抖音、快手和淘宝为例）

1）抖音直播

抖音直播定位是专注年轻人的短视频社区，用户主要以年轻人为主，他们的消费能力高，直播产品种类多以女装、零食、家居用品为主。而且，抖音直播带货比较注重品牌。

2）快手直播

快手直播带货的产品种类较多的是食品饮料、美妆个护，产品价格一般在 0 ～ 50 元。与抖音直播不同的是，快手直播的用户对品牌的热衷度并不太高，相反，“老铁经济”下的主播黏性、价格高低成了下单的主要因素。这也符合快手直播用户的消费特征，价格偏低的商品的决策周期往往更短，更容易让消费者在短时间内下单。

3）淘宝直播

根据《2020 年淘宝直播新经济报告》，淘宝直播带货能力在 2019 年全面爆发，连续三年直播引导成交增速 150% 以上。全民拥抱淘宝直播的时代已经到来，截至 2020 年 2 月，至少 100 种职业转战淘宝直播间。女装依旧是消费者最爱买的产品，其次是美妆、食品。

2. 如何选择直播爆品

如何选择直播爆品？可以从性价比高、产品种类丰富、匹配度高和避免同质化四个方面来进行选择，如图 6-4 所示。

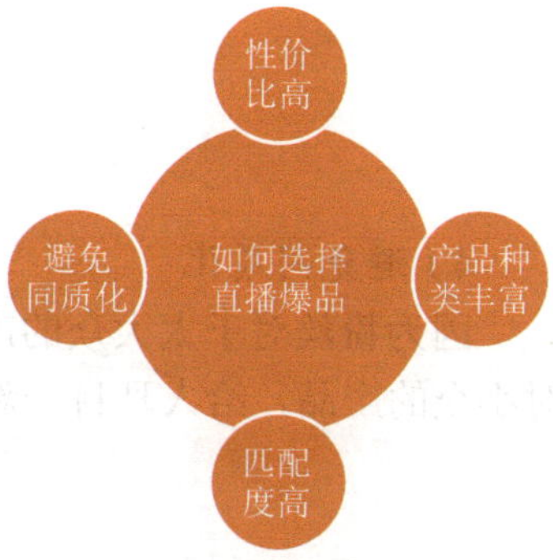

图 6-4　选择直播爆品的方法

1）性价比高

用户为什么会选择直播间购物？因为方便、便宜。这也是目前直播购物的一大基本特点。因此，在直播间选品，价格很关键，一般消费者都是奔着“全网最低”来的。如果一件产品不能符合大众心理预期的价格，那么这件产品就会很难卖出去，性价比高的产品更符合消费者心理的产品定位。

2）产品种类丰富

一场直播最短也要二三个小时，如果主播只是一件一件地介绍同类产品，粉丝很容易产生视觉疲劳或者选择障碍，从而降低购买欲望。可以设置一些跑量款产品来支撑整场直播间销售额。一个直播间可以设置多款跑量款，有节奏地穿插着分批推出，但需要注意的是，跑量款一定要保证货源充足。此外，直播带货每天的内容不要都一样，否则会让粉丝审美疲劳。

3）匹配度高

不管是商家直播还是个人带货，都一定要选择和主播标签相同的产品，若让一个未婚女孩去带母婴产品，粉丝的信任度则会很低。主播在选择直播产品的时候一定要考虑自身的定位，选择不适合的产品只会浪费时间，甚至影响自己的粉丝黏性。

那么怎么找到匹配的主播？第一，确定自己的商品针对什么样的人群；第二，主播曾经带过的商品是否与你的产品相同，取前 50 名相关主播，如图 6-5 所示为某女装主播，主要带的产品是大码女装；第三，看主播的客单价，有些主播专门走高价路线，有些只能走低客单价商品；第四，看主播粉丝画像，比如男女比例、年龄分布、消费偏好等。这样定你的商品跟主播的粉丝是否吻合。

图 6-5　大码女装主播

4）避免同质化

因为粉丝对于太大众的产品已经有了抵抗力，所以在选择直播产品时可以优先选择相对小众的产品，给人耳目一新的感觉。颜值不能低，好看的产品更能激发用户的购买欲。

6.2　直播商品展示

选品之后，如何在直播间展示商品？不同的直播类目有不同的展示规则，如美妆类要重点突出直播间反差感；美食类又可分为手工类美食和鲜果类美食，它们的展示类型也不同；还有服饰类、运动类直播间等。此外，还要根据直播间类别搭建主题氛围。下面介绍如何搭建。

6.2.1　好产品也要播得“好有趣”

好产品如何播得好有趣？下面具体分析直播类目。直播类目主要包括服饰类直播、美妆类直播、母婴类直播、美食类直播和运动类直播。

1. 服饰类直播

服饰类目可以策划的内容很多，除了多种上身搭配展示，还可以搭配主题，比如减龄搭配、OL 职场搭配、风衣专场等。最重要的是，将服饰带入使用场景，这与搭配主题有共同点。首先，直播内容应直观突出产品卖点，而不是一味地展示产品、解释产品。其次，使用直播间人气互动软件，通过提前准备的话术引导粉丝互动，解答粉丝的问题，引导粉丝跟上直播间节奏，而不是主播被粉丝带着走，偏离直播主题。这里需要注意的是，对所有搭配的款式，主播一定要彩排一遍，才能确认搭配出来的衣服好不好看，这样才能把服饰类的内容播好。某服饰直播间如图 6-6 所示。

图 6-6　某服饰直播间

2. 美妆类直播

美妆类直播要着重突出直播间反差感，主播可以在直播的时候演绎从素颜到化好妆的整个过程，这样会极具反差感，而反差感可以让粉丝在直播间停留更久。

美妆类直播也可以穿插一些护肤的心得和测评。美妆类直播一定要有节奏地进行直播间人气互动，用一些软件引导粉丝的互动，引导点赞，引导关注和抢单，这样才能让粉丝观看的时间变长，最后成交。某化妆品直播间如图 6-7 所示。

3. 母婴类直播

母婴类直播的主播人设是非常重要的，最好由宝妈出镜，由做过母亲的主播介绍妈妈选品的经验。某母婴产品直播间如图 6-8 所示。也可以邀请育儿专家来到现场介绍科学养育的知识，有孩子的主播可以让自己的宝贝在开播后的前 10 ～ 30 分钟在淘宝直播间。

母婴类直播产品，无论是吃穿用中的哪一种，在直播的时候，能够带入妈妈类的使用场景，那么对这些粉丝来说，效果会更好。

4. 美食类直播

美食类分为两种：一种是手工类美食，另一种是鲜果类美食。其中，手工类美食，可以直接在直播间制作，这样也能有效地增加粉丝停留的时间。鲜果类美食，可以直接在果园进行现场采摘，以提高直播间鲜果来源的真实性。某美食直播间如图 6-9 所示。

图 6-7　某化妆品直播间

图 6-8　某母婴产品直播间

此外，若主播人设是吃播主播的话，则可以直接在直播间试吃，这样给粉丝的感觉也会更加真实。

5. 运动类直播

运动类直播内容应与健康、减肥息息相关，可先建立运动打卡互助模式，然后通过直播间人气互动软件让粉丝不定时进来打卡，增加主播和粉丝之间的黏性。这里需要注意的是，做健身器材的作用分析的时候，不要只出现一个单品，因为这样会很枯燥，可先把直播间打造出一个健身房的感觉，然后再说明每种器材的使用规则。某运动类直播间如图 6-10 所示。

图 6-9　某美食直播间

图 6-10　某运动类直播间

6.2.2　好的产品展示方式能促进下单

如何进行产品展示？好的产品展示方式可以促进下单。直播产品的类型不同，展示方式也不同。直播产品的类型主要有服饰类产品、鞋包类产品、电子类产品、食品类产品、母婴类产品，下面针对这 5 类进行分析。

1. 服饰类产品

服饰类产品展示，一定要先展示全身，然后再展示细节，让粉丝对衣服有整体的认知，最好能有模特展示，让粉丝能看到衣服上身的效果，而且模特的选择尽量和衣服的人群定位保持一致。某服饰类直播间如图 6-11 所示。展示细节的时候，不要单纯展示，最好能突出设计的亮点，配上主播讲解。关于近景展示，应突出衣服细节、特点和整体感觉。此外，颜色不要太多，主推一两种颜色即可。

2. 鞋包类产品

应在功能和特点上重点展示包类产品，包括包的细节和材质。对于鞋类产品，应重点展示细节和整体的感觉，主播可以将鞋放在自己的手中，360° 展示 + 近景细节展示，要从各个角度展示鞋，一定要重点介绍设计亮点。此外，也需要讲解鞋的舒适度测评，比如鞋底柔软可对折、对折后鞋面没有痕迹、鞋面透气等。某鞋类直播间如图 6-12 所示。对于鞋上脚的效果展示，主播可以穿鞋走动，展示各个角度的效果。对最核心的几个卖点，讲解 1 ～ 2 个即可。

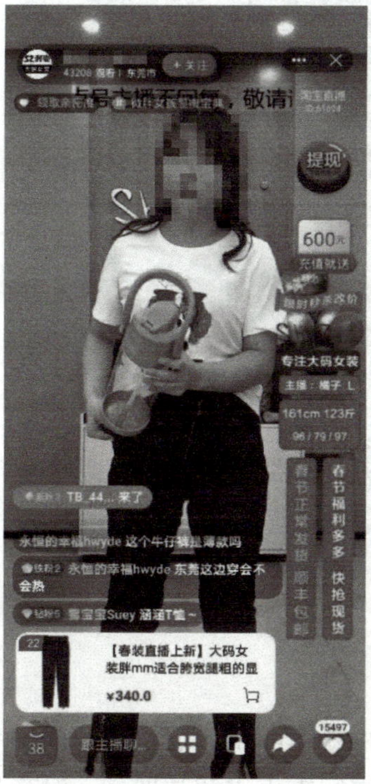

图 6-11　某服饰类直播间

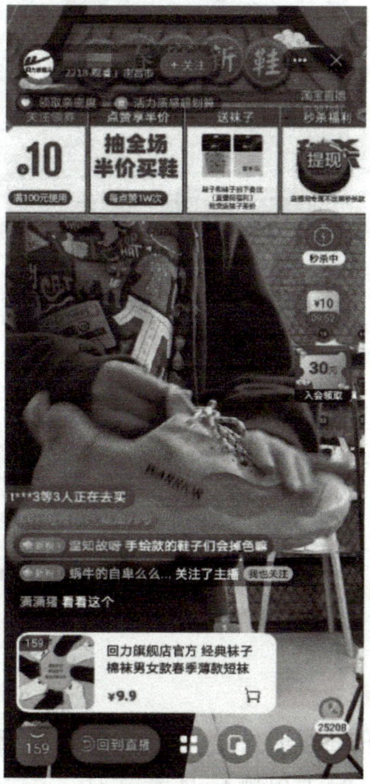

图 6-12　某鞋类直播间

3. 电子类产品

对于功能型的电子产品展示，可以突出展示产品的特色和功能。对于电风扇这种功能型的产品，要着重展示产品安装。对于创意类的产品，除需要展示外观外，还需要展示产品的创意特点和具体的操作方法。此外，可以对产品各个配件进行特写，还原产品的应用场景，以及在不同场景中的产品功能，对主要的卖点功能进行重点演示。对产品的特色功能可以进行测试，比如防水、耐刮等。应特别注意对产品的售后服务进行说明。某电子产品直播间如图 6-13 所示。

4. 食品类产品

对于食品类产品，需要展示其外包装、生产日期、质检标志等细节。展示包装内的产品，如果是茶味、奶粉、麦片等，最好用开水冲开给予示范。展示产品外观及基本信息，如包装、产地、净含量等时，主播可以边展示边详细讲解。近距离展示产品细节，可使粉丝直观地认识产品，比如产品的大小、色泽、形状等。对食品类产品的营养价值、营养成分、口味特点要进行说明和展示，可以介绍产品的制作工艺、产地和原料等，也可将产品的品牌 Logo 展示给粉丝。某美食直播间如图 6-14 所示。

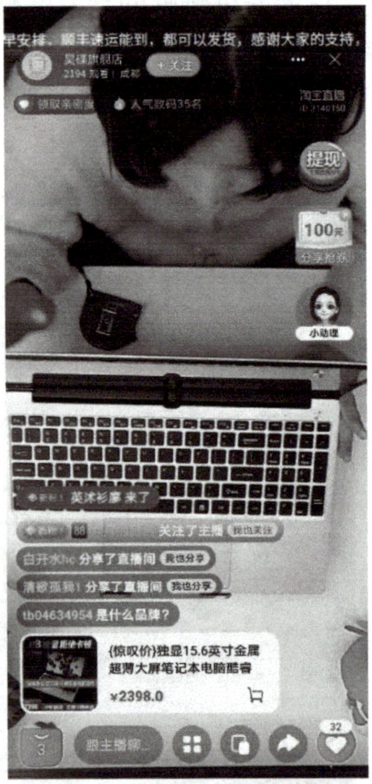

图 6-13　某电子产品直播间

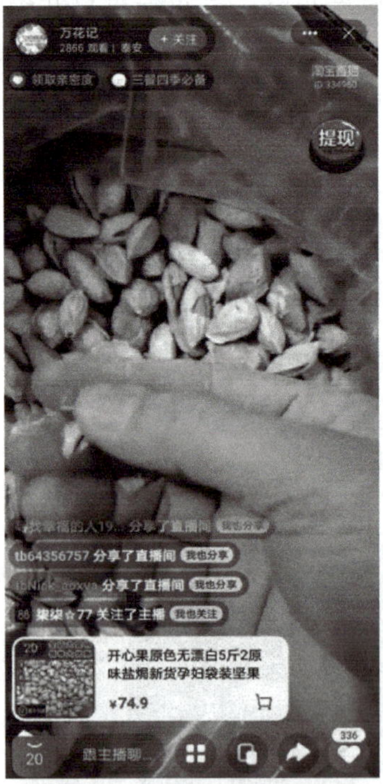

图 6-14　某美食直播间

5. 母婴类产品

对于母婴服饰类产品，应重点体现小模特的“萌”状态，可以展示衣服的细节、材质及成分。对于母婴玩具类产品，应对功能作用和安全进行重点讲解与展示。对产品的外观进行整体展示，可说明规格，展示基本属性，如尺寸、颜色等。重点展示产品的材质、细节和功能卖点，可以讲解展示宝宝的实际使用场景。对于安全性的功能要进行测试展示，可以加上功能演示的指导，讲解正确的使用方式。某玩具直播间如图 6-15 所示。

图 6-15　某玩具直播间

6.2.3　如何给产品搭建主题氛围

如何给产品搭建主题氛围

如何给产品搭建主题氛围？首先，应确定直播间的主题类型：是卖货型直播？是产品引入型直播？是教学型直播？是产品源头型直播？然后，再根据直播间主题类型，策划直播主题。

1. 电商直播主题类型

电商直播主题类型主要有四大类，分别是卖货型直播、产品引入型直播、教学型直播、产品源头型直播，如表 6-1 所示。

表 6–1　电商直播主题类型

直播主题类型	具体内容
卖货型直播	这类直播的普通特征是产品多、货源充足，直播和粉丝互动目的都格外明确，只要简单问候、拉近与粉丝的距离，正常卖货即可
产品引入型直播	这类直播偏场景化，可在不同阶段介绍配套的产品，而粉丝黏性较高，用户群体比较忠诚，不会太在意价格
教学型直播	这类直播在使用过程中存在技巧，对于某种技能的必需品，可通过产品的教学展示来构成直播内容，与粉丝互动交流，达到销售目的

续表

直播主题类型	具体内容
产品源头型直播	这类直播往往从粉丝的需求点出发，倾向于在产品原产地进行实况直播。比较注重互动人群的想法与互动要求

2. 如何策划直播主题

挖掘产品周边信息，通过周边信息可以策划不同的主题。下面通过两个案例来进行分析。

案例1

一场卖珠宝饰品的直播，产品单价一般为500～1500元。从直播后台的数据可以发现，主要用户群体是30～45岁的女性，她们的孩子一般是3～10岁。该群体更喜欢享受生活，她们的穿衣搭配风格比较简约，或者说有一些北欧风格；她们感兴趣的话题是怎样教育孩子、怎样更融洽地与同事相处等。

对于这些不同的话题，主播都可以将其作为一个主题来进行有意的引导。如果粉丝对这个主题感兴趣，则她对主播这个人也会感兴趣，同样她也会对直播间里的一些产品感兴趣，那么她可能会成为主播的高黏性粉丝。

每次在直播前应针对粉丝会提到的问题写好互动话术，导入直播间人气互动软件，引导粉丝互动评论，激活粉丝，设置点赞频率，营造直播间热度，获得更多的直播平台流量，设置前往购买频率，引导粉丝抢购下单，提高下单转化率。

案例2

对于卖瑜伽垫的直播，直播内容可以是一个关于瑜伽的教学，在直播间卖瑜伽服、瑜伽垫等相关的配件。主播在教学的同时，更要传递出一种生活态度或一种健身态度。主播教第一阶段的课、第二阶段的课、第三阶段的课，在不同的阶段需要不同的配件。

这样的直播主题及直播内容可以促进粉丝与主播之间的高黏性。因为通过主播和粉丝之间的互动，或传递生活正能量的方式，让直播产品有了温度，所以当粉丝购买产品的时候，一般都不会注重价格，只要认定直播间的产品是自己所需要的，粉丝下单的可能性就会很高。

6.3 提高直播带货转化的法则

现在，直播带货呈现愈演愈烈的态势。下面介绍提高直播带货转化的法则。

6.3.1 粉丝为什么看一眼直播就走掉

粉丝看一眼直播就走掉的主要原因是：画面质量差、主播形象差、解说不专业、直播内容不匹配、与消费者需求不匹配。

1. 画面质量差

画面质量差的表现如表 6-2 所示。

表 6–2　画面质量差的表现

表现	具体内容
画面元素太繁杂	轮播条、浮沉图、信息卡等工具面积过大、位置不当等，会影响粉丝观看直播的体验
网络信号不稳定	网络信号不稳定，会导致视频与声音不同步、直播画面卡顿，从而严重影响粉丝的直播购物体验
视频清晰度差	视频清晰度差，粉丝无法看清展示的商品；感觉不美观，感觉主播不专业、对粉丝不负责，因此，无法博得粉丝的基本信任
光线暗、亮度不足	光线太暗、亮度不足，会造成粉丝无法看清商品细节，且给粉丝的感觉是画面很脏
直播环境糟糕	看到直播环境比较脏，直播环境中物品的摆放杂乱无章，粉丝一般都会无心思继续看直播

2. 主播形象差

主播形象差的表现如表 6-3 所示。

表 6–3　主播形象差的表现

表现	具体内容
主播精神状态差	主播不主动说话；主播面露愁容、无精打采；主播在直播间怼人、骂人
服装搭配比较糟糕	未准备直播服装或者直播服装不适宜
面部化妆比较糟糕	面部未化妆或者化妆不合适
主播发型糟糕	直接用日常发型；发型与服装、脸型不搭配

3. 主播解说不专业

主播解说不专业主要包括主播解说内容错误、解说失误、解说口误。此外，主播口齿不清也是不专业的表现。主播解说不专业的表现如表 6-4 所示。

表 6–4　主播解说不专业的表现

表现	具体内容
解说内容错误、解说失误、解说口误	解说内容错误：主播将商品的功能、参数、用途、使用场景说错，90% 新主播都会犯这样的错误，原因就在于对商品不太熟悉。建议在直播之前对直播的所有商品进行系统了解
	解说失误：主播错误地将其他商品的属性说成当前正在解说的商品的属性
	解说口误：未经过大脑思考脱口而出，产生了口误
主播口齿不清	主播发音不准或者用方言直播，粉丝听不懂直播解说内容

4. 直播内容不匹配

直播内容不匹配的表现如表 6-5 所示。

表 6–5　直播内容不匹配的表现

表现	具体内容
与预告不匹配	粉丝通过直播预告进入直播间，发现直播活动、商品等与直播预告不符合，感觉被欺骗，因此直接走掉
与封面不匹配	粉丝对封面的人（如某个特定的达人主播）或物感兴趣，点开直播间后却发现封面的人或物并没有出现在直播间，感觉受到了欺骗

5. 与消费者需求不匹配

粉丝在看直播的过程中，会无意中进入某个直播间。对于这个直播间里的所有商品或者当前正在解说的商品，若粉丝不感兴趣或没有购物需求，必然看一眼直播就走掉。

6.3.2　如何增加粉丝在直播间的停留时长

粉丝在直播间的停留时长，是决定直播间成效和粉丝转化的重要因素，只有粉丝才能成就直播。影响粉丝停留时长的 5 个因素如图 6-16 所示。

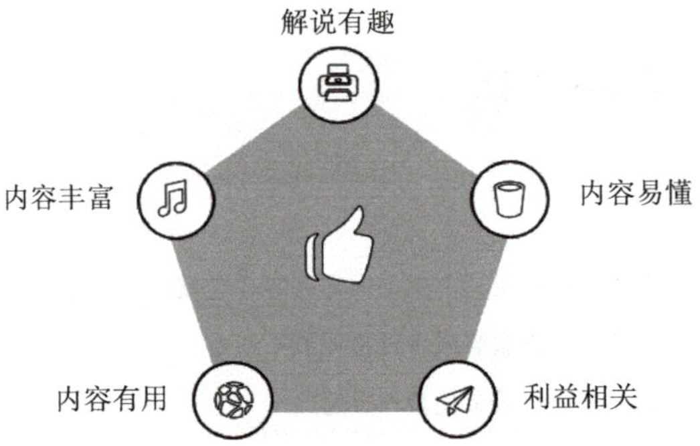

图 6-16　影响粉丝停留时长的 5 个因素

1. 解说有趣

人都喜欢有趣的事物，人都有这样的心理——追求快乐，规避痛苦。直播间的所有粉丝都希望快乐地看直播。对于无趣的直播间，粉丝不仅停留时间短，而且下单率也普遍不高。

2. 内容丰富

主播解说的内容丰富才能全面地解说商品。直播间的粉丝在下决心购买商品之前，都需要系统地了解商品的属性。主播解说内容丰富可使粉丝在直播间多停留一会。

3. 内容易懂

若粉丝听不懂主播用的语言及内容，粉丝就会立即离开直播间。主播的普通话标准，并且通过通俗易懂的语句解说商品，粉丝就会多停留。

4. 内容有用

直播间的粉丝不是一开始就有购物的意愿，大多数粉丝需要经历“种草”过程方可下单。什么是种草？说明商品的使用场景、人群及具体的用途，就是在给粉丝种草，粉丝更愿意为“用途”多停留一会。

5. 利益相关

直播间有不少的粉丝都是冲动型的，他们对商品不一定有需求，但受某些因素影响而会冲动下单。直播间也有不少的粉丝虽已经选好商品，却始终在各个直播间对比以寻求最高的性价比。优惠券、红包，不仅可以让冲动型粉丝下单，更可以让追求高性价比的粉丝下单，因此优惠券与红包同样可以增加粉丝看直播的时长。

增加粉丝停留时长的方法如表 6-6 所示。

表 6-6　增加粉丝停留时长的方法

方法	具体内容
优质场景的布置	直播背景： 直播背景契合直播主题与内容； 直播背景内容与颜色简洁明了； 直播背景清晰可见、位置端正
	直播环境： 非直播相关东西不出现在直播环境中； 直播环境中不出现过多的颜色； 直播环境中的物品摆放整齐有序
	灯光搭配： 灯光搭配包含面光灯、顶灯、环境灯； 粉丝能够看清主播面部、发型、着装； 粉丝能够看清展示的商品细节； 粉丝看到的画面未出现色差或颜色不适情形
直播利益引导	抽奖： 关注留言 + 主播截屏； 在直播间里设置实物的大转盘，通过大转盘来开展抽奖
	优惠券发放： 单个商品的优惠券，只对单个商品有效； 店铺优惠券，适合店铺的所有商品
	红包： 口令红包； 红包雨； 截屏红包
优质表达方式	讲故事： 分享产品故事，引起粉丝观看的兴趣
	讲场景： 将产品与场景相结合，让粉丝有代入感
	做类比： 将直播产品与其他产品对比，让粉丝更容易获取本产品的卖点
定期直播互动	来客欢迎： 欢迎新进入直播间的粉丝，并且定时 + 不定时欢迎
	问题答疑： 及时回答粉丝问题
	产品提醒： 及时提醒粉丝正在直播的产品

6.3.3 如何引导粉丝在线与主播互动

引导粉丝在线与主播互动的技巧如表 6-7 所示。

如何引导粉丝在线与主播互动

表 6–7 引导粉丝在线与主播互动的技巧

技巧	具体内容
直播印记引导	定期提醒粉丝互动： ➢ 提醒粉丝将想咨询的疑问主动说出来； ➢ 咨询粉丝想了解的产品
	配合利益引导： 优惠措施也是活跃直播间气氛的必要方法。 ➢ 红包； ➢ 抽奖； ➢ 优惠券
	产品卖点展示： 卖点展示很容易说到粉丝心坎里，对每场直播都需要精心策划直播脚本，在直播脚本中需提炼产品卖点
主动寻找话题	结合热点： 大众群体都有一个习性，即“凑热闹”，凑热闹的特征是关注热点话题与事件，通过热点话题、事件，能够很好地拉近与粉丝的距离
	结合产品： 围绕商品本身寻找、设计一些话题，在讲解商品的时候穿插话题，不仅可以展示商品，更可以增加解说的生动性
	结合粉丝： 主动与直播间某些有特征的粉丝进行针对性的互动，比较适合能够准确抓住粉丝特征的主播，聊天的时候要注意尺度
主动互动老粉	记住老粉关注： 老粉会在某些时候提出一些问题，如商品的价格、商品的使用人群、使用的场景等。需要及时记录这些信息，当老粉再次来看直播的时候，需要及时、准确地主动回答这些问题
	记住身份特征： 主播需要记住经常互动的粉丝的身份特征，具体方式如下：下播后及时记录，以及看直播回放的方式记录。这些身份特征可以成为聊天的切入点，粉丝比较关注自身，主动聊到这些切入点的时候，粉丝一般都会有回应
	沟通使用体验： 部分下单的老粉会有经常进直播间看直播的习惯，当发现这些人进入直播间时，可以与他们互动，询问使用的体验
设置解说悬念	产品功能： 围绕产品本身巧妙设置悬念，通过悬念引起粉丝主动互动
	使用场景： 结合讲故事的方法，合理地设置使用场景悬念
	使用人群： 围绕使用人群，设置合适的悬念，也可以增加粉丝的互动频率，如“黄金搭档送父母”

6.3.4 如何让不说话的粉丝积极提问

直播间的粉丝积极提问，意味着他们对商品感兴趣，对该场直播感兴趣，有购买的意愿。当粉丝有购买的意愿时，就会对自己关心点进行详细的了解。有些粉丝比较关心售后服务，就会咨询退换货的问题。有些粉丝比较关注价格，就会问红包、优惠券等问题。

粉丝不积极提问的原因如表 6-8 所示。

表 6–8 粉丝不积极提问的原因

原因	具体内容
当前无购买需求	粉丝无购物需求，基本上不会在公屏弹幕区提问
直播时长较短	电商直播平台都有一个逻辑：把优质粉丝推送给优质的主播，把粉丝推送给努力的主播。基于这个逻辑，主播的直播时间不长，平台给直播间推荐的粉丝就会少，直播间观看直播的观众较少，提问的概率自然就低
直播间粉丝数量少	直播间观看人数少，直播氛围差，提问的粉丝也会比较少
粉丝找不到组织	多数新手主播经常忘记提醒粉丝关注账号，粉丝需要主播的不断提醒才能关注账号。因为未关注账号，粉丝流失，流失的后果就是直播间无人观看

让粉丝主动说话的技巧如图 6-17 所示。

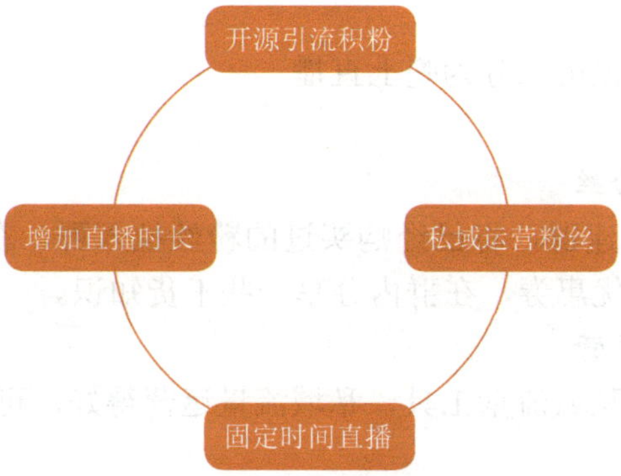

图 6-17 让粉丝主动说话的技巧

1. 开源引流积粉

1）站内引流

充分利用所在直播平台的资源工具为直播进行导流，通过导流积累粉丝，可以有效地增加开播观看人数。常见的导流方法有发布直播预告、付费推广直播间。

2）站外导流

通过在各类自媒体、短视频平台、种草平台做内容，为直播间导入流量。各个电商平台会因为站外导流，给主播增加单位时间内进入直播间的站内流量。

3）技巧留粉

对能够进入直播间的粉丝，需要想方设法留住，让其关注直播账号。如果只有导流而主播未能不断地提升个人的直播技巧留住粉丝，则无法达到想要的效果。

2. 增加直播时长

1）增加单次直播时长

新手主播在条件允许的情况下，应尽可能增加单次直播时长。时间越久，平台给直播间推送的流量就越大，积少成多，流量会十分可观。

2）单日增加直播次数

单次直播时间过长，身体负荷较重，可以在单日里增加直播的次数，电商直播平台比较喜欢直播次数较多的主播。直播次数多，平台会适当增加直播间推送的流量。

3）单日增加主播的数量

店铺直播可以采用在一天内由多个主播混合直播的方式，以增加直播时长，让粉丝在直播间看到不同的主播，形成新的体验。

3. 固定时间直播

1）选择合适时段的方法

通过以往直播的数据，分析出哪个时段进入直播间的人数最多；通过直播平台提供的工具，采集平台主要的流量时段；查看行业报告，找到某类商品的直播人气最旺的时段。

2）单个主播定时直播

对前面所收集的时段分别进行测试，对每个时段连续测试几天，将测试比较满意的时段作为日后固定直播时段。

3）多个主播定时直播

既可分为早上直播，也可以分为晚上直播。

4. 私域运营粉丝

1）站内建群，运营粉丝

利用站内的社交工具建群，将已经购买过的粉丝拉入群，在直播间内引导粉丝入群，在群内不定时发红包或者优惠券，在群内分享一些干货知识。

2）站内私域，流量运营

充分利用直播平台的私域流量工具，私域流量运营得好，可以为直播间带来大量的人气，比如淘宝的微淘。

3）站外建群，运营粉丝

通过各种各样的方式积累站外的粉丝并将粉丝导入特定的社群里，每次直播都在群内进行预告，开播后在群内进行提醒。

6.3.5 快速判断粉丝是否有消费意愿的技巧

粉丝这一消费群体拥有一定的消费环境，在进行消费时，其消费价值观与消费行为都会有所体现。下面介绍快速判断粉丝是否有消费意愿的技巧。

1. 互动比较频繁

1）互动频率高

粉丝有消费意愿，就会不停地与主播进行互动，希望将关心的问题弄明白。

2）大量提问影响决策问题

粉丝咨询有关商品核心要素的问题，如是否采用健康无污染的材料、这个商品对孩子是否有害，这就代表粉丝已经有明显的下单需求了，这个时候需要圆满地回答问题。

3）要求主播多角度展示商品

主播展示出现问题，会导致粉丝无法看清商品的全貌及细节。如果粉丝有了明显的购买意愿，就会不断地要求主播按照其意愿展示商品。

4）主动索要优惠

粉丝只有对商品产生了兴趣想要购买，才会主动找主播索要优惠券。这时，主播要及时给予回复，如有优惠券，则要提醒粉丝领取的方式；如没有优惠券，则告知粉丝哪些商品有优惠券。

2. 粉丝偶怼主播

1）问题被忽视

问题被忽视包含两个方面：一是粉丝的提问被忽视，二是主播没有及时回答粉丝的问题。粉丝的提问得不到解答，会有以下三种表现。

（1）当场直接离开直播间。

（2）在直播间反复提问，提醒主播解答问题。

（3）在直播间怼主播。

粉丝对商品十分感兴趣，才会产生以上反复提问及怼主播的情况（小黑粉除外）。

2）产品介绍错误

在某些情况下，粉丝已经对商品做了很深的研究，甚至比主播还要专业，在直播间发现主播的解说出现了错误就会纠正或者怼主播。这个时候，主播应及时承认错误并挖掘该粉丝的需求，引导其下单。

3. 比较关心参数

参数包括商品的规格、数量、成分、配方、样式等。当主播发现某些粉丝在不断地确认商品的规格、数量、成分、配方等时，可以确认该粉丝对商品十分关心，就是说该粉丝有购买的意愿。

4. 比较关注场景

1）适合谁用

不少粉丝购买的商品不是自己使用，而是为他人（亲人、朋友）购买，因此为了确认产品是否适合特定人群使用，会反复与主播确认商品的使用人群及使用后的细节。遇到这种情况，主播需要抓住机会在回答清楚问题的前提下引导粉丝下单。

2）怎么使用

主播应能清楚地介绍商品的具体用法，如驱蚊液分为喷雾剂及点燃剂，喷雾剂需对准身体要保护的部位喷洒，点燃剂需通电让驱蚊的成分挥发出来。当粉丝咨询商品的使用方法时，说明他有意愿购买。

3）在何场景下使用

粉丝在购买商品的时候会更在意使用的场景。使用场景即用在什么地方，什么时候使用，在什么情况下使用。塑造使用场景就是在给粉丝“创造”购买需求，当粉丝主动沟通使用场景时，说明该粉丝已经在思考购买后如何使用。遇到这种情况，主播需要在回答问题的前提下再补充一些相似的场景。

5. 比较关注价格

关注价格表现在两个方面：不断咨询价格、不断咨询优惠活动。咨询价格与优惠活动的人大致分为两种：一是比较拮据，二是具有这样的购物习惯。

6. 关心快递发货

关心快递发货、售后服务也是粉丝即将下单的一种表现。关心主要体现在以下三个方面。

1）关心快递的问题

可能有某些快递无法送达粉丝之处，也可能是粉丝之前与某些快递员发生过不愉快的事情。

2）关心发货的问题

粉丝可能比较心急，希望尽快收到商品，或者粉丝有特殊的情况。

3）关心售后的问题

可能是粉丝之前购物遇到过售后问题，希望不要再出现；或者粉丝比较挑剔，担心退货、换货遇到问题。

6.3.6 如何给直播间的游客做产品种草

如何给直播间游客做产品种草

什么是产品种草？种草是现代产品营销必不可少的策略，种草就是激发消费者的购买欲望，通过特定的过程可将“草”种植到消费者的心中，有种草就有被种草。消费端的演变为种草、长草及拔草，如图 6-18 所示。

图 6-18 种草的概念

直播间的游客类型包含闲逛型游客、拔草型游客和目标型游客。

1. 闲逛型游客

这种类型的游客没有明显的购物目标与目的，只是为了打发时间。

2. 拔草型游客

相对于闲逛型游客，此类游客有明确的购买目标，还在寻找购买渠道。

3. 目标型游客

此类游客有明确的购买目标且有明确的购买渠道。

上面介绍了种草的概念及直播间的游客类型。如何给直播间的游客做产品种草？下面介绍种草的三种方法，如图 6-19 所示。

塑造场景感

告知直播间的游客该商品的多种使用场景

放大获得感

给直播间的游客传递获得此商品后的价值

放大失去感

给直播间的游客塑造若没有此商品的感觉

图 6-19　种草的三种方法

下面通过一个案例来具体分析如何给直播间的游客种草。

服装直播种草过程的案例如下。

➢ 试穿演示

• 演示的时候要注意走位，远景看整体搭配效果，近景看衣服的设计亮点。

• 衣服前后左右的效果都要让直播间的游客看清楚。

➢ 风格讲解

• 风格是一件衣服给人的整体感觉，而且一个人偏爱的衣服风格通常都是固定的。

• 对于衣服的风格（如韩式风格、日式风格、欧美风格、小香风格、名媛风格、学院风格），需要告知直播间的游客。

➢ 版型讲解

• 身材越不标准的人，对版型的要求越高。

• 宽松版型——包容性强、显瘦，长版型——遮臀部、遮大腿，修身版型——显得人比较精神。

➢ 颜色讲解

• 讲解衣服的整体颜色给人什么样的感觉，如白色典雅、黑色酷感十足、紫色高贵、粉色可爱等。

• 讲解颜色给人带来什么好处，如正红色显肤白、黑色显瘦等。

➢ 面料讲解

• 讲解衣服的面料优质性和该面料的优点。如纯棉吸湿透气、聚酯纤维造型挺括不易变形、针织细密保暖、皮衣防风且高档等。

• 近景演示面料的细节纹理、柔软度、舒适度。

➢ 讲解图案/工艺/细节——设计亮点

• 讲解衣服图案的流行元素，突出衣服的时尚感。

• 讲解衣服的工艺精致度、成本。

• 展示衣服的小细节。

➢ 讲解搭配/穿着场景

• 演示搭配非常重要，一衣可以多穿是衣服性价比的一个绝佳体现点。

• 讲解搭配时，不能空讲，而应尽量把整套搭配展现在镜头前。

• 一件主推款应尽量做两套风格不同的搭配，迎合粉丝们的不同场景需求，如约会、休闲、上班等生活场景。

➢ 价格与库存

• 先报原价，对比强烈，可以激发粉丝捡好货的欲望。

• 再强调性价比，可以用对比法、稀缺法、参照法。

• 最后报秒杀价、库存和码数，引导粉丝下单。

6.4 促进购买的法则

与以往的电视购物不同的是，直播带货可以实现主播与粉丝面对面的沟通，通过及时与粉丝进行互动，解答粉丝对产品的各种疑问，以及“看得见”的产品效果展示，消除粉丝的顾虑，实现成交。如何更好地促进粉丝购买？下面介绍几种促进购买的法则。

6.4.1 促销屡试不爽，多种手段促进粉丝下单

为什么要做促销？原因有很多，主要包括 8 个影响因素，如表 6-9 所示。

促销屡试不爽，多种手段促进粉丝下单

表 6-9 做促销的原因

影响因素	具体内容
新品上市	新品上市吸引顾客，缩短产品入市的进程
刺激初次购买	激励消费者初次尝试购买，达到使用目的
再次购买	激励使用者再次购买，建立并巩固消费习惯
增加购买量	增加消费者每次购买数量，提高销售业绩
竞争手段	促销是一种市场竞争手段，保护市场
宣传附送品	带动宣传附送品或相关产品市场
节庆酬谢	节庆酬谢，增加与消费者的亲和力
处理库存	处理仓库积压库存

下面介绍 10 种促销方法，如表 6-10 所示。

表 6-10 10 种促销方法

促销方法	具体内容
纪念促销	节日：六一儿童节、七夕、圣诞节等 会员式：VIP、会员日等 纪念日促销：生日特惠等

续表

促销方法	具体内容
引用举例式促销	产品卖点：功能促销等 产品特性：闺蜜推荐等 效果对比：用前用后等 新品促销：新品九折等
限定促销	限时促销：秒杀等 限量促销：仅 100 件等 单品促销：孤品限定等 以上三种可参照阶梯式开展
组合促销	捆绑式：套餐购买半价等 套餐式：买 A 送 B 等 连贯式：第二份半价等
奖励促销	抽奖：购买即可抽奖，选取幸运用户 互动：收藏分享享优惠 优惠券：代金券、抵金券、现金券
借力促销	热点：节日、重大事件、明星 依附：某某赞助，依附节日做预热
临界点促销	极端：全网 9.9 元 最低：低至 2 折 最高：最高 99 元
主题促销	主题式：感恩大回馈 公益式：购物即为公益捐款 联合式：A 品牌与 B 品牌联合，打造购物盛宴 配合平台式：平台活动（“618”“双 11”）
时令促销	清仓：清仓大甩卖 反季节：冬衣夏卖
其他促销	悬念式促销 反促销式促销 通告式促销 稀缺式促销 竞价式促销

6.4.2　如何消除粉丝的疑虑，让其果断付费购买

粉丝常有的疑虑包含品质疑虑、价格疑虑、用途疑虑、快递疑虑、售后疑虑，如图 6-20 所示。消除粉丝的疑虑的方法如表 6-11 所示。

如何消除粉丝的疑虑，让其果断付费购买

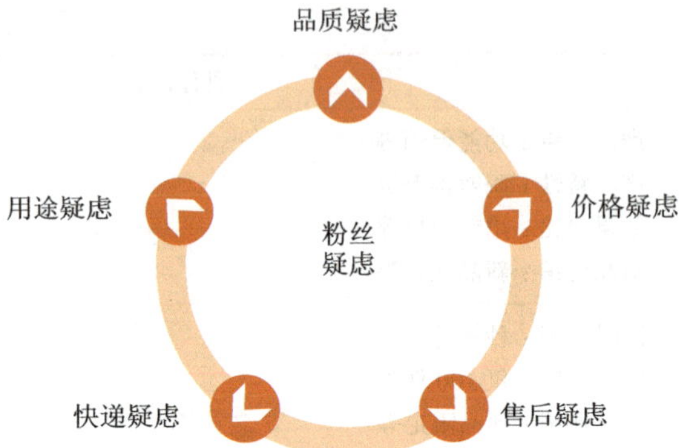

图 6-20　粉丝的疑虑

表 6-11　消除粉丝疑虑的方法

方法	具体内容
品质	原材料：介绍原材料的来源，比如这个材料是从国外进口的
	制作的工艺及流程
	粉丝评论
	粉丝故事
用途	现场演示
	播放宣传片
	展示粉丝使用的照片，比如通过商品评论区找一些粉丝使用的照片会更加真实
价格	放大优惠策略，比如优惠券、红包抽奖
	强化好价格代表好品质的消费概念
快递	快递能否到达？ 原因：可能部分快递无法到达粉丝收件地址 方案：询问粉丝哪些快递可以到达其收件地址
	快递是否快？ 原因：粉丝比较着急使用 方案：按快递公司口径回答
	是否会损坏商品？ 方案：告知粉丝商品包装方案，并且告知损坏包赔
售后	退货问题 方案：主播需要如实解说店铺的退货政策
	换货问题 方案：主播需要如实解说店铺的换货政策
	理赔问题 方案：主播需要如实解说店铺的理赔政策

6.4.3　塑造专业主播形象，增强粉丝的购买信心

专业主播的特征包含 5 个方面：定时直播、有趣、自信、耐心、专业，如图 6-21 所示。

塑造专业主播形象，增强粉丝的购买信心

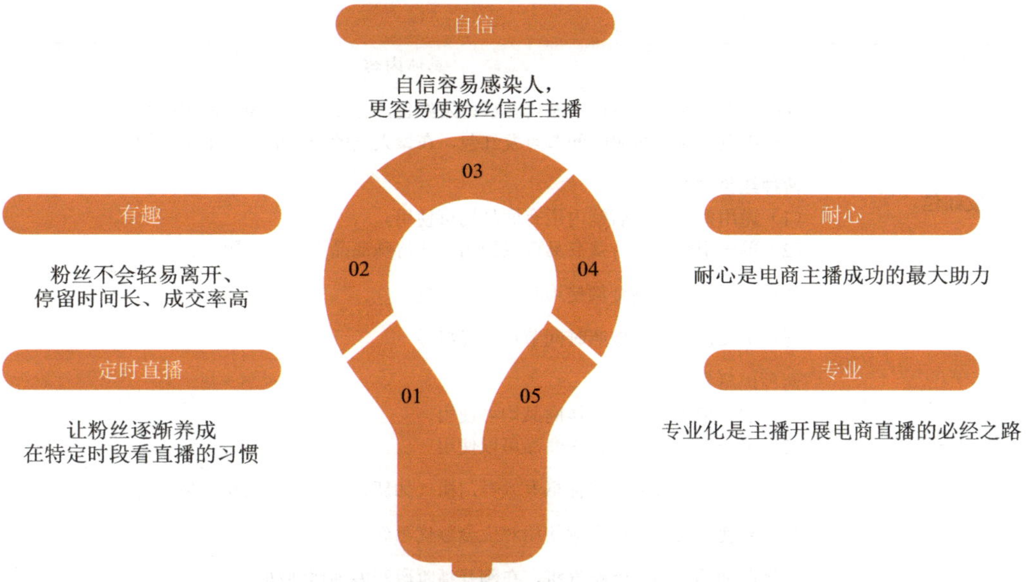

图 6-21　专业主播的特征

塑造专业主播形象的方法如表 6-12 所示。

表 6-12　塑造专业主播形象的方法

方法	具体内容
自信 让直播具有感染力	形象彰显气质：形象匹配产品
	语言轻快流畅：语言是判断人是否自信的最好工具之一
	表情自然坚定：严禁面无表情、表情呆滞、面露愁容
有趣 让直播内容生动、解说不枯燥	非负面口头禅：可在直播时经常使用效果好的口头禅
	解说生动诙谐：解说内容应生动诙谐
	解说不枯燥：严禁枯燥地开展电商直播
耐心 给粉丝上帝般的待遇	无人互动时：按照直播脚本规划开展直播工作，忌不耐烦
	互动太多时：逐一回答问题，并提醒场控通过文字配合回答
定时直播 与粉丝建立信任链接	直播前提醒：发直播预告、站内社群提醒、站外社群提醒
	直播后通知：发直播公告、站内社群通知、站外社群通知
	下播后维护：告知下单商品尽快发出、感谢粉丝观看捧场

注：在专业特征方面，可参考前面章节的内容。

6.4.4 不降价也能直播促销的实用手段

不降价也能直播促销的实用手段

什么是不降价促销？虽然不降低但通过相应的措施让消费者感觉到购买商品更划算，则为不降价促销。常见的不降价促销手段包括发红包、发优惠券、抽奖、特定地区包邮、买送和享受特定服务，如表 6-13 所示。

表 6–13 常见的不降价促销手段

手段	具体内容
发红包	提醒式发红包：开播前在站内社群内发红包，告知开始时间及使用商品。 开播中发红包：按照时间节点发红包，在聚人气的同时促使订单量增加
	两种红包类型： （1）通用型红包及店铺内所有商品均可使用。 （2）单一型红包，特殊商品可以使用，非特殊商品不可以使用
	红包使用门槛：满金额使用对应金额红包
发优惠券	开播中发优惠券：按照时间节点发优惠券
	两种优惠券类型： （1）通用型优惠券，全体商品均可使用 （2）单一型优惠券，特殊商品可以使用
	结合亲密度等级：设置优惠券领券门槛（如新粉、钻粉、铁粉、挚爱粉）
	优惠券使用门槛：满金额使用对应金额优惠券
抽奖	开播前抽奖：为了活跃气氛，在刚开播阶段开展抽奖活动
	开播中抽奖：设置抽奖条件（如点赞），达量触发抽奖机制
	截屏抽奖：粉丝在公屏留言，主播定时截屏，按照顺序确定奖项
	转盘抽奖：在直播间设置实物转盘，奖品明确，依规则抽奖
特定地区包邮	大件商品包邮：大件商品（大件一般不包邮）特定地区包邮（近）
	普通商品包邮：之前部分地区包邮的商品，扩大包邮区域（较远）
买送	达量送：粉丝在直播间购买足够数量的商品，即可获得相应赠品
	买就送：粉丝在直播间只要买某些特定的商品，即可获得相应赠品
享受特定服务	延长售后时间：之前售后时间为 1 年，在特定时间内购买再延长 1 年
	赠送相应配件：如想更好地使用商品需购买相应配套物件，赠送配件

6.5 迅速化解直播危机

在直播过程中，难免会出现一些问题，比如说错话、挂错链接、黑粉捣乱等。下面具体介绍如何解决这些问题。

6.5.1　解决说错话问题

直播中说错话的常见原因主要有两个。

（1）直播准备不充分：在直播前未充分熟悉商品、活动信息，以及直播脚本。

（2）直播经历较少：说错话多出现在新手主播直播间中，因为其缺乏直播经验。

直播中容易说错的情况如图 6-22 所示。

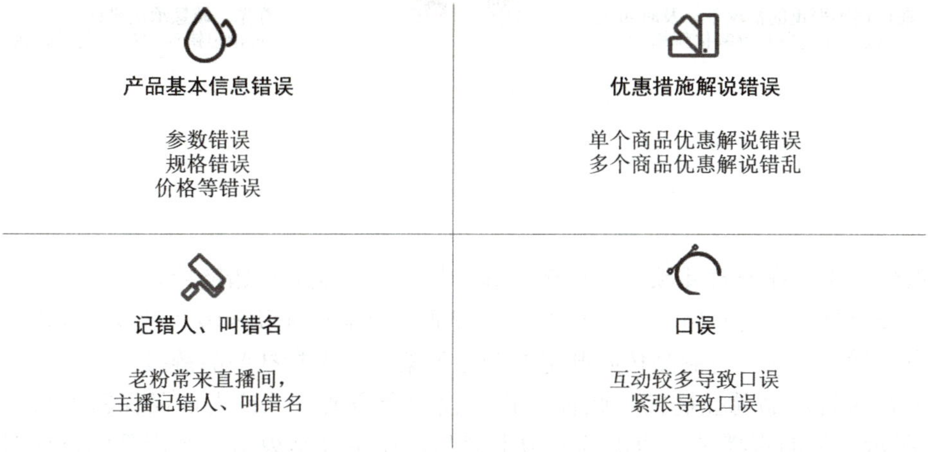

图 6-22　直播中容易说错话的情况

直播中说错话的表现如表 6-14 所示。

表 6–14　直播中说错话的表现

表现	具体内容
商品解说错误	商品基本信息错误：参数错误、规格错误、价格错误等
	商品功能信息错误：用途错误、人群错误、场景错误等
活动解说错误	活动内容解说错误：活动内容细节传达出现失误或者错误
	优惠措施解说错误：单个商品优惠解说错误、多个商品优惠解说错乱
与用户互动的错误	记错人、叫错名：老粉常来直播间，主播记错人、叫错名
	其他信息错误：案例引用错误、故事分享错误、体验反馈错误
各种形式的口误	口误经常出现在互动较多、紧张的情况下

前面已经介绍了直播中说错话的原因、情形及表现，下面介绍直播中说错话的应对措施，如图 6-23 所示。

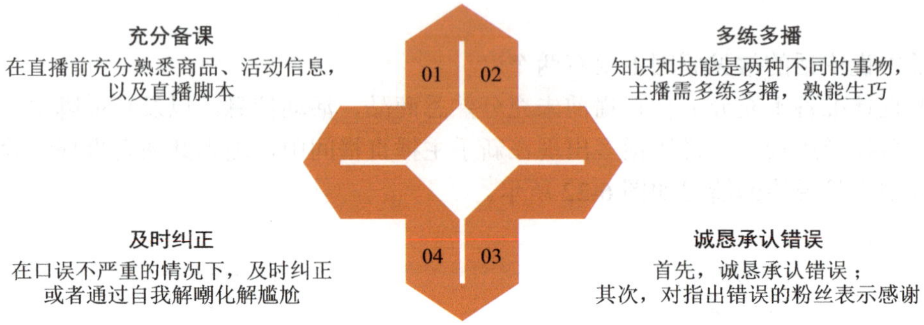

图 6-23　直播中说错话的应对措施

6.5.2　解决挂错链接问题

一般情况下，在发直播预告时和在讲解产品前，可能会挂错链接。

（1）发直播预告时挂链接。此种方式比较适合店铺直播及未涉及秒杀活动的达人直播间。在发直播预告时，将商品按照既定的顺序上架，上架指挂商品链接。

（2）在讲解产品前挂链接。此种方式比较适合需要秒杀或者商品保密的直播间，如图 6-24 所示。他的直播是一边讲解一边上商品，在主播结束前一个商品的讲解时，场控人员立即将下一个商品链接挂到直播间。

图 6-24　某直播间

一般情况下，挂错链接的表现如表 6-15 所示。

表 6-15　挂错链接的表现

表现	具体内容
商品链接挂错	当场直播未涉及的商品错挂到直播间
	当场直播涉及的商品未挂到直播间
商品顺序错乱	未按照既定的顺序（《直播商品手册》）要求挂链接
商品利益点错乱	商品利益点出现错别字、违禁字、语句不通顺的情形
	将其他商品的利益点错挂到某个商品链接上

下面介绍降低挂链接出错率的方法和发现挂错链接时的应对措施。

1. 先发直播预告再挂链接以降低出错率的方法

先发直播预告再挂链接，可降低出错率，对照脚本及《直播商品手册》挂商品的链接，挂完商品链接后需要检查 3 ～ 5 遍，排查链接商品排序及利益点问题。

2. 降低直播中挂错商品链接概率的方法

（1）提前准备好即将上架商品的链接、利益点。

（2）将每个商品的链接及利益点信息独立建立文件夹。

3. 发现挂错链接时的应对措施

一旦发现挂错链接，也不要慌张，应采取以下应对措施。

（1）利益点错误：及时向粉丝道歉，并告知真正的利益点。

（2）商品顺序错误：按照已经挂好的顺序直播。

（3）多上商品链接：主播可以选择不解说，如果有粉丝问起，可适当解说。

（4）漏上直播链接：主播应及时提醒场控人员把漏挂的链接补上，并在最后安排直播解说。

6.5.3　解决黑粉捣乱问题

首先要知道有哪些捣乱情形，然后判断是否为黑粉所为，并分析黑粉捣乱的原因，以及采取应对黑粉捣乱的措施。

解决黑粉捣乱问题

一般来说，黑粉捣乱直播间的情形如图 6-25 所示。

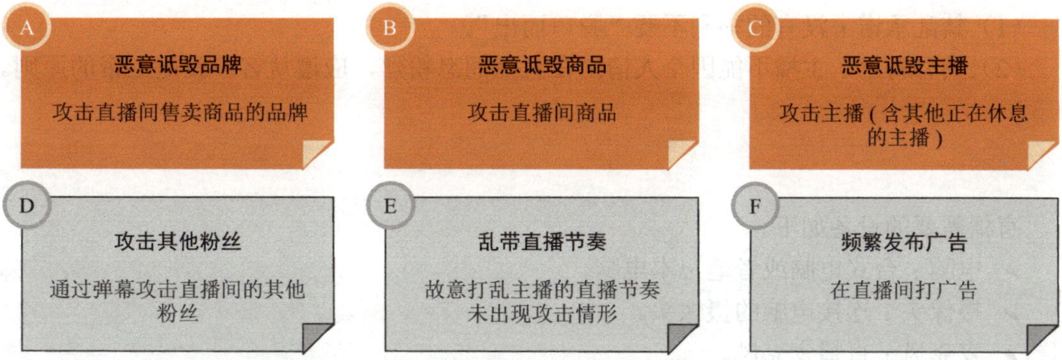

图 6-25　黑粉捣乱直播间的情形

如何判断是否为黑粉捣乱？如果符合如图6-26所示的情形，一般可以认定为黑粉捣乱。

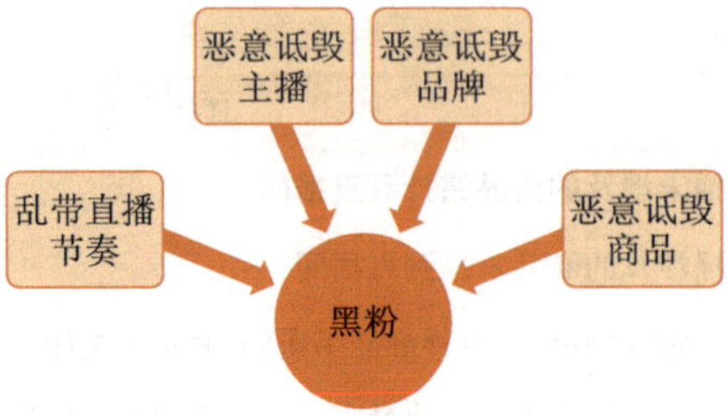

图 6-26 判断黑粉捣乱

黑粉捣乱的原因如表 6-16 所示。

表 6–16 黑粉捣乱的原因

原因	具体内容
竞争对手行为	通过捣乱行为让直播间无法正常开展直播，从而达到某些商业目的
售后问题爆发	因售后问题得不到解决或者意见未达成一致在直播间捣乱
主播个人问题	主播乱承诺导致产生纠纷、在直播间怼粉丝遭遇回击

针对黑粉捣乱的不同行为，介绍以下应对措施。

1. 针对打广告行为

主播先提醒不要打广告，如果不听劝则直接提醒场控对其进行禁言处理。

2. 针对恶意诋毁行为

（1）在不影响直播的前提下，主播需先搞清楚问题所在。

（2）提醒粉丝可以先找客服沟通解决，并且告知会在下播后与客服具体沟通。

（3）对情节比较恶劣、不听劝且已经严重影响到直播的黑粉，直接禁言。

3. 针对乱带直播节奏行为

主播应及时提醒粉丝不要带节奏，对不听劝者直接提醒场控对其进行禁言。

4. 针对售后纠纷问题

主播应婉转提醒粉丝找客服处理，或者提醒粉丝将具体问题发来，并在下播后亲自处理。

5. 针对主播个人问题

（1）禁乱承诺：没有的福利不要“脱口而出”。

（2）禁怼粉丝：主播不能因个人情绪在直播间怼粉丝，应遵从客户就是上帝的原则。

6.5.4 解决直播设备出现的问题

直播需要的设备如下。

- 电脑：台式电脑或者笔记本电脑。
- 摄像头：连接电脑的摄像头。
- 麦克风：直播麦克风。

- 灯光组合：顶灯、面光灯、环境灯。
- 插板：连接电脑、灯光的插板。

在直播过程中，各种设备容易出现以下问题。

- 电脑：死机、系统瘫痪。
- 摄像头：无声音、无视频。
- 麦克风：无声音、声音变调、出现噪声。
- 灯光组合：部分或者全部坏掉。
- 插板：突然损毁或误碰导致断电。

直播分为电脑直播和手机直播。直播设备出现问题的应对措施如表 6-17 所示。

表 6-17 直播设备出现问题的应对措施

直播分类	应对措施
电脑直播	电脑 ➢ 死机 • 及时重启，如果恢复正常状态，则重新开播 • 在重启电脑的同时，场控与主播用自己的号在直播间提醒粉丝遇到问题 ➢ 系统瘫痪 • 如果重启电脑依然无法解决问题，则采用手机开播方式 • 在直播前需要准备一部手机
	摄像头 ➢ 无声音、无视频 • 及时检查连接线是否松动 • 如果连接线未松动，则及时采用手机开播方式 • 在排查问题前，场控与主播用自己的号在直播间告知粉丝遇到问题
	麦克风 ➢ 无声音、声音变调、出现噪声 • 及时切换使用摄像头自带的麦克风 • 在切换过程中及时提醒粉丝 • 问题解决后及时在直播间告知粉丝刚才发生的问题
	灯 ➢ 部分坏掉 • 主播不停播 • 场控立即重新调整剩余可使用灯，并且将光线调到最佳状态 ➢ 全部坏掉 • 因突发情况造成灯全部坏掉，立即在直播间告知粉丝 • 主播立即寻找光线比较明亮的环境，采用手机开播 • 手机开播后，向粉丝解释情况 • 因光线严重不足且无其他解决方案时需停播，并及时告知粉丝
	插板 ➢ 突然损毁 • 立即替换新的插板 • 及时告知直播间粉丝主播马上回来 ➢ 误碰导致断电 • 重新打开电源按钮、开关 • 及时告知直播间粉丝主播马上回来 ➢ 停电 • 参考前面“全部坏掉”的解决方案

续表

直播分类	应对措施
手机直播	突然关机、黑屏、摄像头无法正常使用 ➢ 用备用手机开播 • 及时提醒粉丝遇到的问题 • 手机直播需要提前准备一部备用手机，且将相应软件安装好

6.5.5 解决被粉丝挖坑与举报问题

被粉丝举报的原因如下。

（1）直播间出现违规行为，会被粉丝举报。

（2）主播的言行与粉丝的价值观不符，导致被粉丝举报。

（3）粉丝涉嫌恶意举报主播。

粉丝为何会给主播挖坑？主要有以下 4 种原因。

（1）竞争对手的商业行为，为了实现某些商业目的。

（2）粉丝故意整蛊主播，想通过整蛊主播享受快乐。

（3）粉丝恶意针对主播，为了泄私愤或因为看不惯主播采取的极端手段。

（4）直播间的粉丝性格使然。

应对粉丝挖坑的方法如表 6-18 所示。

表 6–18 应对粉丝挖坑的方法

方法	具体内容
牢记“热炉法则”	➢ 熟悉直播平台规则，红线规则牢记于心，坚决不触犯 ➢ 将红线规则打印出来，张贴于不出现在摄像头的显眼位置
分辨粉丝的要求	➢ 服装类主播容易被挖坑，如要求主播脱掉（涉嫌违规）现有衣服更换某款衣服 ➢ 要求主播展示某些不适合通过特定方式展示的商品
其他人员及时提醒	➢ 对于容易触犯平台规则的言行，场控、助理、运营、策划等相关人员要及时提醒与制止
运营人员定期培训	➢ 运营人员定期收集案例 ➢ 给予直播人员培训指导

应对粉丝举报的方法如表 6-19 所示。

表 6–19 应对粉丝举报的方法

情形	方法
存在违规行为	➢ 找出具体的违规行为 ➢ 复盘出现违规的原因 ➢ 牢记出现违规的场景 ➢ 提醒自己不再违规
不存在违规行为	➢ 找平台申诉，解除相应的处罚 ➢ 强化给粉丝的体验，减少粉丝的敌对行为

6.5.6　解决主播在直播中身体不舒服问题

主播在直播中感觉身体不舒服。

（1）喉咙不适：嗓子痛、声音嘶哑、发不出声等。

（2）身体疲劳：身体发软、困倦。

（3）感冒发烧：头晕、眼花、身体发软。

（4）女性月经期：身体反应大。

主播在直播中身体不舒服的应对措施如表 6-20 所示。

表 6-20　主播在直播中身体不舒服的应对措施

情形	应对措施
无法正常直播	➢ 在条件允许的情况下，找其他主播替播 ➢ 若无法找人替播则停播，在下播前向粉丝道歉且告知具体原因
可继续直播	➢ 若身体情况比较乐观，则坚持到下播 ➢ 若身体情况不是很好，但可以继续直播，则需要缩短直播时长，在临近下播前告知粉丝
其他情况	➢ 针对因未休息好出现的身体不适，在直播前可以喝咖啡 ➢ 在直播中，注意随时喝水 ➢ 在直播中注意保持一定的节奏，让身体始终处于最佳状态

电商主播应保持健康的体魄，下面给出几点建议。

（1）合理安排作息：保持每天 6 ～ 8 个小时的睡眠时间。

（2）合理安排饮食：减少冷饮、辛辣食物的摄入，健康饮食搭配。

（3）日常劳逸结合。

➢ 不过度劳累及消耗体力，适当放松自己。

➢ 在条件允许的情况下，通过各种方式锻炼身体。

（4）有病及时就医：在日常生活中，身体感觉不适时应立即就医，并且遵从医嘱。

6.5.7　解决产品被抢空、供货不足问题

解决商品被抢空、供货不足问题

直播中商品被抢空的主要原因如下。

1. 商品促销

很多商家会定期开展促销活动，在此期间，某些商品很容易被抢空，这也是很正常的现象，特别是在清库存的时候。

2. 商品测款

无论是品牌商还是某些店铺，都会定期开发一些新的产品。为了测验这些新商品是否受消费者的欢迎，会通过直播或其他方式来进行测款，而某些商品特别受消费者的欢迎，在直播销售时被抢空。

3. 备货不足

品牌商或店铺对于市场预测不足就会出现两种情况：一是备货不足，二是备货过多导

致仓库积压。

4. 带货能力强

主播的个人直播经验比较丰富，一场直播就能把很多商品卖空。比如，头部主播直播间经常会出现某些商品很快被抢空的现象，如图 6-27 所示。

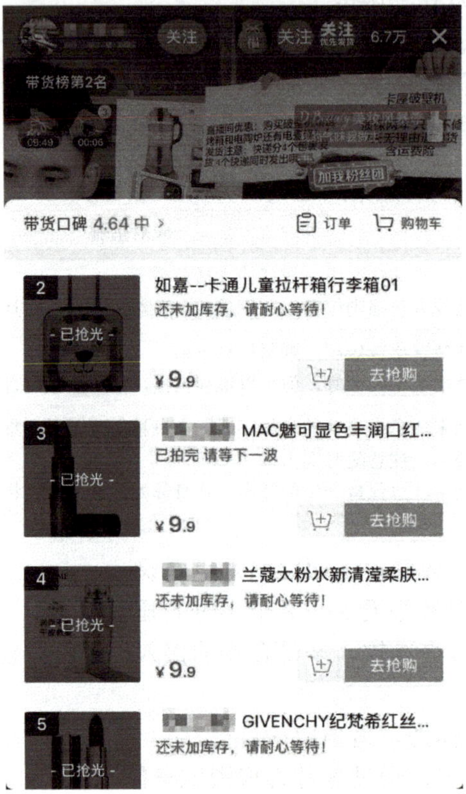

图 6-27　头部主播直播间的某产品被抢空

针对商品被抢空的问题，下面从店铺直播和达人直播两个角度进行分析并给出应对措施，如表 6-21 所示。

表 6–21　店铺直播和达人直播的供应问题

直播分类	应对措施
店铺直播	针对促销引起的商品被抢空，主播应及时告知粉丝商品只有这些数量
	针对备货不足引起的商品被抢空，策划、场控团队应及时与商品部门沟通： （1）短时间内可以生产的，再次开放一定量的 SKU（Stock Keeping Unit，库存量单位，即库存进出计量的基本单元），主播提醒粉丝及时下单。 （2）短时间内无法生产的，主播及时告知直播间粉丝商品下次上线的大致时间
	针对商品测款引起的商品被抢空，策划、场控团队应及时与商品部门沟通： （1）开放全部预留的库存商品，并且在直播间提醒粉丝及时下单。 （2）短时间内可以生产的，再次开放一定量的 SKU，主播提醒粉丝及时下单。 （3）短时间内无法生产的，主播及时告知直播间粉丝商品下次上线的大致时间

续表

直播分类	应对措施
达人直播	正常来说，达人与商家的合作都是定量的，商品被抢空需要与商家协商： （1）商家愿意再“放货”，商家重新开放 SKU，主播提醒粉丝继续购物。 （2）商家不愿意继续“放货”，主播则需要告知直播间粉丝实际情况
	推荐其他同类商品： 达人背后的机构每天都在不断招商，主播可以向粉丝推荐同类型的商品

【课后习题】

1. 你认为直播间最好卖的产品是什么？你有刷直播的习惯吗？你经常会购买什么产品？

2. 进入一个直播间，并对此直播间的产品展示、粉丝互动情况、主播进行评价。

第 7 章

经营好粉丝是王道

【学习目标】

- 了解粉丝画像。
- 掌握粉丝最忌讳的直播购物事项。
- 掌握粉丝经济的含义。
- 了解引导粉丝关注的技巧。
- 掌握管理粉丝的技巧。

直播电商经营粉丝，首先需要确定粉丝画像，分析电商直播用户的性别、年龄、地域及兴趣爱好，只有充分掌握粉丝画像，才能更好地推荐产品；其次要重视粉丝的价值，深刻认知粉丝不仅仅是消费者；最后，要掌握管理粉丝的策略，这样才能经营好粉丝。

7.1 粉丝画像：给粉丝打好标签

因为经营好粉丝才是王道，所以确定粉丝画像，给粉丝打好标签是经营好粉丝的前提。只有充分了解粉丝，才能更好地经营粉丝。

7.1.1 用户分析：都是什么人在看电商直播

1. 用户年龄结构

据前期调研，从年龄结构来看，淘宝的用户最年轻，是最具网购潜力的年轻群体。快手和抖音的用户年龄结构比较接近。这三家平台的用户年龄集中在 19 ～ 35 岁区间，其中淘宝的 19 ～ 35 岁用户占比高达 73.20%，而抖音、快手在该区间的用户占比接近，分别为 69.40%、67.70%。在 19 岁以下用户的区间中，淘宝的占比最小，为 6.30%；快手的占比最大，为 9.50%。三大直播电商平台的用户年龄结构如图 7-1 所示。

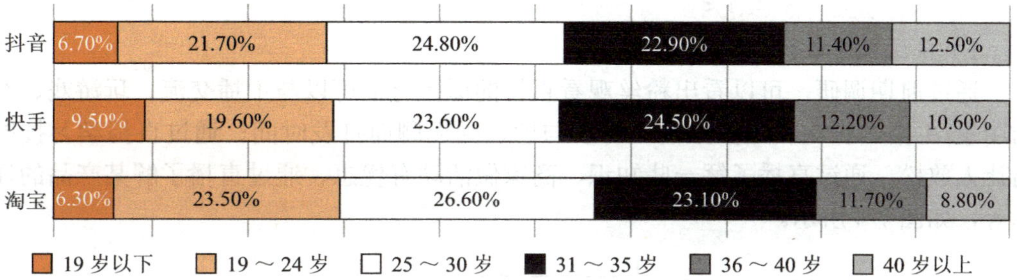

图 7-1　三大直播电商平台的用户年龄结构

2. 用户城际分布

从用户的城际分布看，淘宝用户中二线以上城市的用户占比高，且正快速抢占下沉市场。据统计，手机淘宝用户中二线以上城市的用户占比达到 47.50%，一线 + 新一线用户占比达到 26.30%，超过抖音、快手两个平台，三大直播电商平台的用户城际分布如图 7-2 所示。

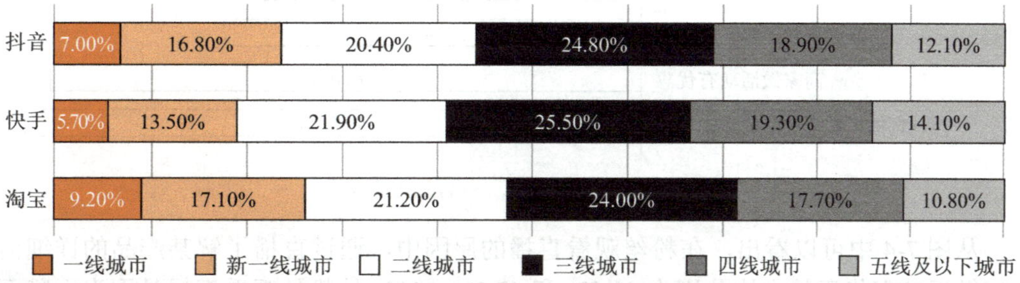

图 7-2　三大直播电商平台的用户城际分布

3. 用户收入区间

调研统计表明，月收入越高的用户，总体上越喜欢直播电商。月收入为 5000 元以上的人群在直播电商用户中的占比更高，用户收入在 1000 元以下的电商直播偏好度最低。从图 7-3 中得知，用户收入达 1.5 万元以上的电商直播偏好度开始呈现下降趋势。

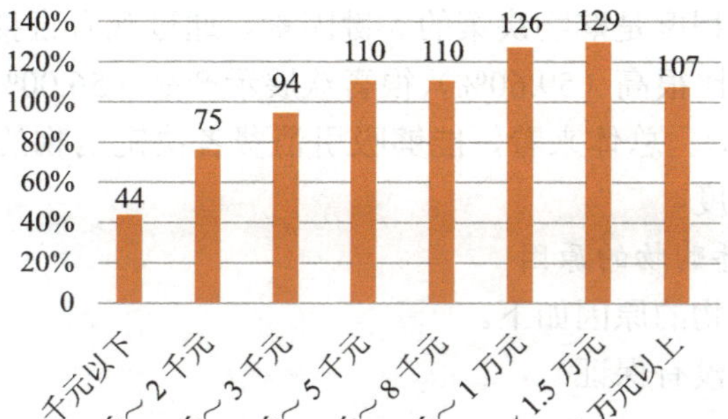

说明：TGI=[目标群体中具有某一特征的群体所占比例 / 总体中具有相同特征的群体所占比例] ×100%。数值越大，表示偏好度越明显。

图 7-3　用户收入与电商直播偏好度（TGI）

7.1.2 粉丝为什么喜欢看直播买产品

1. 电商直播购物驱动因素

1）粉丝观看直播的原因

通过前期调研，可以看出粉丝观看直播的原因有：可以与主播交流、玩游戏、有喜欢的明星/主播、喜欢和主播互动、有参与感、因无聊而打发时间、通过直播学习技能、直播让人放松、通过直播了解一些知识、商家做活动有优惠、通过直播了解某产品的详细信息等，如图 7-4 所示。

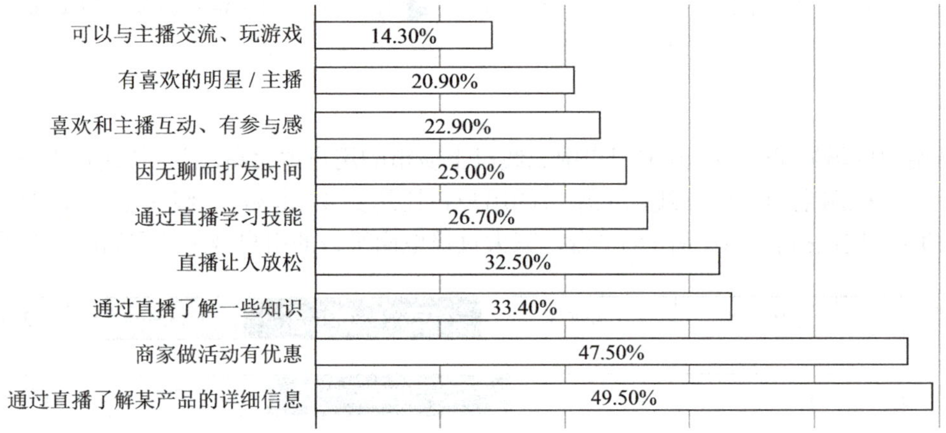

图 7-4　粉丝观看直播的原因

从图 7-4 中可以看出，在粉丝观看直播的原因中，通过直播了解某产品的详细信息和商家做活动有优惠的占比分别为 49.5% 和 47.5%，25% 的粉丝观看直播是因为无聊而想打发时间。

2）粉丝直播购物的原因

通过前期调研可以看出，粉丝直播购物的原因主要有：是我喜欢的明星、主播与我互动、很多人都下单了、直播间氛围火热、是我一直关注的主播、主播说明突出了产品价值、限时限量优惠、价格优惠、喜欢展示产品、产品性价比很高，如图 7-5 所示。

产品性价比和喜欢程度是购物决策的关键因素。通过观看直播转化为购物的原因，排在前四位的是产品性价比很高（59.60%）、很喜欢展示产品（56.00%）、价格优惠（53.90%）、限时限量优惠（43.80%）。总体来看，能够吸引消费者决定购物的主要原因还是产品本身的性价比和价格优惠程度。

3）未选择电商直播购物的原因

未选择电商直播购物的原因如下。

（1）担心产品质量没有保证。

（2）担心售后问题。

（3）没有接触过购物环节。

（4）担心产品支付不安全。

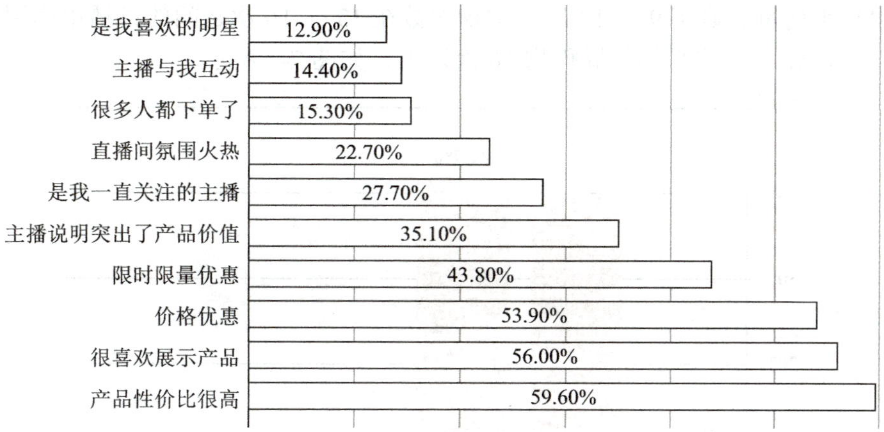

图 7-5　粉丝直播购物的原因

（5）担心维权问题。

（6）不信任直播平台。

（7）不信任主播。

（8）其他。

通过图 7-6 可以看出，担心产品质量没有保证（60.50%）和担心售后问题（44.80%）是粉丝两大主要顾虑。虽然有很多粉丝选择直播电商是比较看重产品性价比和价格优惠，但是也有一部分粉丝并不喜欢直播电商购物，主要是担心产品质量没有保证和售后问题。

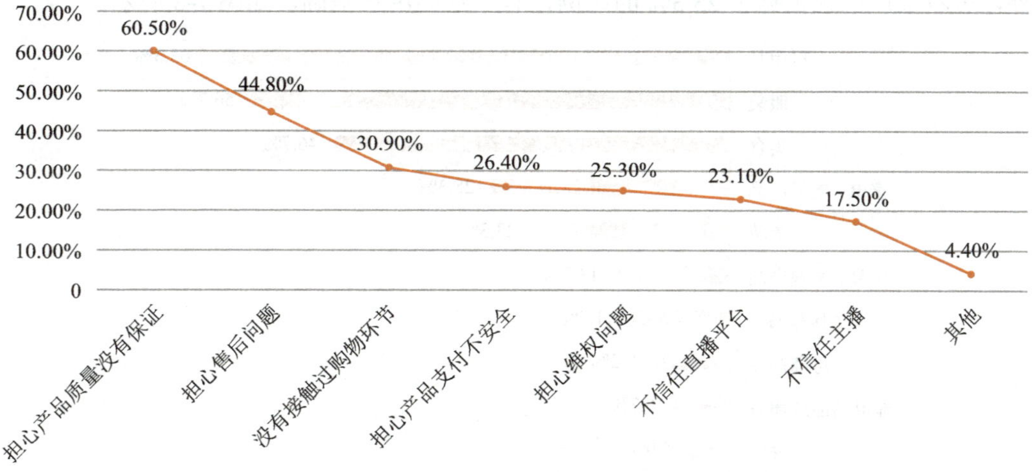

图 7-6　未选择电商直播购物的原因分析

2. 电商直播购物频率

网络数据显示，2020 年中国直播电商市场规模达到 9610 亿元，同比大幅增长 121.5%。2021 年直播电商整体规模将继续保持较高速增长，规模将接近 12 012 亿元。

iiMedia Research(艾媒咨询) 数据显示，2020 年中国 41.7% 的直播电商用户平均每周购物 5 ～ 8 次，37.5% 的用户平均每周购物 1 ～ 4 次，10% 的用户平均每周购物小于 1 次，

6.7% 的用户平均每周购买 9 ～ 12 次。购物次数在 13 ～ 16 次之间的直播电商用户比值为 3.3%，只有 0.8% 的用户平均每周购物 16 次以上，如图 7-7 所示。

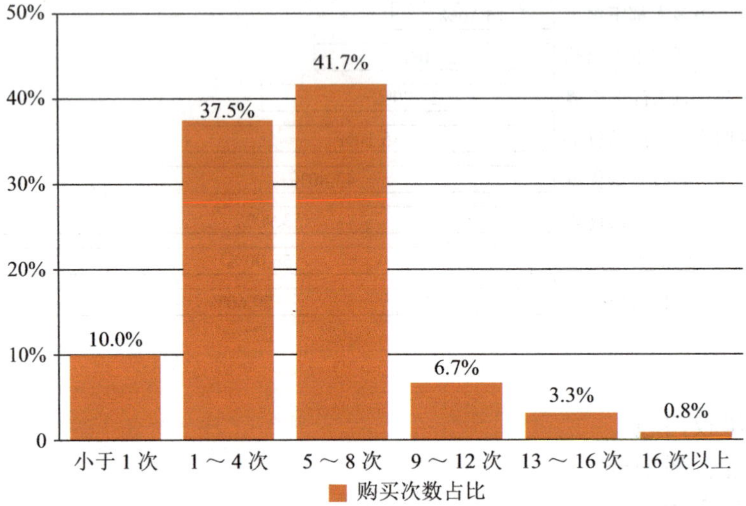

图 7-7　2020 中国直播电商用户平均每周购买次数调查

3. 电商直播购物行为偏好

iiMedia Research（艾媒咨询）2020 年数据显示，直播电商用户消费最多的三类是日用品、服装和美食。这说明用户在选择直播电商购买商品的时候，主要是为了满足生活的需要。另外，美妆类产品也占据了 23.3% 的比例，有一定的用户基础，如图 7-8 所示。

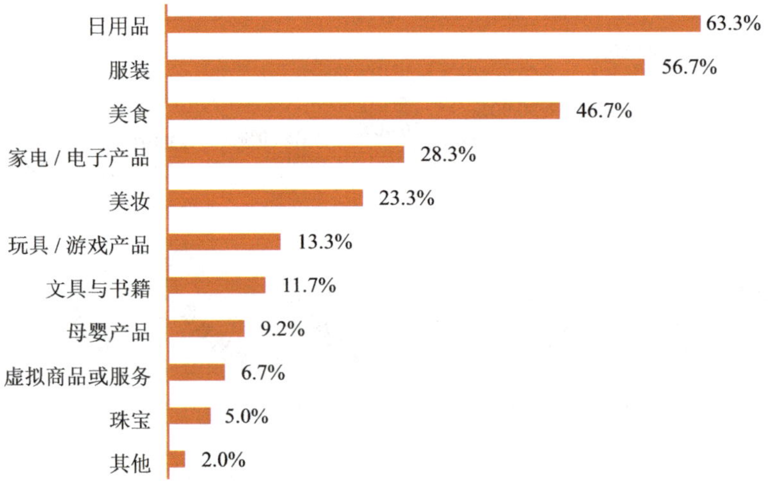

图 7-8　2020 年中国直播电商用户购物品类调查"

7.1.3　不同性别的粉丝看直播的重点不同

1. 电商直播粉丝画像

如图 7-9 所示，从性别结构上看，越来越多的男性开始选择在直播间边看边购物；从图中数据可知，与 2018 年相比，2019 年男性粉丝提升了 6 个百分点，男性粉丝比例已近 40%。

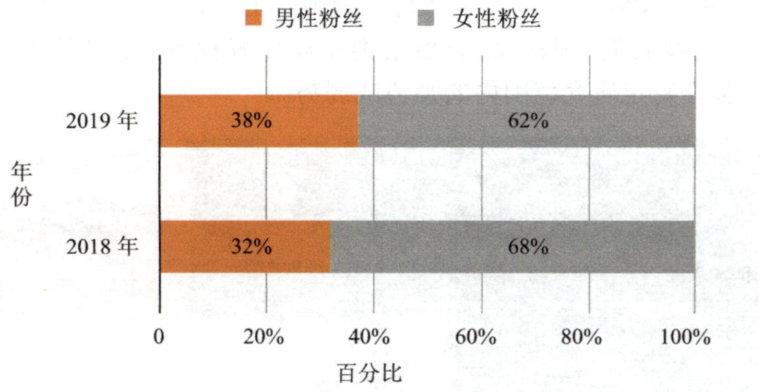

图 7-9　电商直播粉丝性别分布

如图 7-10 所示，从城市线级上看，电商直播主要粉丝群体，既有“十八线”小镇青年，也有二三线职场精英。

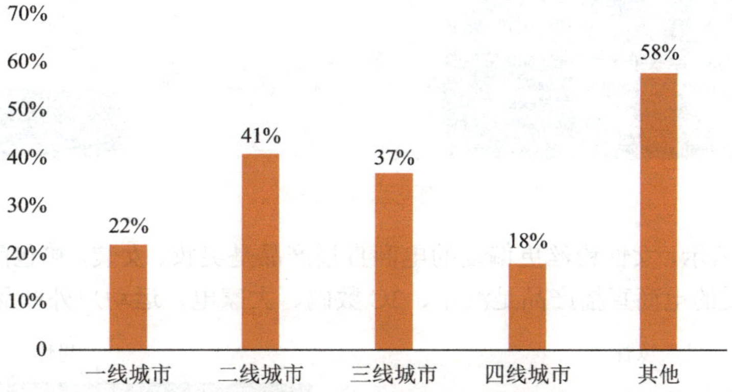

图 7-10　电商直播粉丝城际分布

如图 7-11 所示，从年龄分布上看，电商直播粉丝集中在 80 后、90 后用户，其次为 70 后、00 后用户。

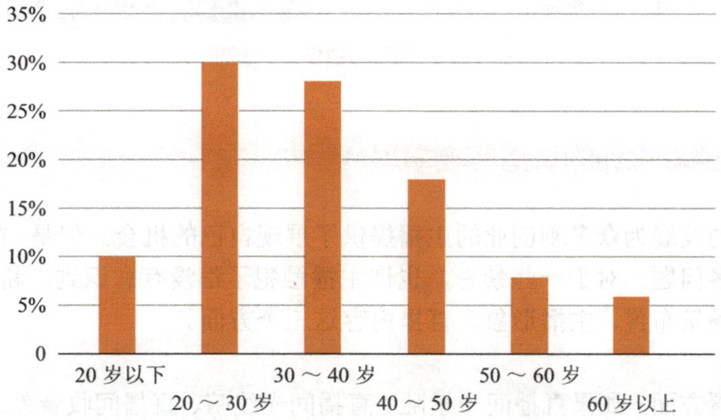

图 7-11　电商直播粉丝的年龄分布

2. 电商直播粉丝偏好

如图 7-12 所示，女装仍是电商直播粉丝最爱买的产品，美妆、母婴、食品类产品也是大部分粉丝的偏好品类。偏好品类指某类粉丝偏好程度（TGI 值）大于 100 的品类，TGI 反映目标群体在特定研究范围内的强势或弱势。

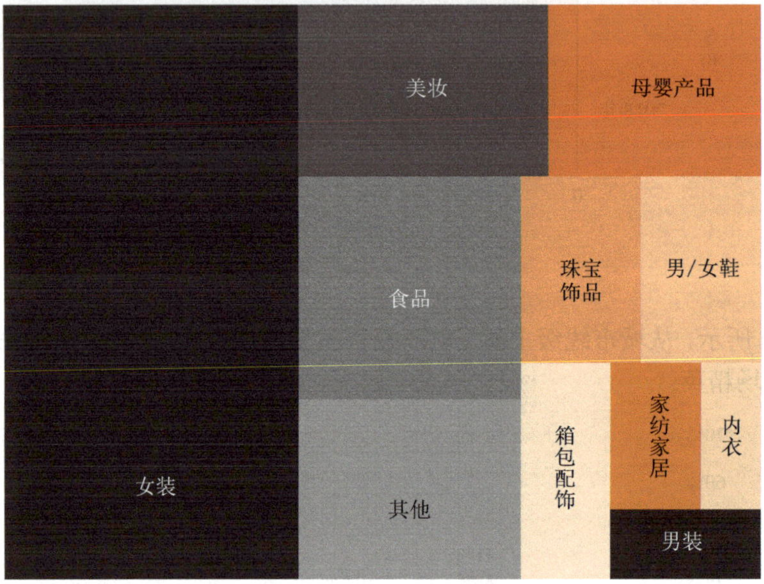

图 7-12　电商直播粉丝的偏好品类

如图 7-13 所示，女性粉丝更偏爱的电商直播产品是美妆、女装、箱包配饰及生活用品。男性粉丝更偏爱的电商直播产品是汽车、3C 数码、大家电、运动户外产品等。

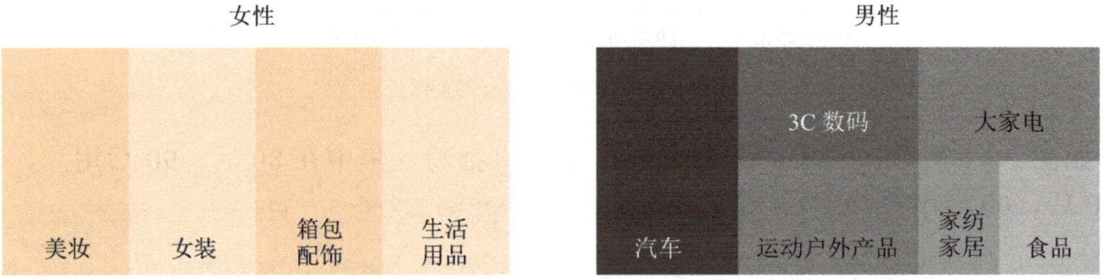

图 7-13　不同性别偏好产品种类

7.1.4　粉丝最忌讳的直播购物事项

直播市场的发展为众多刚创业的主播提供了展现自己的机会。但是，在直播的过程中，主播会出现许多问题。对于一些禁忌，也许主播触犯了都没有意识到。粉丝最忌讳的直播购物事项包括场景布置、主播形象、直播内容这三个方面。

1. 场景布置

在场景布置方面，如果直播间布景乱、直播间光线暗、直播间收音差、直播画面繁杂，则会使粉丝觉得直播场景不好，会影响观看效果。

1）直播间布景乱

直播间布景乱包括直播间布景不够简洁，直播背景与直播内容不符，产品及杂物堆放暴露在镜头前。

2）直播间光线暗

直播间光线不均匀，有些背景太亮或反光，导致主播或者产品变得很黑；过于花哨的灯光，也容易让粉丝产生厌恶感。

3）直播间收音差

若直播间收音效果不好，则粉丝在观看直播时，听不清主播讲解；若直播场地有较多噪声，则粉丝的听感也会很差。

4）直播画面繁杂

粉丝观看的画面轮播条、浮沉图、信息卡等工具面积过大、位置不当，会引起粉丝观看不适。

2. 主播形象

每位主播对自己的包装是极其重要的，主播必须把自己包装成在自我美感和满足粉丝美感喜好中最平衡的样子，才能让自己获得最好的机会。包装不仅仅是外表，还包括说话的语气、形象打扮、形体动作等多方面的内容。

主播形象也是决定粉丝是否观看直播的关键因素之一。因此，主播精神状态、主播个人形象等不能差。常见的主播形象问题如下。

1）主播精神状态差

主播精神状态差表现为主播不主动说话，在直播间面露愁容，无精打采，甚至在直播间怼人、骂人。即使在直播时与粉丝产生了冲突，主播也不能与粉丝相互谩骂，否则不仅没有任何好处，反而会激化矛盾，而且还会让其他粉丝觉得主播是一个没有素质的人。主播在直播的时候，以认真、全心投入的态度来完成直播，能让受众充分感受到主播的这一特质，欣赏到主播敬业的美，并由衷感到信服。加入直播平台的主播以积极、乐观的态度来面对受众，充分展现其对生活的信心，也能为主播的颜值加分。

2）主播个人形象差

主播个人形象差表现为主播服装搭配与直播内容不符、主播未化妆或妆容糟糕。主播形象整洁得体，是从最基本的礼仪出发而提出的要求。主播形象整洁得体应该从两个方面考虑：一是衣着，二是发型。从衣着上来说，应该考虑自身条件、相互关系和受众观感这三个方面。

3）经常更换主播

经常更换主播表现为虽在同一个直播间，但每场直播的主播都不一样。粉丝每次都见到不同的面孔，会导致粉丝对主播的印象变差，粉丝对主播的信任感也会降低，影响直播效果。

3. 直播内容

直播内容是增加粉丝停留时长的重要因素之一。如果主播胡乱承诺、讲解失误，或者直播内容与产品或者预告不匹配，则会造成损毁主播信誉的问题。因此，直播内容最忌讳的有主播胡乱承诺、直播内容不匹配、直播内容与预告不符。

虽然各大直播平台都意识到了直播内容的重要性，但直播内容仍然缺少优质内容。大多数平台仍是以网红的个人展示为主，只能依靠网红颜值、才艺等吸引观众，让网红成为直播平台竞争最激烈的领域。这种直播中的个人展示迟早都会让观众审美疲劳，最终转向其他的社交平台。因此，企业在制定直播内容的时候，不能仅把眼光放在网红身上，还要注意 PGC、UGC、BGC 这三个要素。

1）PGC

PGC 即 Professionally Generated Content，专业生产内容。“专业”指明星、网红、科技达人等在某项专业领域有所发展且有强大号召力的人。这类人在直播的平台上可以统一用网红概括。

不同领域的专业网红可以为不同性质的直播营销带来一定的效益。比如，巴黎欧莱雅在戛纳电影节利用明星直播；天猫直播间每天都有上百名网红直播推广产品；雷军作为小米“专家”通过直播为“米粉”排忧解惑等。这些都是利用了 PGC 的战略方式来进行“直播 + 内容”的演绎，并且都在一定程度上取得了理想的成绩。因此，PGC 实质上就是以网红为核心的直播内容战略模式，也是目前大多数企业及直播平台都会使用的直播营销方法。

2）UGC

UGC 即 User Generated Content，用户产生内容。早期直播平台的内容核心就是 UGC，并且承载了直播的社交属性。早期直播中的 UGC 主要是“粉丝评论”，后来为了提高粉丝的体验，社交平台添加了弹幕、点赞等功能。实际上，UGC 应该与 PGC 和 BGC 相结合，让直播内容更丰富有趣，使平台上的粉丝更容易被直播内容感染。因此，UGC 可以说是直播营销中不可缺少的基层，这个基层就是用来让粉丝沉迷于直播内容的重要武器，并且让粉丝产生自主的社交行为。

3）BGC

BGC 即 Brand Generated Content，品牌产生内容。这种“直播 + 内容”的模式也是目前企业容易忽略、使用最少的营销战略。虽然现在很多企业利用 PGC、UGC 获得了一定的成功，但现在的企业直播很少能产出与品牌对接的创意内容。

企业在直播的过程中时常会注重于体现品牌的价值，却忘记内容创新的重要性，从而导致只能依靠品牌带动流量，而无法做到以内容来吸引流量。最典型的是杜蕾斯于 2016 年 4 月做的直播活动，虽然为企业带来了很多的流量，但空洞的内容还是造成了营销活动的失败，被很多网友吐槽差评。因此，只有在直播的过程中将企业的品牌和创新内容相结合，利用新颖有趣的内容，让 BGC 的流量效应最大化，才是真正的“品牌产生内容”。BGC 必定会成为未来企业的重要直播营销战略，利用“品牌 + 创意”的直播方式，才是 BGC 直播内容的正道。

7.1.5 粉丝最喜欢的电商主播特点

电商直播，有一批固定粉丝群体非常重要。有的电商主播积累粉丝的速度非常迅速，但有的主播积累粉丝的速度一直很慢。什么让主播积累粉丝的速度产生差别？什么样的特质能够让一个新手主播迅速地积累第一批粉丝？

1. 个人形象

主播在直播前要化妆，设计好背景和视频效果，这些都是最基础的。主播形象还包括各种人设标签，具体包括嘴甜、自信、形象等。

1）嘴甜

主播应常把各种亲切的称呼或有趣的专属称谓挂在嘴边，说话谦和有礼，从称呼上拉近和粉丝的心理距离。

2）自信

自信分为两种：产品自信和情绪自信。

（1）产品自信。

主播在介绍产品的时候支支吾吾、底气不足，对自己推荐的产品都不自信、不确信，粉丝当然不会买。

（2）情绪自信。

所有成功的主播在直播三四个小时后，表情依然是积极的，他们绝对不会在直播间里出现特别疲劳的表情，哪怕当时已经没有力气了，但直播时仍然保持自信、微笑、不垂头丧气、不弯腰驼背，让粉丝感受到积极阳光、青春洋溢的一面。积极向上的直播语调和态度非常具有感染力，并且自信对于主播把控自己的直播间和粉丝都很有用。

3）形象

主播应会化妆，能设计好背景和视频效果，不说脏话，有一个好的人设标签。如果主播可以找到自身的特长，则应尽量在这方面多表现，树立深入人心的形象。

2. 专业技能

专业技能包括专业能力、分析能力、沟通能力等。

1）专业能力

做一行，应懂一行，主播也是同样如此。什么是主播的专业能力？简单来说就是要充分了解产品，要有产品推荐、产品种草的能力。专业能力形成的信任度，是引导粉丝产生购买行为的核心驱动力。不懂化妆品就不能做化妆品的主播。

2）分析能力

主播应在开播前制订直播计划，针对计划完成情况，学会总结分析问题，并根据分析结果制定新计划。比如，有的直播希望促成更高的订单量，有的直播希望促成粉丝量增长等。主播在直播前应计划好达成目标的方法，在直播后查看目标的完成度、分析结果，并且根据这一次的结果分析计划下一次的直播。

3）沟通能力

主播应具有良好的沟通能力，能够及时传递产品的卖点。沟通需要主播具备口语表达能力、肢体表现能力及特殊情况的应变能力，主播需要能随时调节现场的气氛和观众互动。

3. 直播行为

在直播过程中，主播要注意记录游客和粉丝的信息，分析其性格、挖掘其诉求；依据对粉丝的了解，实施注重细节的关心和聊天，这样粉丝才会有被关怀的感觉。

1）主动

主播应主动和新进游客打招呼，主动介绍自己，介绍店铺的主营类目、能够给粉丝提供什么产品，主动寻找与粉丝的话题和粉丝需求，努力和粉丝建立联系。

2）生活

主播应为自己制订日程计划，合理安排时间，保证良好的作息习惯。固定直播时间能让粉丝黏性更强，巩固与粉丝的关系。

3）坚持

新主播直播起步难，最好每天分不同时段直播，不可“三天打鱼，两天晒网”。除了直播，主播也要坚持对自己技能的锻炼和提升，还需要坚持粉丝日常维护。因为这些事情做久了会让人疲劳，所以“坚持”很可贵。

4）感恩

无论粉丝买多少东西，新主播都要抱着感恩的心对待粉丝。和明星们一样，粉丝们就是“衣食父母”，主播的后期成长也离不开粉丝的支持。因为没有他们，主播很难继续走下去。有的粉丝虽然没有购买主播介绍的商品，但却因为喜欢主播而一直驻守在直播间，为主播增添人气、活跃气氛。

5）互动

专心直播不是一味地介绍商品，而是要多与粉丝沟通互动，不能忽略粉丝的存在，更可以借助互动过程及时收到粉丝的反馈。

7.2 重视粉丝价值的提升

粉丝是直播营销中企业信息传播的主体，要充分发掘其价值，就必须让粉丝“产生”粉丝，要重视粉丝，知道他们不仅仅是消费者，要充分重视价值粉丝的提升。

7.2.1 重视粉丝：他们不仅仅是消费者

1. 粉丝经济定义

粉丝经济泛指架构在粉丝和被关注者的关系之上的经营性创收行为，是一种通过提升用户黏性并以口碑营销形式获取经济利益、社会效益的商业运作模式。过去，被关注者多为明星、偶像和行业名人等，比如，在音乐产业中的粉丝购买歌星专辑、演唱会门票，以及明星所喜欢或代言的商品等。现在，互联网突破了时间、空间上的束缚，粉丝经济被宽泛地应用于文化娱乐、销售商品、提供服务等多领域。商家借助一定的平台，通过某个兴趣点聚集朋友圈、粉丝圈，给粉丝用户提供多样化、个性化的商品和服务，最终转化成消费，实现盈利。粉丝经济如图 7-14 所示。

随着信息的碎片化及人们追求个性化的需求不断升级，过去那种只卖货的营销模式被逐渐淘汰，而建立在个性化的网络社区基础上的粉丝经济脱颖而出，粉丝互动营销也成为主流，移动互联网的黄金时代来临，新媒体人也开始将自己的盈利重点转移到粉丝经济上。但是，这个新兴的盈利模式到现在还没一个统一的模式构架，这也是粉丝个性化营销的特点。

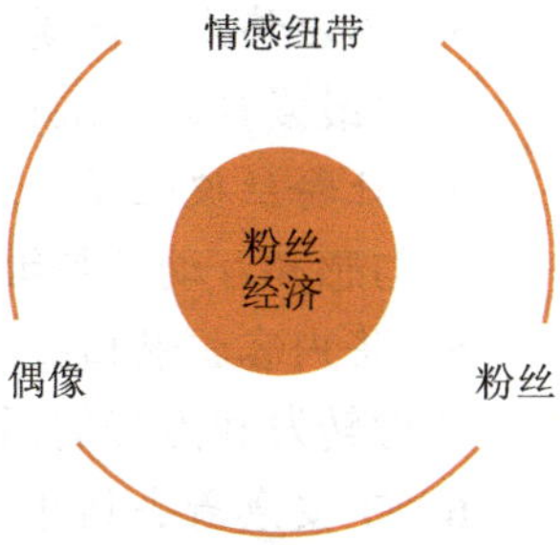

图 7-14　粉丝经济

2. 如何打造粉丝社群

建立粉丝社群可以加强与粉丝的联系、维护核心粉丝。每个人都有几个社群，除家人和熟人群外，还有同事群、行业交流群、陌生人群等，维护好粉丝社群后可以形成粉丝经济。

主播需要维护老粉丝，及时收到老粉丝的反馈并解决；挖掘新粉丝，利用各种社交平台等多种方式与在直播间下单用户多互动维持联系，将其发展为新粉丝；维护社群，在粉丝社群内不建议以其他形象发促销广告，主播自身真实与粉丝进行交流；进行线下调研，与粉丝真心交朋友，通过积累忠实后盾打造主播人设口碑；需要社群传播，社群的核心基础是主播忠诚粉丝的数量要足够多，可通过粉丝进行主播口碑的宣传；融入粉丝关系圈、融入粉丝社群，时常分享周边的人和事，更多地了解粉丝的需求。

社群是由多个具有相近兴趣和爱好的用户，通过社交网站、论坛等各种网络应用连接到一起而形成的群体。社群的传播模式呈现多对多的网状结构，节点与节点之间不是传统的一对一的传播，而是不规则、跨级、跳跃式的传播，如图 7-15 所示。

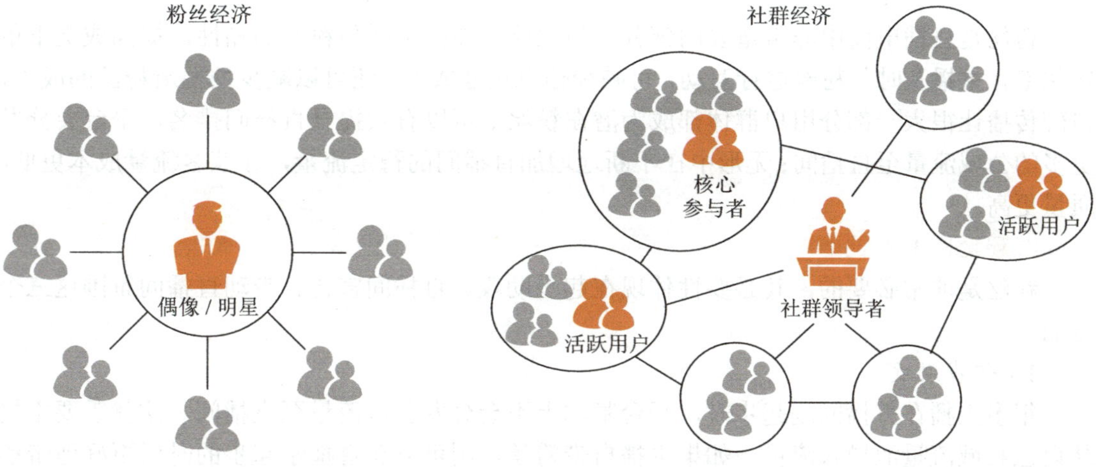

图 7-15　粉丝经济模式与社群经济模式对比

3. 如何维护粉丝社群

维护好粉丝社群需要具有更好的产品、更好的消费体验，真诚地与粉丝互动，将真实的产品内容扩散出去，具体建议如下。

1）产品要足够好

好产品即使有瑕疵，只要改善产品的态度足够好，也会让粉丝有参与感。

2）注重消费体验

可运用限量、需主动索取福利的举动，增加粉丝互动。

3）不避讳广告性质

粉丝最爱真诚、最怕虚伪，让粉丝主动接受比迎合粉丝更重要。

4）让粉丝彼此互动

参与感和互动性是维护粉丝的核心，应在关系圈中产生口碑效应。

5）将内容扩散出去

可做转发和点赞的活动，扩散方式可变通，但不要频繁做活动。

6）不要急着去销售

主打产品可在采用猜价、帮测、抢拍等预告方式后再转为线上直播销售。

7）打造出人格属性

专注维护现有的老粉丝、吸引新粉丝，从而壮大社群。

7.2.2 粉丝即使不买货，也是好帮手

1. 粉丝来源

粉丝主要来源于大量购买或多次购买过直播间产品的用户、分享过直播间或直播间产品的用户、平台公域流量分发的流量用户、收藏过主播直播间的用户、平时参加大型推广活动中能够接触到的用户，以及主播其他私域社交平台积累的用户。

2. 粉丝的重要性

粉丝是直播电商中非常重要的部分，粉丝能够加强主播与粉丝的黏性，提高成交下单转化率。主播及时与粉丝进行互动，可减少信息沟通成本，还可以减少挖掘新粉丝的成本，口碑传播让很大一部分用户群体都成为潜在粉丝；可以有效提升直播间排名，平台会分发更多的公域流量至直播间；无形中在不断地增加直播间的稳定流量，让获客流量成本更低、质量更高。

3. 粉丝的必要性

粉丝是非常必要的，其必要性体现在起步助攻、直播间宣传、带动直播间氛围这三个方面。

1）起步助攻

很多主播在直播间刚起步时，平台基本上不会分发公域流量至直播间。这就需要主播从自己私域流量池导入流量。如果主播自带粉丝，则可以在直播刚起步的时候更好地带动直播间权重。

2）直播间宣传

每个粉丝就是一次潜在的曝光机会。他们会将直播间的宣传、内容和产品，因为热爱而不断宣传，这对主播的知名度和曝光率都有极大的提升作用。

3）带动直播间氛围

直播间粉丝较多时，主播可以更好地带动直播间氛围，在火热的直播氛围之下，容易促进成交转化。

7.3　5 个粉丝经营策略

研究粉丝经营策略，首先要分析直播过程中如何引导粉丝关注；其次要思考扩大粉丝量，还需要思考在粉丝提出太多问题时应如何高效回答粉丝的问题。在粉丝量太少时，应及时采取调整措施，最重要的是掌握粉丝管理的小技术。

7.3.1　直播时如何引导粉丝关注

直播时如何引导粉丝关注

引导粉丝关注可以再增加粉丝数量，可以提高流量，从而提高成交转化率，提高销量。此外，引导粉丝关注可以带动直播间的氛围，增强直播间的热度，可以吸引更多的流量，提高直播间成交额。在直播时应如何引导粉丝关注？应从公域流量转化、满足粉丝需求、满足粉丝好奇心这三个方面引导粉丝关注，具体如表 7-1 所示。

表 7–1　引导粉丝关注的方法

引导粉丝关注的方法	具体内容
公域流量转化	① 直播间推流卡引导关注。 ② 抽奖活动，抽奖者必须关注主播，加入粉丝群，中奖者可联系客服领奖。 ③ 客服链接，自动回复加粉信息。 ④ 爆款商品秒杀前引导直播间游客关注。 ⑤ 直播间引导粉丝将直播分享至朋友圈。 ⑥ 优惠券，设置商品优惠券，关注主播才能领取。 ⑦ 定价策略，用低价单品吸粉。 ⑧ 预告活动，提前预告下场直播、优惠活动及福利，引导粉丝关注。主播和助播每 3 ～ 5 分钟就引导粉丝关注一次
满足粉丝需求	① 性价比：根据产品优惠和产品质量同步出发，追求性价比，打动粉丝，并引导关注。 ② 专业性：主播凭借自己的专业能力，维护自身权威和产品的吸引力，打动粉丝，并引导关注。 ③ 售后保障：完善的售后链体系，让粉丝放心，打动粉丝，并引导关注
满足粉丝好奇心	① 主播人设有趣。 ② 直播内容有趣。 ③ 利用粉丝的好奇心，吸引粉丝关注

7.3.2　扩大粉丝量的 5 个小妙招

扩大粉丝量的 5 个小妙招

1. 为什么要扩大粉丝量

几乎所有的直播间都经历过粉丝积累的困境，如果想盈利，扩大粉丝量是关键。扩大粉丝量可以开通直播带货权限、提高成交转化率、带动直播间氛围、增强直播间热度等。

1）开通直播带货权限

某些电商直播平台需要粉丝达到一定数量才能开通直播带货。

2）提高成交转化率

粉丝量大，直播时成交转化率也会相应提高。

3）带动直播间氛围

直播间粉丝量大，互动就会多，可以带动直播间氛围，有助于增强粉丝黏性。

4）增强直播间热度

直播间粉丝量大可以增强直播间热度，吸引更多的游客进入直播间。

2. 扩大粉丝量的 5 个小妙招

扩大粉丝量有很多方法，比如提供有价值的内容有利于吸引目标人群观看直播，然后停留，继而变成粉丝。运作得当还会进行二次传播，这样就会有更多的粉丝来源，这就是良性循环。如何扩大粉丝量呢？

1）社交外援

首先，在直播初期可以先邀请主播的好友、线下的老顾客关注，积累初期粉丝。然后，在每次直播前将自己的直播间转发到各个社交平台，进行预告。普通直播提前 1 天预告，小型活动提前 3 天预告，大型活动提前 7 天预告。如果主播在平台内有一些粉丝量比较大的主播好友，则可以让主播的朋友帮主播在平台内导流，吸引一部分粉丝观看主播的直播。

2）错峰直播

在初期，新主播可以多观察，寻找一个能够避开与自己同等商品类目的头部大主播的时间段，有利于新主播引导平台本身的流量，培育自己高质量的粉丝群体。

3）加强浮现

遵守直播平台管理规则，熟悉直播平台管理规则，提升直播间浮现排名。

4）活动撒网

采取优惠券、秒杀、限时等活动。比如，给前几名关注主播的粉丝送产品。

5）垂直内容

主播需要具有能够分享一些与所播产品相关、有深度、有价值的内容的能力。

7.3.3 粉丝提问太多，应怎样高效率地沟通

1. 直播前期

1）熟悉直播脚本

在直播前期，首先需要熟悉直播脚本。熟悉直播脚本可让整场直播有序地进行。直播脚本是整场直播的框架。主播熟悉直播脚本可以更好地回答粉丝在直播时提出的问题。若主播不熟悉直播脚本，直播时，粉丝让主播看哪一号链接，主播就介绍哪一号链接，当有几个人分别让主播看不同链接时，主播就开始手忙脚乱，完全被粉丝带着走。

2）了解直播产品

主播应提前了解直播产品，包括产品参数、信息及产品其他周边信息，以便在粉丝提各种问题时及时给予反馈。若主播不了解直播产品则不知道怎么介绍产品，讲了半天，粉

丝也不明白这产品的卖点在哪里。若每款产品讲解的台词都基本一样，则这种背书式讲解让粉丝听起来没有亲和力。

2. 直播中期

在直播中期，最重要的是增强主播沟通技巧。主播沟通技巧主要包括主播的口语、主播的面部表情及主播的肢体语言，如图 7-16 所示。

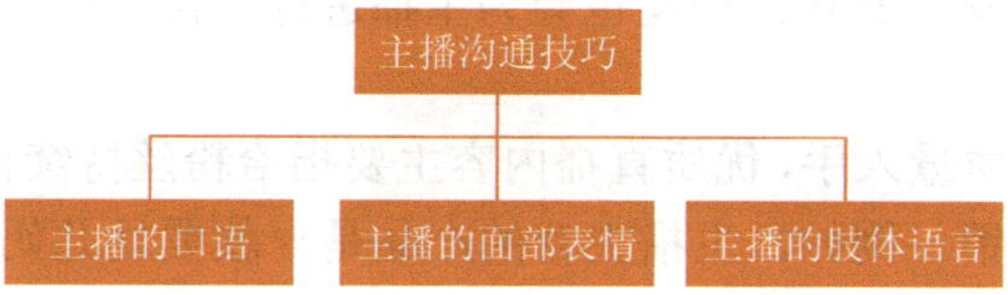

图 7-16　主播沟通技巧

1）主播的口语

口语是人类进行沟通最常用的“工具”。因此，主播在直播的时候一定要注意自己的语言，避免说出一些会“误伤”部分人的话；主播的语气要柔和，避免过分犀利；语速要适中，不能太快也不能太慢；在直播的时候最好多用一些感谢、亲近的语句，让粉丝从主播的语言上体会到主播的平易近人。

2）主播的面部表情

主播最容易出现的问题就是面部表情僵硬。面部表情也是与粉丝进行沟通的“工具”之一。丰富的表情，可以让直播粉丝体会到主播对直播、对粉丝的热情，也可以让粉丝对主播和直播内容产生好感。

3）主播的肢体语言

主播的肢体语言指主播的所有动作，包括走路的姿态、手势的变化、脑袋摆动的弧度等。这些细节看似与直播内容的关系不大，但实际上却影响着主播的整体风格，只有在肢体上抓住细节动作，才能更好地与直播粉丝亲近。

3. 直播后期

在直播后期需要及时复盘，首先回顾直播过程，把直播再回看一遍。假设自己是一名粉丝，点进这个直播间，从一个粉丝的角度看这场直播，并发现其中的问题。

其次，列出问题，复盘中最重要的一环就是挑错。找出本场直播中存在的问题，并列出解决方案。如果有失误犯错的地方，一定要找出原因，切忌再犯。

最后，总结归纳，观看整场直播中的哪些时间段的粉丝互动提问和点赞最积极，反复观看这段时间的主播表现，总结其中能够触达粉丝的点，总结粉丝提出的哪些问题没有得到反馈并归纳。

7.3.4　粉丝数量太少，应如何改变局面

1. 打造人格化 IP

关于粉丝运营，目前较为流行的方法是引流到主播自己的私域，大多是通过加微信或粉丝群的方式。主播或商家需要做的是在私域运营中为粉丝树立正面的形象。打造差异化

人格，并不断强化人格属性，可以通过展示自己的真实生活、并进行自我包装来实现。打造人格化 IP 的最终任务是，要和自己的目标粉丝建立"人与人"之间的直接情感关联，以"人"的方式与粉丝进行交流。用一种符合这个人格化 IP 的表达和交流方式，通过借助各种的内容表达形式（短视频、小视频、直播、图文、音频）去和粉丝进行沟通和交流。

人格化 IP 往往更容易让粉丝有亲近感和崇拜感，便于加深粉丝对其的信任和依赖，当主播真正能把自己做成一个 IP，粉丝也会为主播进行宣传推广。

2. 优质直播内容

可以从直播内容的质量入手，优质直播内容主要指给粉丝持续性地提供有价值的内容，用优质内容代替刷屏推销。例如，主播主营的产品是一款婴幼儿奶粉，那么定向粉丝多是新手爸妈，因此可以每天定时在朋友圈或社群中更新一些奶粉相关的知识，久而久之，粉丝会形成观看习惯，还会在一定程度上增加对主播的信任感。

除了做好内容，还要学会对粉丝进行分类，根据购买习惯和特征给粉丝打标签。对不同标签的人群分发适合他们的内容，学会粉丝分层运营。

3. 直播高效互动

无论是在直播中还是在直播后，互动都非常重要。在直播间和粉丝互动是为了增加粉丝停留时长，从而提高成单率，直播结束后的互动则决定了客户会不会成为忠实粉丝。

把粉丝圈到自己的私域流量池之后，要记得像朋友一样互动。若加了微信之后再也没说过第二句话，则相当于白白浪费了这个渠道。在直播过程中，主播需要掌握一些互动技巧。

1）发起有意思的话题

有 2 个类别的内容是容易引起讨论的，分别是情感和热点。情感可以是关于亲情、友情、爱情的，热点可以是关于明星、节日、事件等的。总之，只要是容易让人产生共鸣的话题，都更易引起讨论，从而增加对主播的人格印象。

2）抽奖等福利活动

这种活动虽然简单、直接，但往往是留住粉丝的最有用的方法。因为抽奖会一直让粉丝有一种期待感和参与感，不会轻易取关（取消关注）。

3）举办周期性活动

可以针对已有粉丝定期举办一些活动，包括线上和线下，以提高粉丝的参与感。而且，定期举办活动，久而久之会形成自己的特色，为主播推广进行赋能。

7.3.5　学习使用粉丝管理的几个小工具

学习使用粉丝管理的几个小工具

1. 什么是粉丝群

粉丝群就像是一个"容器"，可以根据粉丝的消费金额，是否关注主播等门槛，将粉丝筛选过滤，最终把粉丝"装进"群内。主播可以结合粉丝群内的玩法，专享权益及高效的信息触达，可帮助主播持续运营粉丝，最终形成粉丝的高黏性互动和回访，促进粉丝观看直播和下单成交。

粉丝群内的玩法有"@ 所有人"的功能，可以快速触达群内粉丝，在第一时间召回粉丝参与活动或观看直播。因为粉丝群内都是主播的忠实粉丝，所以群内的转化率会很高。

2. 如何管理粉丝群

管理好粉丝群主要需要掌握一些互动类工具，以便更好地管理粉丝。互动类工具包括淘金币打卡、群成长体系、粉丝问答、粉丝投票。

1）淘金币打卡

淘金币能激发客户购买欲望，从而有效提升打卡群的回购率。淘宝消费者希望赢得更多金币抵扣商品，卖家希望能建立自己的打卡群，为满足双方需求，卖家建立打卡群。淘金币打卡是一种由淘宝官方支出淘金币的工具，凡建粉丝群的主播均可使用，可自行开启；消费者每日进群打卡可领取 5 个淘金币 + 浏览打卡产品可领取 5 个淘金币，如图 7-17 所示。

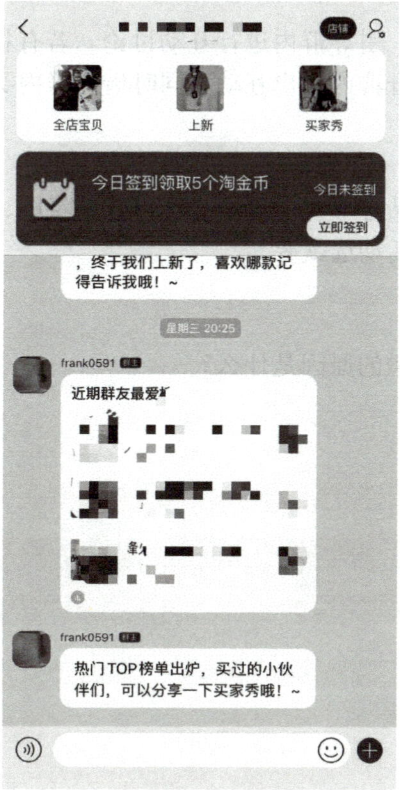

图 7-17　淘金币打卡

（1）主播使用门槛。

已建群主播均可自行开启使用。

（2）粉丝领取条件。

每个粉丝进群打卡可得 5 个淘金币 + 浏览产品可得 5 个淘金币；单个粉丝单天仅可领取 10 个淘金币。

（3）淘金币支出说明。

淘金币打卡所发放的金币，均由淘宝官方支付，主播零支出。

（4）连续打卡额外奖励。

支持主播自由设置，奖品支持淘金币（主播自行支出）、优惠券、现金红包。

2）群成长体系

系统会自动在粉丝群内配置基础能力，但需要主播配置权益。

群成长体系的主要功能是帮助主播持续挖掘“群内价值粉丝”，群内粉丝“购买”“入群”“发言”等各种行为均会以积分的形式被统计。该体系根据群内粉丝等级进行分层，设置不同等级的权益，支持优惠券、现金红包、自定义奖品；促进群内粉丝购买及互动，帮助主播持续挖掘有贡献力的群成员。

3）粉丝问答

针对粉丝感兴趣的产品，引导群内进行互动讨论。若有粉丝购买过，则会进行问题的分发。通过产品的问答，提升群内用户互动；同时借力群内买家口碑传播，提升产品的成交转化率。

4）粉丝投票

投票支持文字/图片/产品等形式，可增加群内互动氛围、快速了解粉丝想法，可用于粉丝调研、直播新品选款、活动选款等。

【课后习题】

1. 促使电商直播用户激增的原因是什么？
2. 如何管理好粉丝群？
3. 如何扩大粉丝量？